外国语言文学核心概念与关键术语丛书

庄智象 ◎ 总主编

词典学
100核心概念与关键术语

章宜华 ◎ 编著

清华大学出版社
北京

内 容 简 介

本书在汇集相关文献的基础上，以"核心概念"和"关键术语"的方式对国内外主流词典学理论和实践进行系统阐释，带领读者了解词典学起源和发展的理论和实践演化，学科的形成要素、原理、原则和方法以及词典规划、设计和编纂的全过程，包括分支学科、词典类型、计算机辅助技术，介绍数字词典、多媒体词典、多模态词典和融媒词典的特点及其相互关系。

本书既可用于培养词典编写人员和词典学研究生，也可用作语言学等相关学科的参考资料。

版权所有，侵权必究。举报：010-62782989，beiqinquan@tup.tsinghua.edu.cn。

图书在版编目（CIP）数据

词典学 100 核心概念与关键术语 / 章宜华编著．—北京：清华大学出版社，2024.12
（外国语言文学核心概念与关键术语丛书）
ISBN 978-7-302-65136-9

Ⅰ.①词… Ⅱ.①章… Ⅲ.①词典学—研究 Ⅳ.① H06

中国国家版本馆 CIP 数据核字（2024）第 019595 号

策划编辑：	郝建华
责任编辑：	杨文娟
封面设计：	李伯骥
责任校对：	王凤芝
责任印制：	宋　林

出版发行：清华大学出版社
网　　　址：https://www.tup.com.cn, https://www.wqxuetang.com
地　　　址：北京清华大学学研大厦 A 座　　邮　编：100084
社　总　机：010-83470000　　邮　购：010-62786544
投稿与读者服务：010-62776969, c-service@tup.tsinghua.edu.cn
质量反馈：010-62772015, zhiliang@tup.tsinghua.edu.cn

印　装　者：	涿州汇美亿浓印刷有限公司			
经　　　销：	全国新华书店			
开　　　本：	155mm×230mm	印　张：20	字　数：313 千字	
版　　　次：	2024 年 12 月第 1 版		印　次：2024 年 12 月第 1 次印刷	
定　　　价：	98.00 元			

产品编号：093435-01

总　序

何谓"概念"？《现代汉语词典》（第7版）的定义是："概念：思维的基本形式之一，反映客观事物的一般的、本质的特征。"人类在认识世界的过程中，把所感觉到的事物的共同特点提取出来，加以概括，就成为"概念"。例如，从白雪、白马、白纸等事物里提取出它们的共同特点，就得出"白"的概念。《辞海》（第7版）给出的定义是："概念：反映对象的特有属性的思维方式。"人们通过实践，从对象的许多属性中，提取出其特有属性，进而获得"概念"。概念的形成，标志着人的认识已从感性认识上升到理性认识。概念都有内涵和外延，内涵和外延是互相联系、互相制约的。概念不是永恒不变的，而是随着社会历史和人类认识的发展而变化的。权威工具书将"概念"定义为"反映事物本质特征，从感性或实践中概括、抽象而成"。《牛津高阶英汉双解词典》（第9版）中concept的释义是："concept: an idea or a principle that is connected with sth. abstract"（概念／观念：一个与抽象事物相关的观念或原则）；~(of sth.) the concept of social class（社会等级的概念）；concept such as 'civilization' and 'government'（诸如"文明"和"政府"的概念）。"《新牛津英汉双解大词典》（第2版）对concept词条的界定是："concept: (Philosophy) an idea or thought which corresponds to some distinct entity or class of entities, or to its essential features, or determines the application of a term (especially a predicate), and thus plays a part in the use of reason or language [思想／概念：（哲学）一种观念或思想，与某一特定的实体或一类实体或其本质特征相对应，或决定术语（尤其是谓词）的使用，从而在理性或语言的使用中发挥作用]。"权威工具书同样界定和强调概念是从事物属性中抽象出来的理念、本质、观念、思想等。

i

词典学

何谓"术语"?《现代汉语词典》(第7版)就该词条的解释是:"术语:某一学科中的专门用语。"《辞海》(第7版)给出的定义是:"术语:各门学科中的专门用语。"每一术语都有严格规定的意义,如政治经济学中的"商品""商品生产",化学中的"分子""分子式"等。《牛津高阶英汉双解词典》(第9版)中 term 的释义是:"term: a word or phrase used as the name of sth., especially one connected with a particular type of language(词语;术语;措辞); a technical/legal/scientific, etc. term(技术、法律、科学等术语)。"terminology 的释义是:"terminology: the set of technical word or expressions used in a particular subject [(某学科的)术语,如 medical terminology 医学术语]。"《新牛津英汉双语大词典》(第2版)中 term 的释义是:"term: a word or phrase used to describe a thing or to express a concept, especially in a particular kind of language or branch of study(专门名词,名称,术语); the musical term 'leitmotiv'(音乐术语'主导主题'); a term of abuse(辱骂用语;恶语)。"terminology 的解释是:"the body of terms used with a particular technical application in a subject of study, theory, profession, etc.(术语): the terminology of semiotics(符号学术语); specialized terminologies for higher education(高等教育的专门术语)。"

上述四种权威工具书对"概念"和"术语"的界定、描述和释义及给出的例证,简要阐明了其内涵要义,界定了"概念"与"术语"的范畴和区别。当然,"概念"还涉及名称、内涵、外延、分类、具体与抽象等,"术语"也涉及专业性、科学性、单义性和系统性等方面,因而其地位和功能只有在具体某一专业的整个概念系统中才能加以规定,但基本上可以清晰解释本丛书所涉及的核心概念与关键术语的内涵要义等内容。

从上述的定义界定或描述中,我们不难认识和理解,概念和术语在任何一门学科中,无论是自然科学学科还是人文社会科学学科,都扮演着重要的角色,在任何专业领域都起着至关重要的作用。它们不仅是学科知识的基石,也是专业交流的基础。概念和术语的内涵和外延是否界定清晰,描写、阐述是否充分、到位,对学科建设和专业发展关系重大。

总序

清晰界定学科和专业的核心概念与关键术语,能更好地帮助我们构建知识体系,明确学科研究对象、研究范围和研究方法,为学科建设和发展提供理论支撑;在专业发展、学术研究、学术规范、学术交流与合作中,为构建共同语言和话语标准、规范和体系,顺畅高效开展各类学术交流活动发挥积极的重要作用。无论是外国语言研究、外国文学研究、翻译研究还是比较文学与跨文化研究、国别与区域研究,厘清、界定核心概念与关键术语有利于更好地推进学科建设、专业发展、学术研究、人才培养、学术交流和国际合作,对于研究生的培养、学术(位)论文的写作与发表而言尤其重要。有鉴于此,我们策划、组织编写了"外国语言文学100核心概念与关键术语丛书"。

本丛书聚焦外国语言学、外国文学、翻译学、比较文学与跨文化研究、国别和区域研究等领域的重点和要点,筛选出各领域最具代表性的100核心概念与关键术语,其中核心概念30个,关键术语70个,并予以阐释,以专业、权威又通俗易懂的语言呈现各领域的脉络和核心要义,帮助读者提纲挈领地抓住学习重点和要点。读懂、读通100核心概念与关键术语便能抓住并基本掌握各领域的核心要义,为深度学习打下扎实基础。

本丛书的核心概念与关键术语词目按汉语拼音编排,用汉语行文。核心概念30个,每个核心概念的篇幅2000—5000字,包括"导语""定义"(含义)、"功能""方法""讨论""参考文献"等,既充分发挥导学、概览作用,又能为学习者的深度学习提供指向性的学习路径。关键术语70个,以学习、了解和阐释该学科要义最不可或缺的术语作为选录标准,每条术语篇幅约500字,为学习者提供最清晰的术语释义,为学习者阅读和理解相关文献奠定基础。为方便查阅,书后还提供核心概念与关键术语的附录,采用英—汉、汉—英对照的方式,按英语字母顺序或汉语拼音顺序排列。本丛书的读者对象是外国语言文学和相关专业的本科生、研究生、教师和研究人员及对该学科和专业感兴趣的其他人员。

本丛书的策划、组织和编写得到了全国外语界相关领域的专家、学者的大力支持和热情帮助。他们或自己撰稿,或带领团队创作,或帮助

词典学
100 核心概念与关键术语

推荐、遴选作者，保证了丛书的时代性、科学性、系统性和权威性。不少作者为本丛书的出版牺牲了很多个人时间，放弃了休闲娱乐，付出了诸多辛劳。清华大学出版社的领导对本丛书的出版给予了极大的支持，外语分社的领导为丛书的策划、组稿、编审校工作付出了积极的努力并做了大量的默默无闻的工作。上海时代教育出版研究中心为本丛书的研发、调研、组织和协调做了许多工作。在此向他们一并表示衷心的感谢和深深的敬意！

　　囿于水平和时间，本丛书难免存在疏漏和差错，敬请各位读者批评、指正，以期不断完善。

庄智象

2024 年 4 月

前 言

自 1950 年西班牙词典学家卡萨雷斯（Julio Casares）的《现代词典编纂法引论》(*Introducción a la Lexicografía Moderna*) 出版以来，词典学经历了半个多世纪的快速发展，已形成一门具有独立理论框架的交叉性应用学科，其组成涉及三个领域：① 词典学理论方法；② 词典编纂实践；③ 词典现代化技术。学科研究的这三个领域衍生出词典学的三大分支：理论词典学、应用词典学和计算词典学。

在理论词典学方面，其研究内容从传统的"类型、结构与要素"学说，发展成为一种集合多种相关学科理论和方法的交叉性学科，研究范围包括：词典学的概念内涵、词典学与相关学科的关系、词典学内容与结构、词典类型学、词典释义理论、词典使用、词典评价和词典历史等。

在应用词典学方面，词典编纂研究从传统的项目驱动、就事论事，发展成为词典编纂全过程系统而细致地考查和研究，研究范围包括：词典学理论的运用、词典项目规划、词典设计原理、词典原始材料、词典编纂方法、词典编写流程、词典修订和词典项目的组织管理等。

在计算词典学方面，词典技术的研究已经从计算机语料库辅助词典编纂和电子词典的研究，发展成为融媒体综合词典处理平台和词典数字化、数据化的研究，研究范围包括：语言资源的自动获取、语料的深加工和数据化、融媒体数字处理平台、纸质词典数字化、词典数据库和人机互动等。

笔者在做国家社会科学基金重点项目"基于融媒体的多模态英汉学习词典数据库研究"时发现，融媒辞书需要借助计算机数字处理平台来处理数据，但计算机处理的数据项目和内容需要高度的"格式化""形

词典学
100 核心概念与关键术语

式化"，这就需要对词典学中的各种术语和含义进行"标准化"定义。

词典学的发展表明，对词典学的核心概念与关键术语进行系统化的阐释，对词典学新时期的理论构建和应用实践都具有重要的意义。

本书以核心概念与关键术语的形式，分专题来描写和阐述理论词典学、应用词典学和计算词典学的概念内涵和主要内容。全书共收录30个词典学核心概念、70条关键术语，分为两大部分编排。核心概念篇是词典学领域的中心内容，包括词典学的基本概念、基本规律、基本原理，以及词典编纂的基本方法、基本内容、基本结构和基本流程等，这些内容展现出当代词典学的系统框架，体现词典学学科的基本理论框架。关键术语篇是词典学理论研究、编纂实践中所涉及的主要专门用语，是表达词典学和词典建构中不可或缺并起着重要作用的要素。

核心概念与关键术语撰写的总原则是：客观、准确、精练、通达。主要方法是在查考相关参考文献的基础上，对国际、国内的主流理论观点进行概括总结，原则上不讨论、不论述不同的理论观点或方法。

（1）客观。条目内容是对特定主题知识现状的概要和客观记录，其主旨凸显在"述"上，包括阐述、叙述、陈述和描述。阐述就是把基本概念、学说、理论等的道理讲清楚；叙述是把学科起源、发展、沿革和内容等交代清楚；陈述是把精选核对过的资料内容、事实、数据等有条有理地呈现出来；描述是用文字把概念和术语的性状特征、发展、态势等如实地勾画出来。

（2）准确。为了客观反映词典学科的真实情况，书中每一条目的撰写都需广泛搜集和查考相关资料，包括国内外学界发生的学术事件、代表性的理论书籍和论文等。特别是核心概念篇，撰写前都要先做专题检索和专题资料研究，对所使用的资料尽量做到多源头查对，尽力找到比较权威的文献依据和事实依据，从主观上最大限度地保证数据的翔实性、准确性和可靠性。

（3）精练。条目撰写的主旨是把词典学核心概念与关键术语蕴含的知识内容、学问和道理讲清楚，让读者能够通过一个条目和必要的参见把一个"主题"状况弄明白。写作尽力做到简练、明了,避免华丽的辞藻,尽量不使用评价性、主观性的修饰成分,避免空话、套话。叙述过程尽力做到条理分明、眉目清晰;内容要切中主题,给读者提供实实在在的知识。

(4)通达。核心概念与关键术语虽然具有较高的学术性,但也是面向一般语言学教师、学生和词典爱好者的;条目的撰写既要反映前沿理论、专业的学术理念,也要尽力把高深知识浅近化、晦涩的专业理论通俗化;专业用语一是要标准,二是要通俗易懂,做到表意明确,让普通人看得懂、看得明白。

总之,本书的撰写是以事实为主导、以文献为依据,在弄清事实、消化资料的基础上进行分析、抽象、概括,结合学界主流的知识经验和研究成果进行综述和撰写,一般不直接引述别人的内容。参考资料原则上选择在学界有一定影响的作者的著述和被学界认可、他引率比较高的专著和论文。凡核心概念篇中参考过的主要文献,都列入文后的"参考文献"中,正文内一般不做"夹注",以表明所述内容不是个人观点,而是学界的主流思想。为满足本丛书写作格式的要求,关键术语篇不提供参考文献,但实际上也都是在查阅相关资料的基础上撰写的,这里谨此说明。此外,有些条目是从不同的角度来描写词典现象的,虽然叙述方式各有侧重,但仍有一些基本信息在相关条目同时存在。为了词条内容的完整性,我们保留了相关条目中少量相互重复的信息。

词典学已经发展成为集多种学科为一体的交叉性应用学科,涉及认知学、教育学、二语习得、翻译学及语言学的各个分支,如语义学、句法学、系统功能语言学、认知语言学,以及计算机科学、数字化和融媒体技术等。由于作者专业视野和能力有限,掌握的文献资料有限,在写作中很可能有以偏概全、挂一漏万等现象,恳请读者提出宝贵意见。夏立新、王东海和邓琳等参与了本书部分撰稿;夏立新撰写了"词典编纂""双语词典""语文词典""插图词典""词典对等词""词典宏观结构""词典微观结构""词典义项"和"词典注释";王东海撰写了"百科全书""词典考古学"(与李家琦合作)、"词典史""词典体例""词典条目""词典用语""句典""词典编排法""词典编纂计划""词典附录""词典注音",以及"倒序词典"(与房新合作);邓琳撰写了"百科词典""共时性词典""历时性词典""多功能词典""描写性词典""同义辨析""专科词典"和"电子词典"。

  在写作过程中参考了很多文献资料,对这些资料的作者和出版单位表示诚挚的感谢。在读博士生王倩倩、唐舒航、陈艳萍、曾珍、牛文培和贾赛男以及于海燕博士对书稿做了部分文字校对工作,这里一并表示感谢。

章宜华

2024 年 9 月 3 日于广东外语外贸大学

词典学研究中心

外国语言学及应用语言学研究中心

目 录

核心概念篇 ·· 1

百科全书 ·· 2
比较词典学 ·· 9
词典编写系统 ··· 16
词典编纂 ··· 23
词典编纂原则 ··· 28
词典翻译 ··· 35
词典结构 ··· 42
词典考古学 ··· 47
词典类型学 ··· 54
词典配例 ··· 62
词典评论 ··· 67
词典史 ··· 73
词典释义 ··· 81
词典释义方法 ··· 89
词典修订 ··· 97
词典学 ·· 103
词典语料库 ·· 112
多模态词典 ·· 119
多维释义理论 ·· 125
计算词典学 ·· 133

教学词典学 141
例证功能 149
认知词典学 155
融媒词典学 163
双语词典 171
双语词典学 176
学习词典 183
语料库词典学 190
语文词典 196
专科词典学 202

关键术语篇 **211**

百科词典 212
插图词典 212
辞典 214
词典 214
词典编排法 215
词典编纂计划 216
词典编纂宗旨 217
词典标签 218
词典参见 219
词典对等词 221
词典附录 222
词典宏观结构 223
词典互动界面 224
词典类型 225
词典生成系统 226

词典释义原则	227
词典数据库	229
词典体例	230
词典条目	230
词典外部材料	231
词典微观结构	232
词典学国际标准	233
词典样条	235
词典义项	236
词典译义	237
词典用语	238
词典语证	239
词典中观结构	240
词典注释	241
词典注音	242
倒序词典	243
电子词典	244
电子词典功能	244
电子词典结构	245
多功能词典	246
多媒体词典	247
多模态释义	248
分级词典	249
概念词典	250
共时性词典	252
规范性词典	252
积极型词典	253

机器词典	255
计算机辅助词典编纂	256
简明词典	257
交际词典学	258
教学词典	259
句典	260
控制性释义词汇	261
类义词典	262
历时性词典	263
描写性词典	264
内向型双语词典	265
普通词典	266
融媒词典	267
双解词典	268
双向词典	269
同义辨析	270
外向型双语词典	271
网络词典	272
详解组配词典	273
消极型词典	274
学生词典	276
用户视角研究	277
语料库模式分析	278
语篇词典学	279
主题词典	280
专科词典	281
字典	282

附录 **285**
英—汉术语对照 285
汉—英术语对照 293

核心概念篇

百科全书　　　　　　　　　ENCYCLOPEDIA

百科全书（encyclopedia）是全面、系统概述人类各个或某一知识门类的基本知识，按词典（dictionary）形式编排的大型综合型辞书。

"百科全书"英文为 encyclopedia，源于希腊文 enkyklios（科学范围）和 paideia（普通教育）二词的合成，演化为"诸科学问之总汇""知识分类概要"或"一切与人类知识有关的教育"之义。"百科全书"在日本称为"事典"，在 20 世纪上半叶的中国，也曾被译为"万宝全书""大类编""百科类典""百科学典"，后来定名为"百科全书"。

一部优秀的百科全书对已有的知识进行系统化，为人们提供有条理的知识；它的内容包罗万象，被称为工具书中的"巨人"，是人类知识的结晶，是一个国家文化成熟发达的标志；它也是对一代代后人进行知识文化和思想启蒙的先驱；它还能辅助、补充甚至部分代替学校教育，被称为"精简的图书馆""第二课堂"和"没有围墙的大学"。

☙ 百科全书的源流与历史发展

百科全书的编纂历史悠久，起源于人类对已有知识的全面概括和分类整理。学界一般认为，西方百科全书经历了三个发展阶段。

（1）古希腊、古罗马时期的古代百科全书。古罗马时期，古希腊哲学家斯珀西波斯（Speusippus）和亚里士多德（Aristotle）编纂过概述各种学问的百科全书式著作。亚里士多德最早对学科进行分类，这一分类对百科全书的发展影响巨大，后世称他为"百科全书之父"。这一时期的百科全书编排上采取原始的知识分类。古罗马作家瓦罗（Marcus Terentius Varro）编写过 9 卷本《学科要义九书》（*Disciplinarum Libri IX*）；其后，公元 1 世纪的普里林尼（Gaius Plinius Secundus）编纂过现存的第一部自然科学百科全书《自然史》（*Naturalis Historia*）（一译《博物志》，37 卷）。

（2）中世纪百科全书。在5—16世纪，受神学和宗教的影响，百科全书多为修道院供神职人员学习的课本，编排方法上仍以"自由七艺"（la liberalaj artoj）为基础的原始分类为主；中世纪后期，受培根（Francis Bacon）的知识分类的影响，科学分类法（又称"生物分类法"，taxonomy）逐渐成为其框架设计的基础。这一时期，法兰西百科全书编纂家樊尚（Vincent de Beauvais）编纂了《大宝鉴》（一译《大镜》，Speculum Majus，80卷）；1559年，德国学者斯卡里兹（Paul Skalich，1534—1573）编纂了《百科全书，或神与世俗学科知识概要》（Encyclopaediae, seu Orbis Disciplinarum, tam Sacrarum quam Profanarum, Epistemon），第一次正式使用"百科全书"一词。

（3）18世纪以后的现代百科全书。强调其启蒙作用，同时突出工具书的检索功能，采用词典的字母顺序编排法。1728年，英国学者钱伯斯（Ephraim Chambers）编纂《百科全书，或艺术与科学综合大辞典》（Cyclopaedia; or, An Universal Dictionary of Arts and Sciences），他被称为"现代百科全书之父"。狄德罗（Denis Diderot）为首的法国百科全书派编纂了《百科全书，或科学、艺术与手工艺大词典》（Encyclopédie, ou Dictionnaire Raisonné des Sciences, des Arts et des Métiers）（1751—1772，28卷）。同期，英语世界编纂出版了有代表性的三大百科全书（俗称ABC百科全书），即《美国百科全书》（Encyclopedia Americana）、《不列颠百科全书》（Encyclopedia Britannica）、《科利尔百科全书》（Collier's Encyclopedia）。其中，美国出版的《不列颠百科全书》（第14版以前在英国出版）被认为是英语世界最具权威的百科全书。此书于1771年在苏格兰爱丁堡出版，共3卷，其后不断修订出版。1941年版权归美国芝加哥大学所有，现由总部设在美国芝加哥的不列颠百科全书公司出版。

中国的百科全书也经历了三个发展阶段。

（1）先秦、汉初的类义词典期。汉初的《尔雅》为"小学"著作，属类义词典（analogical dictionary / thesaurus），但其内容涉及自然科学和社会科学诸方面，编排体例采用百科主题，应为中国百科全书性质著作的渊源。

（2）清末、民国以前的类书、政书期。中国古代的类书是辑录各门类或某一门类的材料（如史实典故、名物制度、诗赋文章、俪词骈语等），并依内容或字、韵分门别类编排的供寻检、征引的工具书，其中的综合性类书也被认为具有百科全书性质。三国·魏国人王象等编纂的《皇览》是第一部类书，明代解缙等编纂的《永乐大典》（残）是古代最大的类书，现存规模最大的类书则是清代陈梦雷等的《古今图书集成》。另外，中国古代的政书是分门别类地记载典章制度基本内容及其沿革、损益、发展变化和其他史实的类书，具有专题性百科全书的性质。例如，记录历代典制及其史实的"十通"，记录某一朝代典制及其史实的"会要""会典"等。

（3）清末、民国及以后的百科全书期。1897年，康有为编写了《日本书目志》，第一次把"百科全书"一词从日本引入中国。1903年，范迪吉等编译了日本的《普通百科全书》，这是一部丛书，但用了"百科全书"的名称，这也是中国第一次用"百科全书"命名文献。1980年开始，中国编纂了第一部大型综合性百科全书《中国大百科全书》，第一版（共74卷）在1993年出齐，共收77 859个条目，计12 568万字；第二版于2009年出版。1985年，由中国大百科全书出版社和美国不列颠百科全书公司合作编译出版了《简明不列颠百科全书》。

✿ 百科全书的发展现状

20世纪下半叶至今，中西方百科全书全面进入信息化的新发展时期。20世纪80年代，在计算机技术发展的基础上，百科全书有了电子版的新形态。1980年4月，美国格罗利尔出版公司（Grolier）出版的《美国学术百科全书》（*The Academic American Encyclopedia*）标志着第一部以数据库存储的、通过计算机检索的百科全书诞生；1985年，该出版商又推出了世界上第一个以CD-ROM形式存储的交互式多媒体电子百科全书。1994年《不列颠百科全书》网络版（*Encyclopedia Britannica Online*，简称EB Online）成为世界上第一套基于互联网、用浏览器查询与检索的百科全书；1999年10月20日，它又开创了大型百科全书免费共享网络使用的先例。1993 年，美国微软公司和芬克与瓦格纳公司（Funk & Wagnalls）共同开发出畅销的多媒体百科全书——《英卡塔多媒体百科全书》(*Encarta*)。2005 年，《中国大百科全书》多媒体光盘版也顺利推出。

电子版百科全书的内容以虚拟数据方式存储于电脑本地或便携磁盘、服务器、云端，是以信息技术为手段进行编纂、检索使用、修订的百科全书，它在传统的文本、图像等信息载体的基础上，增加了动画、视频、音频、虚拟现实（VR）、增强现实（AR）等多媒体信息，检索手段不但有传统的以音节、部首、笔画、义类等为主的排检法，而且还增加了全文检索、词目逆序检索等手段，有些电子百科全书还拥有智能化检索功能，特别是根据条目的语义相似度而自动建立的词目联想功能。交互功能智能且强大，这些都是印刷版百科全书无法实现的。

电子版百科全书还可细分为磁盘版和网络版。前者以软盘、U 盘、光盘、磁带等为内容存储介质，提供与单机用户交互的检索使用界面；后者则是以网络服务器为内容存储介质，借助网络的共享共通、开放互联功能，利用万众交互、超文本、超媒体等技术和要素编纂而成的百科全书。其使用不同于磁盘版，磁盘版主要用于个人单机使用，而网络版资源由于存储于共享服务器，用户通过电脑、智能手机等终端的客户端软件或浏览器提出检索关键词，服务器将检索结果推送给用户。网络版百科全书更适合于以服务为宗旨的文献信息检索服务。

2005 年，维基百科（Wikipedia）的诞生是网络版百科全书发展的新里程碑，进入了编者、用户融通的互动百科、融媒百科新阶段。《维基百科》由非营利性的维基媒体基金会负责运作，其运作模式实现了百科全书编纂、出版、修订、使用等方面的革命，体现出更强的网络化、智能化、融媒化特点，具有开放互动、消解权威的特征；即时发布，全民审核；免费共享使用，无限扩充等优势。这种新型的互动式网络百科全书，使长期困扰百科全书的大小条目之争、知识更新速度问题、分类与主题检索的关系及技术处理问题等得到了较好解决。但这种侧重众源模式的百科全书范式也存在知识的准确性待考、辗转抄袭者众、知识争议性多、作者队伍芜杂、管理难度大等问题。中国的此类工具书主要有《百度百科》《互动百科》等。

❀ 百科全书的特点

（1）编纂定位于传承知识文化，知识的集成性、完备性、多样性特点突出。百科全书不但全面贮存已有知识，且不断修订完善，对已有的知识进行有效更新，同时也将人类现有文明向下传承。法国哲学家、百科全书编纂家狄德罗说："百科全书旨在收集天下学问，举其概要，陈于世人面前，并传之于后世。俾世代先人的劳动成果，不致淹没无存。"从集成的知识内容看，百科全书广泛搜罗各领域名词术语和专名（包括人名、物名、地名、事件名等），虽只是对这些知识进行概要性介绍，但核心性、关键性知识点并无遗漏，内容力求全面化。另外，其表现形式多样，除了释文文本，还有照片、图示、地图、表格、参考书目等信息，现代电子化、网络化的多媒体全书，还有各种多媒体资料，一些抽象复杂的原理还借助二维动画、三维动画、VR、AR等技术来展示，且具互动性。其他工具书则只是回答一个知识条目某一方面的某一点信息，资料的完备性和形式的多样性方面无法与百科全书相比。

（2）百科全书释文涉及的知识是系统的，力求把知识归纳为完整的体系。百科全书多以主题类作为主索引，主题索引一般以学科知识体系为依据。条头不但解释条目的"异形""对义"等语言属性、概念属性，还有层次、系统地介绍其包含的知识体系。单个长条目的释文可以有自己的分级标题。有些大的条头下包含更低层级的二级、三级等相关联的下位子条目，形成独有的内包条目的方式，将各种最小知识单元按主题和层级组织在一个大的条目单元框架中，体现出严密的知识层级性，所以百科全书每个条目的释文类似一篇小科普文章。

（3）编纂组织工作严谨，释文内容具有权威性、系统性。百科全书卷数多、文字量大，其编纂出版多为大型、系统工程，多为政府工程，或带有政府背景，需要靠国家力量编纂、维护和出版、发行；其组织落实往往由行业地位高的知名或专门出版社承担；编者或撰稿人多为某领域的学者或专家，他们有能力、有水平将一个国别的一切学科或某一学科一切领域的知识准确、系统、专业地描述出来，使其内容具有权威性。例如，《中国大百科全书》的编纂是政府相关部门的第二次全国辞书编纂出版规划重点项目，为此专门成立中国大百科全书出版社，编者和撰稿人均为各学科有学术声望和学术专长的知名学者，很好地保证了本套百科全书的质量。

（4）具有一定的可读性，还具有教科书性质。百科全书是辞书中可读性比较强的文献。首先，百科全书释文难度保持中等，释文本身就带有科普性，语言也兼具简明性、通俗性与趣味性，更具可读性，也兼具了教科书的性质，如《青少年百科全书》《十万个为什么》等。外国的百科全书有的甚至主张用"日常语言"来写，"把专家的行话译成常人能懂的语言""连初中学生也能了解"[美国《哈佛世界百科全书·序》（*Harver World Encyclopedia—Introduction*）]，这都与读者的知识背景和知识储备相适应。其次，按主题分类编排的百科全书更适用于系统阅读，知识呈现更有序，逻辑性强且条头检索方便。有些综合性的大型百科全书为照顾系统阅读和学习的需要，还用一定篇幅概要介绍各个学科历史和概况及其分支的内容。这些编排特点都能使专业工作者、学科爱好者通过通读百科全书的条目（article）以获得系统的专业知识。

❀ 百科全书的结构和类型

1）结构

① 条目结构一般由条头（条目标题）、释文（包括必要的图表）和推荐书目组成。② 排检方式主要有三种：按条头字顺编排、分类编排、分类与字顺相结合（分类分卷）编排。外国百科全书大多采取第一种方式，《中国大百科全书》第一版采取的是第三种编排方式。③ 和词典一样，没有各种知识性与资料性附录，如大事年表、地图集之类，以扩展百科全书的内容。

2）类型

按规模，百科全书可分为大百科全书和小百科全书。大百科全书多为综合性百科全书，卷数多，如《不列颠百科全书》32卷、《美国百科全书》30卷、《中国大百科全书》74卷。小百科全书卷数少，大多是普及性的，如法国的《拉鲁斯青少年百科全书》（*Larousse Junior Encyclopédie*）。

按选收范围可分为综合性百科全书和专科或专题性百科全书。前者力求广收一切学科和知识门类的内容，包罗万象，如《中国大百科全书》；后者专收一个或数个学科知识门类知识，有时甚至只围绕一个专门问题收录，其规模视不同专业和用途而定，如《中国军事百科全书》有19卷，《中国医学百科全书》有92册，而《哲学百科全书》则是单卷本。

根据地域可分为国际性百科全书和地域性百科全书。前者力求收录全人类知识；后者侧重反映一个地区、国家或区域的知识。

按读者对象可分为成人百科全书和少年儿童百科全书。成人百科全书的读者对象一般为中等以上文化程度，全书的知识覆盖面广，规模较大。少年儿童百科全书则侧重于学习性，内容通俗且富有趣味性，如英国的《儿童百科全书》（中国科普出版社和知识出版社合作翻译、出版）。

按载体介质可分为印刷版百科全书和电子版（光盘版、网络版）百科全书。未来，前者将侧重于人类知识的保存与继承，向典藏的方向发展；而后者更新频率快，侧重实际应用，使用率越来越高，在人们的学习生活中扮演着越来越重要的角色。

参考文献

白崇远. 2008.《维基百科》的特性及影响. 辞书研究，（2）：67–72.

黄建年. 2001. 当代百科全书发展态势研究. 图书馆建设，（5）：108–110.

金常政. 1985. 百科全书编纂概论. 太原：山西人民出版社.

金常政撰，王东海修订. 2022. 中国大百科全书（第三版）网络版.

科利森·R. 1980. 百科全书. 常政，吕千飞译. 北京：知识出版社.

陆和建，谢雨，李静丽. 2013. 我国网络百科全书发展研究述评——由纸质EB停版引发的思考. 大学图书馆学报，（2）：108–111.

章宜华. 2011. 语言学名词（辞书学）. 北京：商务印书馆.

章宜华，雍和明. 2007. 当代词典学. 北京：商务印书馆.

Collison, R. L. & Preece, W. E. 1974. Encyclopaedias. In W. E. Preece & P. W. Goetz (Eds.), *Encyclopaedia Britannica* (15th ed.). Cambridge: Cambridge University Press, 258–277.

Haiman, J. 1980. Dictionaries and encyclopedias. *Lingua*, 50(4): 329–357.

Kister, K. F. 1994. *Kister's Best Encyclopedias: A Comparative Guide to General and Specialized Encyclopedias* (2nd ed.). Phoenix: Oryx Press.

比较词典学 COMPARATIVE LEXICOGRAPHY

比较词典学（comparative lexicography）是运用比较和对比语言学的方法来研究词典编纂（dictionary making / dictionary compilation）以及词典与社会和文化的学问。通过对比分析获得有词典学意义的语言素材或词典数据，以便进行词典研究和编纂。

○ 比较词典学的理论源流

比较词典学有两个理论源流：历史比较语言学（historical comparative linguistics）（现简称"比较语言学"）和对比语言学（contrastive linguistics）。比较分析是语言研究的重要手段，历史比较语言学则是早期一切语言和语言学研究的基础，而现代语言学理论通常是基于对世界多种语言的比较分析，通过抽象和归纳而形成的科学性结论。

比较语言学起源于 18 世纪英国学者威廉·琼斯（William Jones）对梵语与拉丁语和希腊语之间系统对应关系的研究。1808 年，德国施莱格尔（Friedrich von Schlegel）提出了"比较语法"的概念，倡导运用历史比较法对不同的语言（或方言等）进行比较分析，说明其亲缘关系，或对一种语言不同历史状态的特点作比较和说明。德国语言学家洪堡特（Wilhelm von Humboldt）于 1820 年指出，人们只有把比较语言研究作为一种独立的、有自己用途和目的的研究，才能够可靠而有成效地揭示语言、民族的发展和人类的形成。19 世纪 70 年代，德国有一批学者开始思考"比较"在语言研究中的作用，通过比较来揭示音变的规律；并把当时历史比较语言学的研究成果上升到理论层面进行总结，正式为比较语言学提出了系统的理论原则和方法。

"对比语言学"是美国语言学家沃尔夫（Benjamin Lee Whorf）于 1941 年率先提出的。他在使用"contrastive linguistics"这个术语时还特意把它与"comparative linguistics"做了比较，说明其理论价值和功能特点。

美国语言学家弗里斯（Charles C. Fries）自 1945 年开始在相关文章和讲座中讨论对比语言学的问题，在对比分析和研究的基础上编写语言教材，并以外国英语学习者母语为参照写出了《论英语作为外语的教学》(Teaching and Learning English as a Foreign Language) 一书。这是较早把对比语言学应用于外语 / 二语教学的研究成果。

1953 年，怀恩来希（Uriel Weinreich）在《语言接触：发现与待解决的问题》(Language in Contact: Findings and Problems) 一书中运用结构主义理论勾画了一个对比分析概念框架，并在对比中发现了语言接触间的"干扰"（interference）和"迁移"（transfer）问题。1957 年，拉多（Robert Lado）出版了第一部对比语言学专著《跨文化语言学》(Linguistics Across Cultures)。他把任何两种语言和文化的比较研究看作是应用语言学的新领域，通过比较可发现和描述一种语言的使用者在学习另一种语言时遇到的问题，这对于教材的编写、语言学习和双语学习词典编纂都具有重要价值。有关汉语语言的对比分析始于马建忠的《马氏文通》(1898)，他通过对拉丁语法体系的对比，参照汉语中有关虚字的研究创建了一套汉语语法体系。之后，有关对比语言学的研究不断增加，成为当时语言研究和语言学理论发展的主流。例如，严复的《英文汉诂》(1903)，黎锦熙的《比较文法》(1933) 和吕叔湘的《通过对比研究语法》(1977)

等。从发展现状来看，比较语言学分为历史比较和共时比较，而对比语言学则侧重不同语言间的比较。这为比较词典学的建立提供了坚实的理论基础，为双语词典的编纂提供了有效的语言对比分析方法。

❀ 比较词典学的研究对象和内容

根据比较语言学和对比语言学的理论方法，比较词典学的研究范围也分为历时比较、共时比较和不同语言间的比较。

1）研究对象

不同历史时期的同一种词典包括：① 古代与近现代对比，如先秦汉语词典雏形与近现代汉语词典、古英语与现代英语词典等，探究词汇形式、语义及文化传承与实用导向的变化；② 不同历史阶段细分，如先秦、唐宋、明清及现代各阶段的词典，分析收词范围从经典文献到各领域词汇的演变。

同一时期的相关词典包括：① 同一语言的同类词典，如不同流派编写的汉语和英语词典，有注重解形的，也有注重解义的；有注重规范的，也有侧重描写的；还有适用不同对象的，如普通与专业词典、内向型与外向型词典等，在收词、释义和配图上各有侧重。② 与不同语言的相关词典，如印欧语系与汉藏语系等不同语系词典间对比，在语法、字词组合和语义搭配上有差异；还有中西文化差异在词典中的反映，如在词汇语义、语法结构以及文化价值观和习俗等方面的不同。

2）研究内容

历时比较方面的研究包括：① 编纂宗旨，早期注重文化传承，后向语言规范和实用转变（如用户需求）；② 文化传承与语言规范，探究不同历史阶段词典编纂在学术和大众需求上的倾向；③ 体例结构，编排方式从古代按部首、韵部编排到现代的音序、笔画及计算机检索编排的演化；词条结构由古代的简约性，向现代完整性的转化；④ 社会发展与词汇增减，含新词汇增加，旧词汇淘汰，如科技新词的纳入和古旧词汇的减少；⑤ 语言接触与外来词吸收，如汉语吸收佛教词汇和西方科技词汇等；⑥ 注释、释义和举证方式的演变，如从古代直训、互训到现代多样化注释，从早期模糊对释到现代准确详细释义；举证从古代注重经典文献到现代更注重多样性和实用性等。

共时比较内容方面的研究包括：① 编纂宗旨方面，同一时期的词典有学术导向和应用导向之分，如语言学词典和语言学习词典；有侧重文化传播的，也有侧重语言教学的；② 体例结构方面，通过宏观结构比较不同词典在整体框架、索引和附录上的差异，通过微观结构比较词条在词类标注、语法注释、释义和配例等微观信息处理的不同；③ 收词方面，分析不同词典在领域侧重和词汇覆盖范围的差异，及对新兴词汇、方言和外来词汇的处理；不同词典在词汇选择标准的差异，如有使用频率和重要性之分；④ 注释、释义和举证详略度的差异，如对动词语法和使用规则的简单和详细注释；⑤ 释义方法方面，比较对式法、定义法、描写法等释义方法在不同词典中的应用；⑥ 举证类型的差异，研究书面文献例句、口语化例句和图片图表等举证类型的差异。

不同语言间的比较主要是针对不同语言词典的对比研究和通过对同一时期不同语言的语义和功能等方面的比较分析进行词典的编写。这对于学习词典尤为重要，因为二语学习直接受语言迁移（language transfer）的影响。对比语言学能够通过分析母语与外语在语法和语义等方面的共性与差异来帮助学习者加深对词汇的理解。明确共性可促使学习者利用已有的母语知识实现正迁移（positive transfer），推动二语学习进程；指出差异则能让学习者意识到母语与二语的区别，避免因母语干扰而产生的负迁移（negative transfer），从而更有效地促进二语能力发展。面向二语学习的双语词典（bilingual dictionary）就是基于对两种语言的对比分析进行编纂的，主要是通过释义、例句等方面呈现两种语言的共性与差异，特别要指出词汇和语义方面的不对等现象。

（1）语法的不对等包括：① 词性：不同语言的词在阴性、阳性和中性划分及表现有别；② 数量：汉语词无数量变化，英法语言有不同变化；③ 量词，汉语名词、动词与量词搭配普遍，英法语言一般不需要，只有少量特殊情况需专用或借用量词；④ 词类：同一概念词在不同语言中兼类和功能不同，语法功能改变会影响词义；⑤ 表达方式：不同语言相应概念和语法功能单位表现形式不同，导致结构差异；⑥ 构词方式：各民族观察认识事物角度等不同，造成语言单位构造或构词思路不同，如"土豆""银河"在英语和法语中的不同表达。

（2）语义不对等。双语词典的核心内容是译义，需通过源语词项语义结构与目的语的映射发现它们之间的异同，并用适当的大多注释其差异。语义差异主要表现为：① 指称范围：各民族对事物划分不同，中西语言词汇常在指称范围上有所差异；② 类指与特指：各民族概念范畴组织方式不同，如汉语"路"在英语中的对应词、英语的"dictionary"在汉语中的对应词就有类指和特指的差异；③ 内涵意义：各民族文化和生活习俗赋予词汇附加意义不同，如汉语"绿"和英语"green"在特定语境下含义不同。要实现两种语言词汇对等，需先对比分析找出差异，再用注释等方法建立等值对应关系。

✑ 比较词典学的原则与研究方法

1）比较词典学的原则

（1）确定比较的原则。要比较就必须要有判断，判断必须依照一定的标准和原则。标准就是语言的规律、规则和词典学原理，原则主要有：① 客观比较原则，按语言学和词典学（lexicography）的理论规范，客观选择比较对象和内容，客观分析和描述对比结果，避免掺杂个人的情绪；② 可比性原则，即在同类或大体相同的项目之间选择比较对象，也可以用来对比的性质特征和共同的比较参照标准，通过比较可以给人有益处的启示；③ 关联性原则，即被比较的对象在结构、性质和特征上须有某种联系，这种联系的相关性（relation）越强，比较就越容易进行、比较的结论就越可靠。

（2）确定比较的对象。把具有可比性的两个或多个项目或编纂行为进行比较，揭示它们之间的共性和差异，包括：① 辞书类型比较，如百科全书（encyclopedia）、语文词典（language dictionary）、专科词典

（specialized dictionary / subject dictionary）、外语词典、双语（多语）词典、综合性词典等；② 词典编纂比较，即各种词典从设计到语料准备、编写全过程的组织工作，包括编纂体例、收词、释义、配例原则和排检方式，以及各个项目实施情况等；③ 词典释义 [dictionary definition / lexicographic(al) definition] 比较，即各种词典的释义原则、释义方法、释义控制词汇等，包括各种语词释义的科学性、释义体例的一致性和释义的可接受性等。

（3）确定比较的层次。对比语言学关于语言对比的层次，学者们从不同的角度提出了结构层次、语篇层次和词汇层次，以适应不同的研究需求。词典学的对比研究主要是从词汇层面来考虑，例如，① 形式注释比较，包括语音、形态（词的构成、动词屈折形式、名词复数形式、形容词和副词比较级形式等）、语法（词的各种属性规则）和句法（词的组配规则）等；② 注释和释义比较，包括不同语言对意义的区分、注释和释义方法、释义结构，语言间的部分对等和不对等词汇的译义等；③ 分布描写的比较，指对被释义词在使用中分布位置解释，如句法模式、搭配结构和搭配成分、语体分布和语域分布等。概括地讲，词典的比较研究首先要确定对比的原则，然后根据既定原则选定比较的对象，最后根据比较的目的确定比较层次，并按层次进行比较研究、阐述比较结果。

2）比较词典学的研究方法

（1）应用理论的对比研究。国际辞书界注重运用新理论和新方法，系统对比不同理论，了解词典在编纂和释义方法中的优劣势。比如认知语言学强调词汇认知意义，语用学关注词汇交际功能，对比研究可改善词典编纂。

（2）编纂理论的对比研究。不同国家和地区词典编纂各有特点优势，汇集国际重要辞书成果理论经验，结合本地编纂存在的问题进行对比，可为相关词典的编纂提供参考，从中汲取有益内容，提升本地词典的质量。

（3）编纂实践的对比研究。针对国际主流词典与本地词典在词汇收录、释义方法、例证配置、排版设计、附录设置等方面进行比较，通过案例分析，取长补短，探讨可借鉴的内容和方式。

（4）语料库应用的对比研究。了解不同词典在利用语料库辅助词典编纂上的差异，如比较语料处理和分析方法上的不同对词典释义、例句选取、词汇搭配的影响，以提升词典编纂的质量和准确性。

（5）用户视角的对比研究。通过对比，了解用户的词典需求和使用习惯对词典编纂的影响，如可通过问卷调查、访谈收集评价反馈，然后，可对比不同用户群体需求差异，相应地调整词典编纂方法。

（6）跨文化视角的对比研究。有助于揭示不同语言文化背景下词典编纂的特点，促进跨文化交流和理解。词汇层面上可对比文化内涵和语义差异，编纂方法上可比较不同文化背景下词典的体例设计、释义风格等差异。

概括地讲，词典的比较研究首先要确定对比的原则，然后根据既定原则选定比较的对象，最后根据比较的目的确定比较层次，并按层次进行比较研究、阐述比较结果。

参考文献

陈楚祥. 1992. 对比语言学与双语词典学. 外语研究，（3）：3–8.

洪堡特. 1987. 论语言发展不同时期的比较语言研究. 张烈材译. 国外语言学，（4）：145–153.

刘婧. 2009. 对比语言学的历史与现状综述. 考试周刊，（50）：37–38.

王利众. 2006. 对比语言学综述. 黑龙江教育学院学报，（3）：70–71.

章宜华. 2015. 二语习得与学习词典研究. 北京：商务印书馆.

章宜华，雍和明. 2007. 当代词典学. 北京：商务印书馆.

Lado, R. 1957. *Linguistics Across Cultures*. Ann Arbor: The University of Michigan Press.

Weinreich, U. 1953. *Languages in Contact: Findings and Problems*. The Hague: Mouton.

词典编写系统 DICTIONARY WRITING SYSTEM

词典编写系统（dictionary writing system）是为词典编纂和编辑而设计的计算机辅助的平台。它是一个词典制作软件系统，可使词典编者能借助计算机完成从语言资源提取到词典条目（entry / lexical entry）编写、词典文本编排，以及词典任务分配和词典数据管理等全过程工作。

ಜ 词典编写系统的起源

词典编写系统萌芽于 20 世纪 80 年代，兴起于 90 年代。早在 20 世纪 50 年代中后期，就有专家运用电子计算机编制词典卡片库和进行词典语言材料处理，以及频率词典和逆序词典编排等，使得词典编纂的工作效率大幅提高。自 20 世纪 60 年代开始，西方国家如美国、英国、法国和德国等先后开始了词典编纂自动化、计算机化的研究，建立起了电子语料库、词典卡片库、术语数据库等。20 世纪 60 年代末，美国出版了基于语料库辅助编写的《美国传统词典》(*The American Heritage Dictionary*)，他们也尝试把计算机运用到词典编纂的全过程，以改变传统的词典编纂模式，但由于计算机硬件和软件的限制，也只是提升了词典编纂的局部工作效率和工作质量。

从 20 世纪 80 年代开始，随着计算机技术的发展和个人电脑的普及，英国四大学习词典（learner's dictionary）中的《牛津高级英语学习词典》(*Oxford Advanced Learner's Dictionary*，简称 OALD) 和《朗文当代英语词典》(*Longman Dictionary of Contemporary English*，简称 LDOCE) 开始运

用计算机对词典进行电子化改造,而哈珀-柯林斯出版社与伯明翰大学合作建立了大型词典语料库 [lexicographic(al) corpus],他们借助计算机的辅助在 7 300 万个词的强大语料数据基础上"生成"了初版的《柯林斯 COBUILD 英语词典》(Collins COBUILD English Dictionary)(最初叫 Collins COBUILD English Language Dictionary)。从此,一些辞书大国的词典出版机构便开始了各种计算机辅助词典编纂(computer-assisted dictionary compilation)的研究。从 80 年代末期开始,西方国家的一些技术公司开始了专门的词典编写软件的开发。例如,俄罗斯泰比(ABBYY)软件公司在 1989 年成立之初便开始了 Lingvo 词典编写系统的研制,基于这一系统,先后推出了大量在线词典,包括词典门户网站和手机词典等。

在 20 世纪 90 年代中后期,商务印书馆与南京大学联合开发了"CONULEXID 词典编纂系统"。该系统采用 CLIENT/SERVER 的局域网结构,较好地实现了多个客户端对服务器内语料库资源的获取和共享,并成功应用到《新时代英汉大词典》的编纂、编辑和出版过程中。广东外语外贸大学词典学研究中心从 20 世纪 90 年代后期着手开发的"基于微观数据结构的双语词典生成系统",是一种基于广域网环境设计的计算机辅助词典编纂及生成平台,把语料库、数据库、词典加工审定和词典生成融为一体,并应用到"英汉双解词典"的编纂上。

法国的 IDM(Ingénierie Diffusion Multimèdia)是一家专门从事基于可扩展标记语(Extensible Make up Language,简称 XML)的电子信息编辑与发布的技术公司,他们于 1999 年与朗文公司合作开始了词典编写系统的研发,之后又与牛津大学出版社建立起合作关系,利用词典编制系统(Dictionary Production System)帮助这两家英国主流辞书出版社进行词典的电子化改造,实现了全文本的 XML 格式转换,极大地提高了词典编纂和数字化出版的工作效率。南非的 TshwaneDJe 公司于 21 世纪初期研制的 TshwaneLex(简称 TLex)也是一款基于 XML 的词典编写系统,它能支持世界大多数语言,与牛津大学出版社、朗文公司、麦克米伦公司、培生教育集团公司等建立起了业务关系,编纂出各种类型的单语和双语词典(bilingual dictionary)。

○₃ 词典编写系统的发展与现状

有史以来，词典编纂所需的语料都是以书页注释或卡片形式积累下来的，词典编者成天被围困在书山字海之中，要通过阅读大量琐碎的语料来发现有用的编写材料，十分耗时费力。因此，当计算机这种省时省力的办公工具出现以后，辅助词典编纂就受到了相当的重视，因为辅助词典编纂可以涵盖词典编写系统。据不完全统计，在初始发展时期有关语料库辅助词典编纂的论文有 200 余篇，有关计算机辅助词典编纂和词典编写系统的论文有 50 余篇，涉及编写系统的介绍、开发设想和开发经验的介绍等。例如，上海交通大学的"汉语词典编纂一体化环境"、山西大学的"基于语料库的汉语辞书编纂辅助系统"、原广西省立师范专科学校（现广西师范大学）的"壮汉英词典编纂系统"、北京大学计算语言学研究所的"计算机辅助词典开发和管理系统"、教育部语言文字应用研究所的"基于语料库的数字化辞书编纂平台"等。但这些系统或者是词典编纂项目驱动，或者是科研驱动——为解决项目研究提出的特定问题或完成特定词典编纂而研制的，功能上有一定的局限性，文件传输上许多没有使用国际通用的 XML 格式；操作上也没有针对普通词典（general dictionary / general-purposed dictionary）编纂的需求做全面调查，没有从辞书编纂全局的角度对系统的各方面、各要素做统筹规划和顶层设计，尚不能满足辞书"多功能"的需要。这些编写系统的一大特征是在平台界面上集成一个小型或专门语料库，以便完成特定的词典编纂任务，很难发展成为通用的商业软件。

教育部语用所的数字化平台是国家高技术研究发展计划（863 计划）"中文信息处理基础应用研究"的子课题，以国家语委大规模现代汉语语料库为基础，以数字化典范辞书为目标，起点高且目标远大，功能设计齐全，集辞书的知识获取、自动生成、检查检测和审核评价等为一体，突破了传统的辞书编纂概念，是一种新型的辞书编纂模式。但实际上，这个系统也是配合"两岸通用词典"这个项目而做的，很多语言资源和功能都是为该词典的编纂而设置的，词典出版后也很难移作他用。

近十多年来，数字化和互联网通信已经高度融入社会发展的各个层面，特别是在"产业数字化"和"数字产业化"大背景下，作为知识文化产品的辞书，进入了数字化转型的快车道，以新媒体为载体的辞书得到空前的发展。辞书的融媒体化、数据化都要有一个数字化的词典编纂和处理系统平台，而我国的辞书出版社大多没有这样的系统，在开发词典App时不得不与有关信息技术公司进行合作，使辞书数字化的发展受到很大的限制。迄今为止，中国国内还没有自有版权的词典编写或编纂系统，已有的相关软件有的仅是一个系统模型，有的只是一个有着专门用途的计算机辅助词典编纂平台，都无法作为通用词典编写系统普及使用。

针对这些问题，商务印书馆在原有"辞书语料库及编纂系统"的基础上开发了"辞书编辑编纂系统2.0"，包括编纂编辑、流程管理、过程管理、任务管理和自定义管理等模块，直接与语料库、资源库相衔接，并对数据进行结构化处理，以适应词典数字化和融媒体化发展的需要。中国社科院语言研究所词典室不断优化为《现代汉语词典》修订而开发的"汉语词典编辑系统"，在2013年升级为"人机交互式的汉语辞书编纂系统"，其功能涵盖了汉语语文辞书编纂的全部流程，包括结构设置，选词（lemma selection）立目，词条编写、修改和审定，以及任务管理等。近年来，他们又组织专业团队重新开发了"面向语料库机助辞书编纂系统"，由前台编纂、后台管理和公共应用三部分组成。"前台编纂"面向辞书编纂和审稿人员，包括词条编写、语料检索、辞书检索、词表检索和在线资源检索五个模块；"后台管理"面向相关管理人员，包括辞书管理、资源管理、用户管理、系统管理四个模块；"公共应用"面向所有用户，包括输入助手、修改密码、登录/退出登录三个模块；目的是打造出一款综合发展的语文辞书编写平台。

☙ 通用编写系统的功能特点

词典编写系统源于各种计算机辅助词典编写软件，它们或是用于词汇分析、词频统计，或是帮助寻找语词的句型结构，或是帮助提取释义例证等。因此，在编写系统平台发展过程中（2003—2010年）国际上出现了各种各样的命名，如词典编写系统、词典编辑系统（dictionary editing system）、词典编纂软件（dictionary compilation software / lexicography software）、词典制作软件（dictionary production software）、词典编纂工作台（lexicographic workbench）、词典管理系统（dictionary management system）、词典编者工作台（lexicographer's workbench）、词典编辑工具（dictionary editing tool），或编辑系统（editorial system）等。从这些命名可以看出，最初的计算机辅助词典编纂系统功能和结构各异，所能承担的任务也不尽相同。但从现在国际上比较流行的几款词典编写系统来看，它们的功能结构和界面结构大同小异。从本质上讲，它们的构成包括词典数据库 [lexicographic(al) database]、网络界面和各种管理工具等。从应用上讲，需要按特定词典的设计体例进行编写操作，通过界面编辑器和后台管理程序把词典的宏观结构（macrostructure）和微观结构（microstructure）与计算机数据库结构相结合，按数据库结构存储和输出词典文本内容，包括词典数据统计和使用查询等。值得注意的是，国际上通行的商用词典编写系统与中国国内各机构开发的专用系统有两点不同，一是商用平台普遍采用 XML 文件格式，二是没有内置或附带语料库或语料库索引包，因为通用系统在词典编写中需要大规模语料库的支持，小型或专业语料库无法满足编写系统的功能需要。但它们一般会设置一个语料导入接口，以便与通用大型语料库配合使用。

词典数据库及其后台管理程序是编写系统的内在结构，人们一般无法看到它们的真实面貌，所有的功能都体现在网络界面上。下面结合几款常用商用平台，对词典编写系统的界面作简要介绍。

1）法国 IDM 词典编写系统

采用模块化设计，由用户编辑模块（Authoring XML Editor）、搜索模块（Search Engine）、工作分配和流程管理模块（Work Allocation and Workflow Manager）和校对模块（Proofing Tool）等组成的一个系统的词典工具框架。各大模块都对应有相对独立的 XML 格式操作界面，加载词典本文后，主界面有四个纵向排列的功能区，从左到右分别是：

① 词目总览区，显示编辑文档内所包含的全部词条（entry）的词目词（entry word）；② 词条预览区，显示编辑区域当前词条的编辑现状和修改结果；③ XML 树形结构信息编辑区，编辑人员可以直接增删和修改词条内容；④ 当前被选中树形结构的节点属性显示区。在默认情况下，词条总览区将会加载需编的全部词条，单击词目总览区的任一词，第二和第三功能区会即刻显示出该词条的信息内容，编者便可以进行阅览或编辑。

每个模块具有特定的功能，又能相互补充和配合，可大大提高词典编纂的工作效率。它具有多语种、多功能的特点，可用于单语、双语词典和百科词典（encyclopedic dictionary）等的编纂。系统全面支持 Unicode 编码、XML 格式和多种文档类型定义（DTD）格式，可以方便词典信息的导入、导出和传播。

2）俄罗斯泰比词典编写系统

泰比系统（ABBYY Lingvo）的界面与 IDM 公司的编辑模块大致相似，也分为词目总览区、词条预览区、XML 词条树形结构编辑区和标注编辑区。所不同的是，其右下角设置了一个"特殊符号插入面板"。泰比系统的四个工作区也有水平滚动条和垂直滚动条，可以进行各个区的宽度和高度手工调节。这样，编者在面对大量信息时能根据需要进行临时性调节。在界面窗口的上部是主菜单和一列工具按钮。菜单从左至右是：文件、词条、编辑、词典集（Dictionary Group）、工具、用户管理、选择项、帮助。在这些文字按钮下方，还有一排图形按钮，服务于窗口的文字编辑。该平台有以下特征：

（1）可以通过激活词典集的功能键选择和设置不同的工作对象，或进行"多部词典"的同时编纂和管理。

（2）点击词目总览区中任意词项便可激活编辑功能，预览区显示当前词条在词典中的版面格式，对词条的增删或修改都会在这里显示。

（3）工作流管理模式能保障存储数据的安全性，并能跟踪词条的版本变化，监控编纂进度和质量状况，检查词条的相互参照关系。

（4）有词条编纂工作的历史记录，主编或编辑人员能查看文本的修改、补充、删除的内容；如果有必要还可以进行数据还原。

（5）有信息过滤和统计功能，可利用过滤工具和必要参数找出特定的内容，也可设置对词典数据进行多角度、多层面的统计。

3）南非 TshwaneLex 词典编纂系统

系统界面结构比较复杂，其文字说明有英语和法语两种。界面有四大功能区：① 词条总览区（左侧），提供词目列表供编者浏览和选择；② 树形结构编纂区（中上），可在下拉菜单上选定预先定义的值，然后按树形结构上的信息项进行编纂；③ 节点属性编辑区（中下），可以编辑和调整相关信息；④ 词条预览区（右侧），查看当前编纂词条的真实效果。

除南非词典编写系统（TLex Dictionary Production System）外，南非 Tshwane Lex 词典编纂系统还集合了另外两个系统：电子词典出版系统（Electronic Dictionary Publishing System）和在线词典发布系统（Online Dictionary Publishing System）。该词典编写系统具有强大、友好、实用的特征：出版系统是一个相对独立的模块，可以把现有词典制做成光盘或发布在网络上供用户下载，而且能实现与微软的办公产品的良好整合，也可以驻留在视窗的系统托盘区随时弹出；发布系统能够将现有词典以静态页面或动态页面两种方式发布，也有专门收集用户反馈的页面功能。

词典编写系统大多有语料查询和提取、实时词条预览、多种界面风格和可自定义界面、智能"参见系统"跟踪、自动编号与排序等功能，还能以多种格式将特定部分或全部词条导出办公文档或主流排版软件。

参考文献

傅爱平，吴杰，张弘，李芸. 2013. 人机交互式的汉语辞书编纂系统. 辞书研究，(6)：1–12, 93.

华烨，李亮. 2012. 国际计算机辅助词典编纂系统管窥. 辞书研究,（5）: 81–90.

张永伟. 2020. 辞书编纂系统的汉字处理：挑战与解决方案. 辞书研究,（1）: 77–87，126.

张永伟，顾曰国，胡钦谙，曹新龙. 2021. 面向语料库机助辞书编纂系统的设计与实现. 辞书研究,（4）: 32–44，126.

章宜华. 2013. 计算词典学. 上海：上海辞书出版社.

郑恩培，陆汝占. 1999. 汉语词典编纂计算机化的若干问题. 语言文字应用,（2）: 92–96.

词典编纂

DICTIONARY MAKING / DICTIONARY COMPILATION

本词条也可参见【词典编纂原则】【词典学】。

词典编纂（dictionary making / dictionary compilation）指在词典学（lexicography）的理论框架下，根据既定的词典编纂宗旨（purpose of dictionary-making）和目标用户（target user）需求设计词条（entry）的体例（format guideline）结构并付诸实施、获得全部词典文稿的全过程。

✑ 确定词典编纂原则

词典项目的组织者应针对体例结构中的各个信息板块拟定相应的编纂原则及实施方法，包括总体原则、收词原则、立目和注音原则、义项处理原则、例证原则、释义原则（principle of lexicographical definition）

等（章宜华，2021）。双语词典（bilingual dictionary）在此基础上，还需拟定等值原则和比较原则。

（1）词典项目首先要对拟编纂词典整体构架做出总体设计，内容涉及编纂宗旨、用户对象、词典性质和规模的确立，语料来源（source of material）以及词典（dictionary）的宏观结构（macrostructure）、微观结构（microstructure）、中观结构（mediostructure）和索引结构（access structure）的规划。总体原则就是在词典编纂中实现总体设计思想应该遵循的基本准则，包括对语言的描写原则、提供词汇知识的系统原则、编写内容与编纂宗旨和类型的关联原则、体例结构和信息组织的简明原则、形式与内容和谐与协调的美学原则、双语词典的等值原则和双语语言文化的比较原则等。

（2）拟定收词原则，包括对语言词汇描写的真实性原则和代表性原则、词汇接受性的普遍性原则、对编纂类型和潜在用户群的针对性原则、所收词汇或表达式的规范性原则、对待新词新义的理据性原则、词汇选择和收录的高频次原则、基于词汇使用频次的稳定性原则、词素和词缀收录的能产性原则、新词构造的经济性原则、尽可能地囊括应收词汇的覆盖率原则等（Svensén，1993，2009）。

（3）确定立目原则，它是词典编纂选词（lemma selection）立目（establishment of lemmas）的依据，要根据词典的编纂宗旨和用户对象规定收词的类型、收词范围和其他相关条件（Sterkenburg，2003；Svensén，2009）。确定什么样的词汇形式为词头（headword），要遵循以下两条原则：① 编者中心（compiler-centered）原则：从专家的语言认知角度出发，通过研究、语言调查等规范立目，谨慎立目；② 用户中心（user-centered）原则：从用户的语言认知角度出发，通过用户需求调查和语言统计确立收词的形式，客观立目，全面立目。这里的全面指的是满足词典用户对象的查阅、学习、研究等的需求。

（4）明确注音方法，指用特定的符号来确定词目词（entry word）书写形式的读音或语音组合，是语词声音表现形式。注音一般遵循以下原则：① 规范原则，确立规范发音形式；② 兼顾原则，指在规范原则基础上兼顾主要的发音变体；③ 分注原则，指在特定的情况下（如同形异义、同音异义）对词目词分别注音；④ 略注原则，指对特定的主词目和内词目（如短语、复合词和缩写词等）省略注音。

（5）拟定义项（sense）处理原则，包括多义词的义项划分（sense division）原则（含语料实证原则、语境归纳原则、指称对应原则等）、义项收录原则、义项排列原则（含历时顺序、频率顺序、逻辑顺序等）、义项表述原则（含节标志原则、项标志原则、编排原则等）、义项的内索引原则等。

（6）明确词典的配例原则，词典编纂备有丰富的语料，但并非任何句子都可以做例证。要从众多索引行中提取例证，虽然不同的词典有不同的配例标准，但都需考虑编纂宗旨和用户对象，遵循真实性原则、功能性原则、结构性原则、类型性原则和来源性原则。

（7）确立词典释义原则，包括客观原则（含反映客观现实和真实语义）、多维原则（多层面、多角度、全方位地揭示语义属性）、简化原则（简练的语言、简洁的内容、简单的词汇来表述语义）、释义用词（defining vocabulary）的闭环原则、范畴原则[原型特征释义和范畴化释义（categorized definition）]、释义方式的整体原则或框架原则等。

（8）对于双语词典，还需要遵循等值原则，包括所涉两种语言词汇的对等或对应原则，一般分为在任何环境中都具有替换性的完全对等、某一义点或使用语境中的部分对等、文化特色表达之间的零对等（特色文化义、文化引申义、文化差异义）；双语比较原则包括语义比较、语法比较、范畴比较、文体比较、语用比较，以及隐喻和语义韵比较等。比较原则可以扩展到词汇层以外的其他方面（章宜华、雍和明，2007）。

☙ 遵循词典编纂的流程

词典编写的操作步骤主要体现在编纂工作流程中：① 词典编写素材的准备，包括语料收集、语料筛选、语料标注、语料库建设；② 体例设计，包括总体结构（overall structure）、宏观结构、微观结构、中观结构和索引结构的设计，以及释义、配例和附加信息的格式和注释方法等；③ 编写样稿，按设计体例试编一定数量的词条，经专家审查、用户使用，然后根据审查和使用反馈意见修改样稿；④ 分头编纂，包括按词目顺序分配、按词类范畴分配、按主题范畴分配或按概念范畴分配等；⑤ 编写稿审校，包括初稿多次修改、初稿审定、主编统稿、主编终审；⑥ 出版编辑，包括三审三校、排版校对（多次）、清样校订、核红定稿等。

随着计算机的普及，大部分出版社都用上了计算机辅助编纂和数字化出版系统，这些软件有明确、固定的编写格式和处理程序，编纂和编辑人员通常按软件系统规定的程序操作，即可实现编写、编辑和出版导出一体化。但不管怎样，在词典编纂的整个过程中，无论撰稿、校稿、审稿，还是编辑加工，都应该具有全书一盘棋的观念，以保证词典体例（format guideline / style guide）的统一。在编纂过程中要充分利用既有语料库和数据库，或建立新的词典语料库和资源库，为词典的选词立目、义项划分和排列、释义、配例、注释等提供依据。

以上词典编纂的流程应该和词典的设计相协调，宏观结构、微观结构、中观结构等都应符合编纂质量规范。宏观结构上，词典编纂宗旨应明确，特色鲜明，设计应合理清晰，这关系到收词、例证、义项划分、释义以及信息组织等。在编纂过程中，要注重词典在各个层面都要提供足够的知识信息，在内容上要具有原创性，体例和知识密度、信息真实可靠。在微观结构上，词典编纂应义项分明，编排有序，释义准确，表述规范，例证可靠，功能突出等。

☙ 词典编纂方案设计

词典编纂方案设计是将拟编词典作为一个整体项目，对词典的整体结构和组织管理进行设计和规划。具体包括以下步骤：

（1）初步分析。属于词典编纂前期计划阶段，确定词典编纂的宗旨和用户群体，对词典所涉及的主要问题进行分析和思考，如编写什么类型的词典，为谁而编。

（2）初步计划。根据拟编词典类型（dictionary type）、编纂宗旨和预期用户等内容，对词典编纂的宏观问题提出设想，如总体编纂原则、词典规模（size of dictionary）、编纂期限等。

（3）需求调查。明确用户群体后，针对用户需求和市场情况做细致调查，并弄清词典潜在用户真正需要些什么，做到以用户为中心。

（4）语言调查。根据词典编纂的实际需要，对所涉及的语言进行必要的共时和历时调查，以了解自然语言的历史和现状。

（5）词典设计。属于词典编纂设计的主体，对词典的编纂体例、宏观和微观结构等进行系统规划，如收词范围、选条原则、编排原则、条目结构等。

（6）语料库和数据库的规划。根据词典类型、用户需求等进行语料库和数据库的设计，如语料库用途、语料库类型、语料库基本特征、数据存储方式、数据存储结构、查询方式等。

（7）设计质量评估。以专家咨询的方式对词典设计方案和体例结构进行设计评估，然后按设计体例进行样稿编写和样稿评估。

（8）设计方案的确定。通过评估、修改和实例检验，对词典设计方案进行必要的修改、调整、增补和完善，最终定稿，作为词典编纂的指导大纲。

通常情况下，只要准备充分，团队同心协力，按照辞书设计方案和既定的流程实施编纂，就能较好地完成辞书的编写工作。

参考文献

章宜华. 2021. 中国大百科全书——辞书学（第三版网络版）. 北京：中国大百科全书出版社.

章宜华, 雍和明. 2007. 当代词典学. 北京：商务印书馆.

Hartmann, R. R. K. & James, G. 1998. *Dictionary of Lexicography*. London: Routledge.

Sterkenburg, P. 2003. *A Practical Guide to Lexicography*. Amsterdam: John Benjamins.

Svensén, B. 1993. *Practical Lexicography: Principles and Methods of Dictionary-Making*. Oxford: Oxford University Press.

Svensén, B. 2009. *A Handbook of Lexicography: The Theory and Practice of Dictionary-Making*. Cambridge: Cambridge University Press.

词典编纂原则
PRINCIPLE OF DICTIONARY-MAKING

词典编纂原则（principle of dictionary-making）是根据词典（dictionary）设计体例对各个信息板块进行编写和信息组织应遵循的准则，它贯穿于词典宏观信息和微观信息编制的全过程。

从词典项目组织编纂的实际情况来看，词典编纂原则主要包含两方面内容：一是词典设计的总体原则，二是词典条目（entry / lexical entry）编写的具体处理原则。总体设计是对拟编纂的词典从整体构架方面所做的规划和设想，包括以下几个方面。

❧ 客观性原则

客观性原则指在词典设计思想和编纂方案形成过程中要始终秉持客观真实的立场，不能依据个人的观点或某些人的立场去思考问题，更不能为达成某种目的杜撰虚假的语言事实；要通过系统、科学的方法约束自己的思维，避免个人主观性的影响。客观性原则在词典项目的实施中具体表现为：

（1）自然现实的原则。语言是人类认识客观世界的反映，是人与客观世界互动的结果。也就是说人类通过社会实践把自在的自然转化为自为的自然。作为认识对象的"自在的自然"，它具有客观外在性，它不依赖人的认识而"自在"。这说明，词典对语言指称的描写，应从根本上避免不切实际的假设和虚构，确保编纂活动是基于客观事实和实际使用。同时，要认识到，从语言的自然状态（自在）到编纂过程中的有意为之（自为）的转变，不可避免地会受到编纂者认知能力和主观判断的影响。但普遍认知趋向一致后，"自为的自然"则转化为意指的自然。通俗地讲，一方面，词典要尊重其语言的规律和真实行为特征；另一方面，要对被释义词作为一个指称客观事物的语言名称（designation）在人们意识中的抽象反映来描述，它所反映的信息可以是事物或事件的本质属性，也可以是非本质的属性，其信息量可以是部分的或不全面的，能与同一范畴的其他成员在主要特征上区别开来即可。

（2）社会现实的原则。社会存在决定社会意识，社会现实作为客观现实的重要组成部分，涵盖了社会各个方面与认知主体相互作用的全部现象。社会现实是多种内在因素与外在经验现实互动的结果，行动主体视野中的社会现实与其所处的社会政体、宗教信仰、生活习俗、文化教育、社会活动密切相关，因此具备符合社会主流价值观的主体才能把握社会现实，在词典中描写这种现实。词典注释和释义等所有活动须符合社会现实、符合国家政体、符合国情、符合主流文化习俗的解释或陈述。因此，词典设计者和编者要主动熟悉和掌握社会现实，避免在处理"政治敏感"的语言事实时带有个人的政治偏见和作不符合历史或事实的行为。

（3）语言现实的原则。语言具有社会性，一种语言的词汇、语法、语义和用法等都是特定社会时期语言事实的抽象和归纳。但是，不同时期、不同地域和不同社会团体的人对语言的感觉会有所不同，对于同样的事物或现象，有可能采用不同的语言形式来表达，甚至超出了语言的事实记录和语言规则，这就是语言现实。语言事实是对现实的抽象，语言现实又会随时域、地域或社会域的改变而变化。因此词典编纂（dictionary making / dictionary compilation）既要重视静态的语言事实，也要注意观察和掌握动态的语言现实。解决这个问题的最好办法就是基于真实语言的词典语料库 [lexicographic(al) corpus]，对不同类型的词典或词条（entry）要有相应语域中语言事实的支撑，对于历时性或反映某一历史阶段语言的共时性词典（synchronic dictionary），还需要建立相应时期的语言材料库，以真实反映当时的语言现实。

☙ 描写性原则

描写性原则指用描写主义的方法对一种语言的事实，如语言所反映的事物、事件、行为、动作等进行记录和解释。

描写原则与客观原则有着密切关联，描写的对象要客观、真实，既有对语言记录的静态描写，也有对词汇变异的动态描写。描写不能受语言学家和词典编者主观意识的影响，也不应拘泥于现有语言规范或规定，重在对语言事实和语言现实的尊重，不能是虚假的，也不能是个人的、主观色彩的解释。

从词典学（lexicography）的角度讲，描写的目的是反映各个时期的语言事实或语言使用现实，而不能从语言或词典专家的视角以释义的形式来规定语言应该表达什么意义和如何使用。因此，不论何种语言类型或语言变体，标准的、次标准的或非标准的、方言俚语等，只要进入普通语言和日常交际中并能在一定时间内流行，词典都要考虑收录并进行描写。词典编者的任务不是对用法正确与否进行判断，而是对实际语言运用进行忠实的记录。

在词典编纂实践中，描写主义和规定主义构成了词典编纂的两种基本方法，它们分别以描写语法和规定语法作为各自的理论基础。然而，在词典发展的历史中，规定的方法是伴随着词典的出现而生的，因为最初的"词典"都是规定性的，词典编者的主要任务就是告诉用户语言学家所认为的词汇的最佳语义和用法。20世纪初，《牛津英语词典》（*Oxford*

English Dictionary, 1928）成为描写词典的发轫之作，而 1961 年《新编韦氏第三版国际英语词典》(*Webster's Third New International Dictionary of the English Language*) 的出版宣告了描写词典的兴起。现在，描写主义已经被普遍认为是词典学的基本原则之一。实际上，描写和规定是相对的，但也是相辅相成的，现在不存在绝对的描写或绝对的规范，或是在规范基础上的描写，或是在描写基础上的规范，只是不同的词典两者的权重有所不同。

✼ 系统性原则

词典的系统性原则指在词典设计和编纂过程中尽可能从用户需求的角度出发，精心、周到地组织用户工作，学习所能涉及的各方面知识，在词典中组成一个相互联系的有机知识体系，系统性是词典功能和查得率最大化的保证。

系统性不仅体现在宏观结构（macrostructure）的构架及其完整性与统一性上，还体现在词典微观结构成分间的关联性上。语文词典（language dictionary）在宏观上要保证收词能覆盖全部语言功能类型和词汇类型，从社会、地理、百科、时间、词源、语法、文体、教学、频率等方面考虑收词的系统性；微观上对词汇的注释和释义，如词汇的拼写、语音、词义、语法、语用、例证、词源和语词其他相关信息等做全面考虑。专科词典（specialized dictionary / subject dictionary）要考虑相关专业类型的词汇和学科知识的完整性，不可涉及面宽而有余、知识纵深窄而不足，造成该查得无处寻觅，很少查阅的成为冗赘。因此，其选词立目、释义、例证所包含的信息应体现学科知识体系，一切从学科的系统性出发。

语言的词汇是一个有组织、有体系、有依存关系的网络，任何脱离网络或无法形成网络的词汇，其注释功能是难以发挥作用的，故词典编者更应考虑词条之间的相互关联，充分体现词目之间、词汇意义之间、词义关系之间、主词目与内词目之间甚至成语条目之间的关联性，前置页（front matter）、后置页（back matter）、中置页（middle matter）以及词典正文的宏观和微观结构之间要相互联系，形成有机的体系，使词典各类信息项能组成一个完整的网络系统。

○ 关联性原则

关联性原则指在关联理论的框架下，围绕词典编纂的宗旨、适用的群体考虑词典收词、注释、释义和配例等应遵循的普遍准则——词典的各种信息在量（quantity）、质（quality）、相关性（correlation）和方式（manner）上是否符合编纂宗旨意指的语言场景，是否符合用户全体完成各种语言工作和学习任务的需要。

关联不仅涉及词典编者和词典信息本身，也涉及词典用户。从编者的角度看，词典体例（format guideline / style guide）、词典风格、词典类型、词典立目、义项筛选、释义方法和语证配置等都是词典编纂过程中必须要做的关联选择。不论做出何种选择和设想，它们必须符合词典编纂宗旨（purpose of dictionary-making）和用户要求。从词典信息角度看，词典正文和外部材料信息、信息组织方式等都必须与词典的目标、类型与用户查阅词典的任务需求等有直接的关联。学习词典（learner's dictionary）的信息及其呈现方式应该有别于理解型词典，成人词典的信息及其呈现方式显然有别于儿童词典，信息的提供应随词典编纂宗旨和用户群体的变化而变化。从词典用户的角度看，任何与词典功能、类型等有关联的信息都具有潜在使用价值，都应该在词典中有所反映，按不同用户群体的接受视野和使用需求使用不同的呈现方式；反之，与词典功能、类型、用户等无关的信息一般应该排除在词典之外，呈现方式不当就难以发挥词典信息的作用。

○ 简明性原则

简明性原则指词典所提供的信息和信息的组织方式要简单、明快、准确，以便词典用户能查找、获取和理解。

词典描写的对象是整个语言系统或语言系统的某些方面，面对的是海量的语言资料；另外，词典要描写的语言属性和语言知识也很多。如何运用有限的篇幅按既定的体例呈现纷繁复杂的词典信息，这是词典编纂中必须处理好的问题，因而简明性原则在词典编纂过程中就显得必不可少了。

另外，词典编纂的目的是要满足某一群体某些方面的语言需求，而信息组织的目的是让特定用户群能理解、接受并最好能激发起他们使用词典的兴趣，使他们在词典使用中有获得感、满足感。不同群体和语言层次的用户在认知思维习惯、知识文化背景等各个方面存在着差异，但无论如何都愿意接受简洁明快、行文流畅的表达，而非繁复冗长、烦琐拖沓的文字。

词典的简明性原则有双重意义：一是编者应以尽可能少的文字、精练的行文解释各种复杂的语言事实，向用户传递尽可能多的词汇信息；二是用户能在尽可能短的时间内获取所需信息，以最低的精力成本获取流畅的解读或可理解的信息。从词典编纂的实际来看，简明性应体现在以下几个方面：① 体例结构的设计上，即原则明确，注释明快，释义简洁，配例简短；② 信息结构组织上，即构架科学合理，信息项标记清晰，各信息板块区隔显著，关联明确；③ 所使用的词典语言，即词典符号易懂，词典术语和程式编码要具有理据性，切记烦琐。

词典高度浓缩了各种语言现象，各种内容的编写一要组织严谨，二要操作和处理有据。除总体原则外，词典编写还涉及收词原则、义项处理原则、词典释义原则（principle of lexicographical definition），如果是双语词典（bilingual dictionary）还需要有等值原则和比较原则等，下面做简要的介绍。

（1）收词原则是词典编纂的最基本原则，因为它关系到词典诠释对象的选择与确立。收词原则一般包括对词汇语料搜集的真实性、词汇接受的普遍性、对编纂类型和潜在用户群的针对性、所收词汇或表达方式的规范性、对待新词新义的理据性、词汇选择和收录的高频次、基于词汇使用频次的稳定性、词素和词缀收录的能产性和词汇新现象的经济性等原则。如果涉及电子词典（electronic dictionary）和融媒词典（media converged dictionary），由于其介质容量大且用户群体广泛，收词范围可放得宽一些，因为同类词典的电子版一般都比印刷版收词要多，融媒词典则更大一些，其收词量可达百万以上。

（2）义项处理原则是义项划分（sense division）、取舍和编排等需要遵循的原则，是词典处理多义词无法回避的基础问题。义项（sense）的处理包括多义词义项的区分（含语料实证原则、语境归纳原则、指称对应原则等）、义项取舍与收录、义项的排序（含历时顺序、频率顺序、逻辑顺序等）、义项的呈现（含节标志原则、项标志原则、编排原则等），以及义项信息的内索引原则。由于词典类型不同，对于义项的划分等处理原则也有所区别；对于电子词典义项的收录可详尽一些，对于数据化的融媒词典，语文义项和各专科义项兼收，经专业标注后可按需查询和调取。

（3）词典释义原则是词典编纂最核心的原则，因为它关系到词典诠释内容的表现方式与词典整体质量。词典释义 [dictionary definition / lexicographic(al) definition] 涉及表述（presentation）的客观性（含反映客观现实和真实语义）、释义方式的多维性（多层面、多角度、全方位地揭示语义属性）、释义行文的简化性（简练的语言、简洁的内容、简单的词汇来表述语义）、释义用词（defining vocabulary）的闭环性、释义组织的范畴化 [原型特征释义和范畴化释义（categorized definition）]、释义视角的整体性或框架性原则。为一个词释义就是要描写这个词的指称内容（designatum）和潜在的话语意义，涉及复杂的语言和社会认知过程以及各种语言和非语言因素，把握好上述原则是做好释义的保证。

（4）双语等值原则指在词典编纂过程中通过两种语言的比较寻求对等、对应、差异补偿等应遵循的一些规则，是双语词典释义的核心问题。双语等值涉及源语（source language）与目标语（target language）两种语言词汇的对等或对应，分为在任何环境中都有替换性的完全对等、在某一义点或使用语境中对应的部分对等、文化特色表达相互缺失的零对等（特色文化义、文化引申义、文化差异义）。

（5）双语比较原则涵盖了多个层面的语言比较，包括语义比较、语法比较、范畴比较、文体比较、语用比较，以及隐喻和语义韵比较等。这些原则不仅适用于词汇，还可以扩展到两种语言的句法、语篇、语用等多个层面。因此，双语词典核心内容——译义也不再局限于寻求源语与目标语词汇之间的对应关系，而是涉及对源语词位（lexeme）的全部意义表征形式和内容在目标语中的全面重构。

参考文献

邢福义. 2016. "语言事实"的从众观. 语言战略研究,（4）: 1.

章宜华, 雍和明. 2007. 当代词典学. 北京：商务印书馆.

Crystal, D. 1985. *A Dictionary of Linguistics and Phonetics*. Oxford: Blackwell.

Geeraerts, D. 1989. Principles of monolingual lexicography. In R. H. Gouws, U. Heid, W. Schweickard & H. E. Wiegand (Eds.), *Dictionaries: An International Encyclopedia of Lexicography*. Berlin: Mouton De Gruyter, 287–296.

Grice, H. P. 1975. Logic and conversation. In P. Cole & J. Morgan (Eds.), *Syntax and Semantics*. New York: Academic Press, 41–58.

Richards, J., Platt, J., Weber, H & Inman, P. 1985. *Longman Dictionary of Applied Linguistics*. New York: Longman.

Sperber, D. & Wilson, D. 1986. *Relevance: Communication and Cognition*. Oxford: Blakwell.

Tomaszczyk, J. & Tomaszczyk, B. (Eds.). 1990. *Meaning and Lexicography*. Amsterdam: John Benjamins.

词典翻译 LEXICOGRAPHICAL TRANSLATION

本词条也可参见【双语词典】【双语词典学】。

词典学
100 核心概念与关键术语

词典翻译（lexicographical translation）是双语词典编纂的核心工作之一，是用目的语（target language）对源语（source language）词目和例句（illustrative example）进行转换处理。

一部词典（dictionary）的好坏取决于释义是否准确，词义排列是否科学，例证是否典型；而对于双语词典（bilingual dictionary），词目词（entry word）翻译对等词或译义是对被释义词语义表述的主要形式，例句的翻译是否准确流畅则是原文例证能否发挥其功能作用的重要保证。

❸ 词典翻译的源流

自从有了词典，就有了词典翻译，因为世界上最早的词典雏形就是双语词表。大约在公元前2340年，在中东美索不达米亚南部地区发生了部落之间的战争，结果阿卡得部落征服了苏美尔，于是阿卡得人编写了苏美尔语与阿卡得语对译的双语词表，以便在文化上同化和征服苏美尔人。

法国爱斯蒂安（Robert Estienne）1539年编纂出版的《法-拉词典》（*Dictionnaire Français-Latin*）和英国赫洛特（Richard Huloet）1552年编写的《英-拉字母顺序词库》（*Abcedarium Anglico-Latinum*）是西方国家最早的双语词典翻译实践之一。中国的双语词典翻译起源于明朝时期西方来华传教人士所编写的双语词典，如罗明坚（Michele Ruggieri）和利玛窦（Matteo Ricci）编写的《葡华词典》（*Portuguese-Chinese Dictionary*，约1583—1588）。这部词典首开欧洲语言与汉语之间的词目词对译，由于当时编者初入中国，通事（翻译外国语言的人员或官吏）的翻译水平有限，难以在葡语与汉语条目之间建立精准的对译关系，只求词义接近或粗通，如Abito defrade（神父穿的衣服）被译为"道衣、法服"，Botica（药铺、杂货店）被译为"药"，更有500多个葡语条目干脆找不出汉语对应词。已有的对应词也比较杂乱，单字、双字及短语或搭配混搭，往往先是口语词（或方言），之后才接与之同义或近义的口语或书面词语。如"宰猪牛所在、屠场""不得闲、有事干、不暇""近过他、再近些""会做生理、善于贸易、会做买卖""勇得紧、大胆"等。据考查，该词典的对应词翻译有明显的闽方言、粤方言乃至客家方言词汇影响，参加翻译的通事很可能是以闽南语为母语的福建人。值得注意的是，罗明鉴在这部词典中首创用罗马字为汉语注音，并把这种注音方法用在葡汉词目词的音译之中，对后来汉语注音和双语词典翻译有着重要影响。乾隆皇帝1748年前后命人编写的《噗咭唎国译语》是最早的中英双语词汇集，以汉语注释外语读音，翻译词目词，是一种双语对照形式的词表型词典。最早的汉英对译词典是马礼逊（Robert Morrison）的《华英字典》（1808—1823），也是中国历史上第一部外向型字典，以汉英对译的形式将中国语言文化传给了西方世界。

⋒ 词典翻译的发展与现状

随着罗明坚、利玛窦、马礼逊等为代表的西方传教士进入中国，以及他们对中国语言文化的研究和传播效应的作用，越来越多的欧洲人士来到中国传教、经商和学习，从而推动了双语词典的需求，出现了汉英、英汉双语词典编纂出版热潮。据不完全统计，这一时期来华外国传教士编纂出版的英汉、汉英词典有近30部，包括普通语言词典、方言词典和专门用语词典等。这些词典的出版极大地推动了双语词典翻译实践，翻译方法和翻译质量不断得到提高。

清朝末期西学东渐开始了第二次高潮，当时的洋务派和维新派等各方人士都有了翻译西方近代科学著作的需求。1862年，京师同文馆成立后便开始培养外语翻译、洋务人才，随着翻译活动的展开，外语词典的编纂工作开始受到政府的重视。1901年，清廷在京师大学堂附设了编译局。1903年，京师大学堂译学馆制订章程时专门设了"文典"一章，对翻译方法做了一些要求，并规定词典从文种上分为五种，即英汉、法汉、俄汉、德汉和日汉五种；从形式上分为三种：一是以汉语为目；二是以外语为目；三是以汉语专名为目进行编译。进入20世纪后，我国外语学者受西方词典编纂文化的感染，同时也受到当时西学东渐热潮的影响，纷纷投入本土双语语言词典的编纂。例如，谢洪赉编译的《华英音韵字典集成》于1902年由商务印书馆出版；颜惠庆组织了19位中国学者历时三年编纂了《英华大辞典》，1908年由商务印书馆出版。虽然，他们在词典编译过程中大量借鉴了西方传教士词典中的翻译方法，但也积累了汉语词汇外译和外语词汇汉译的经验。

另外，在词典编纂（dictionary making / dictionary compilation）翻译实践的同时，实现词目和例证译文的简明、忠实、精准和流畅也是辞书人不断的追求。在中华人民共和国成立后的70多年中，双语词典无论是数量还是质量都得到空前的繁荣和发展，学者们也十分重视词典翻译的研究，《辞书研究》创刊的当年就发表了陈楚祥的"双语词典中的释义和翻译——修订……俄汉大词典工作札记"，"词典翻译"逐渐成为双语词典研究的热点问题，研究的内容包括词目词翻译、例证翻译、成语翻译、文化局限词翻译和词典翻译原则等。黄建华在1979年提出了"译义"的概念，并对译义的方法做了阐述，但译义的内涵仍显得不够清晰。在2005年全国双语词典年会上，有不少学者对"译义"做了专题讨论，例如，《双语词典释义性质和内容的再思考——外汉双语词典的认知语义结构暨译义模式的构建》（章宜华）、《外向型汉英学习词典的译义系统结构初探》（魏向清）、《英汉词典中的词目译义与例证翻译的关系》（陈丛梅）、《汉英词典词类标注与译义的对称性研究》（王仁强）；接着章宜华在《当代词典学》（2007）专门阐释了"双语词典的译义模式"，并在《二语习得与学习词典研究》（2015）中结合实例讨论了"基于论元结构构式的译义模式"。

❆ 双语词典翻译的性质特点

词典翻译既不同于普通翻译，也不同于文学翻译。普通翻译在于传递信息，文学翻译是艺术的再创作，反映的是"故事情节"。要做好词典翻译，首先要清楚词典翻译与其他翻译的区别，有比较、有鉴别才能清晰地说明词典翻译的特点。这里仅以文学翻译为参照进行讨论。

（1）翻译背景的区别。词典翻译是以词目词为中心，以短语、搭配、例句或词条（entry）为背景，翻译要反映中心词的语义；而文学翻译是以叙事情节为中心，以篇章为处理背景，词、短语和句子的意义服务于情节的表述（presentation）。

（2）翻译单位的区别。词典翻译的基本单位是语词或短语，词的概念意义是翻译的主要依据；在文学翻译中，词的意义往往取决于句，句的意义取决于语段（segment）或叙事情节，词的概念意义常被弱化或引申，情节是意义的主导。

（3）翻译语用的区别。孤立的词是没有"定"义的，语词的意义是在使用中产生的。词典翻译的语境限于抽象的短语和句子，而文学翻译的语境则寓于具体的交际中，包括发话人、受话人、话语意图以及肢体行为等要素。

（4）翻译指称的区别。词头（headword）的译义是从众多反复使用的语言实例的抽象语义结构转换而来的，具有概括性、典型性或普遍性；而文学翻译受特定语境的限制，要反映作者特定的修辞手法，词的普遍意义会具体化、个性化。

（5）翻译表达形式的区别。词条特定义项是以词目词一定的句法结构和搭配关系来反映语义的，例句翻译不宜改变源语句子成分的功能或搭配关系；而文学翻译可以根据情节的需要，自由改变源语词的功能角色和句子结构。

（6）翻译表述内容的区别。词典例句是以词目词为中心来组织语义的，翻译要突出词目词的功能、结构和语义对等；而文学话语是以故事情节为中心组织的，翻译要强调情节语义的对等，最大限度地传递故事情节和创作意图。

（7）翻译美学原则的区别。文字和文学创作十分注重语言的美学特征。词典翻译的美学特征体现在目的语与源语的对应关系和表达形式的贴切性上，文学翻译之美往往隐含在字里行间或故事情节之中，超出了语词和句子本身的含义。

明白了词典翻译的性质特征，词典翻译之间的等值关系就变得清晰了。需要指出的是，词典中的例证往往是以短语或句子的形式出现的，但并不是任何短语和句子都能用作例证，因为例证的选取既要遵循一定的原则，又要满足一定的功能需要。一般来讲，词典例证有以下十大功能：释义实证功能、延伸释义功能、辅助释义功能、语境辨义功能、同义辨析功能、凸现句法结构功能、提示典型搭配功能、传递文化信息功能、引例来源提示功能、新词首现提示功能。在例句的翻译中，首要任务就是要尽力保持源语例证的功能，这是词典例证翻译总的原则，这个原则若把握不好，其他原则就失去了意义。

○ 双语词典翻译方法

词典翻译整体上来看主要涉及词目词和例句两大部分，词目词无源语释义的是双语词典，有释义的则是双解词典（bilingualized dictionary）。无论是词目词还是例句，翻译的重点、难点就是文化特色词，由于语言间的不同构性（anisomorphism）和文化差异，两种语言间有许多部分等值和不等值的现象，传统的方法一般为直译、借译、音译或直译、音译+注释的方法，但由于东西方语言无论是在形态和发音上，差别都很大，严格的借形、译音都是不可能的，它们实际上是一种语音仿造翻译，其实质就是利用目标语的语义构词成分按源语的语音或结构模式，创建目的语所没有的新词，以表达新的意义。

（1）语义仿造（semantic calque）。借用外国语言中的语义，即在本族语近似的语言符号中加进一个和几个从外语词汇中借来的意义。例如，英语 science，开始仿音译为"赛因斯"，后用"科学"（经文讲学之道）之形借入英语的"知识体系"之义。

（2）形态仿造（morphological calque）。根据某一外语词的词形和表达形式仿造一个本族语没有的词，以表达新概念和新事物。例如，英语 Euroland，若按法语的习惯应该是"zone euro"，但形态仿造词"l'Eurolande"却得到广泛认可，汉语则仿造出"欧元区"。

（3）句型仿造（syntactic calque）。利用目标语的词汇单位按源语的句法结构模式和意义构建一个目标语没有的新表达式。例如，英语 to be armed to the teeth，汉语仿造为"武装到牙齿"；a stick-and-carrot policy 仿造为"大棒加胡萝卜政策"。

（4）语素仿造（morpheme calque）。根据源语词（语素）所指内容把源词转换为目的语言，即变换外语的语素形态，保留其所指，以构成新的语词。例如，英语 explorer，汉语仿造为"浏览器"；flasher，仿造为"闪客"；netzen，仿造为"网民"。

（5）形义仿造（morpho-semantic calque）。外语有时会用字母或一个表示形状的单词来描述某物的外形，可以用对应的象形物来仿造翻译，以补充意译的不足。例如，U-shaped bolt（马蹄形螺栓）、I-steel（工字钢）、T-junction（丁字接头）等。

（6）音形仿造（phono-morphological calque）。外语有部分词使用了特有的语言编码和象形符号，在译成汉语时可保留这些特殊词素，以传递特定的语言信息（linguistic matter）。例如，karaoke（卡拉OK）、V-shaped tube（V形管）、CT scanner（CT扫描仪）等。

（7）音义仿造（phono-semantic calque）。在翻译时既照顾到原词的发音，又传递原词的语义。音义仿造词按其构造特点可分为以下三种：

第一，典型的音义仿造词每个语素都同时参与源语语音和语义的传递，既有"洋文"的声音，又能表达其含义。例如，Milton（眠尔通）、Halcion（酣乐欣）、Viagra（伟哥）、hacker（黑客）、honker（红客）、pank（髼客）等。

第二，源语词一般以简单词的形式出现，目标语须在传递其语音形式的基础上概括地归纳并表述其意义。例如，ballet（芭蕾舞）、samba（桑巴舞）、dink（丁克家庭）、golf（高尔夫球）、bowling（保龄球）、flannel（法兰绒）等。

第三，源语词是以单体复合词（词根+词缀或反之）的形式出现，在转换时用一个语素表其中心义，其他语素表其语音。例如，把法语 minijupe 仿译为"迷你裙"，microjupe 为"迷哥裙"，还有 Internet（因特网）、bungee jumping（蹦极跳）等。

参考文献

黄建华. 1979. 法汉词典选词、释义、词例问题初探. 辞书研究,（1）: 143–154.

王铭宇. 2014. 罗明坚、利玛窦《葡汉辞典》词汇问题举隅. 励耘语言学刊,（1）: 138–150.

杨慧玲. 2017. 走向世界的中国语言——以马礼逊《汉英英汉词典》为桥梁. 北京：生活·读书·新知三联书店.

章宜华. 2003. 双语词典翻译的等值原则——兼谈双语词典翻译与文学翻译的区别. 学术研究,（5）: 124–128.

章宜华. 2004. 谈谈外语特色词的仿造翻译法. 术语标准化与信息技术,（1）: 23–26.

章宜华. 2006. 意义驱动翻译初探——基于认知语言学的综合翻译法. 学术研究,（1）: 138–141, 148.

章宜华. 2015. 二语习得与学习词典研究. 北京：商务印书馆.

章宜华，雍和明. 2007. 当代词典学. 北京：商务印书馆.

词典结构　STRUCTURE OF DICTIONARIES

词典结构（structure of dictionaries）指根据词典编纂（dictionary making / dictionary compilation）的宗旨和最终用户群体需求设计的词典内部和外部结构，是按照一定的体例（format guideline）和编排形式把词典中各种信息组织起来，形成层次分明、内容有序、相互关联、便于查检和使用的有机整体。

☙ 总体结构

当词典的编纂宗旨确立以后，首先要设想出一个总体结构（overall

structure），对词典的整体形式做出宏观的规定，以便统一词典的编纂和编排体例。具体要考虑以下几个方面的内容：

（1）词典的总体规模，即对收词数量、释义数量、例证数量、短语和习语数量、搭配数量，提供的附加信息数量做出评估，包括同义词、反义词、同义辨析（synonym differentiation / synonym discrimination）和用法说明等数量，以及词典总页数和卷数等。

（2）词典总体布局，即对文本格式和注释方法等作出规定，如收词范围、词汇分布、体例格式、释义形式（句子释义、短语释义，或是同义对释、语境释义等）、词条（entry）注释格式和方法、插图形式和附录范围、词条中各信息项的排检方式等。

（3）词典总体风格、编排手法呈现出的形式特点，如词典宏观结构（macrostructure）、微观结构（microstructure）和外部材料中各类信息层次的区分与组织，词典各类文字信息的字体字号、色彩配置、版式结构、版心大小，以及词典开本、纸张型号、封面设计、装帧风格等。

❃ 框架结构

框架结构（frame structure / megastructure）是词典的内在组织形式，包括宏观结构（macrostructure）、微观结构（microstructure）和外部材料（outside matter）。

（1）宏观结构是词典框架结构的主干部分，指按一定排检方式对词典所收录全部词目及词条进行合理布局和编排的检索体系，它像一个骨架支撑着词典的微观结构，提供词典的索引功能，用户可借助宏观结构查找到词典的各种信息。

（2）微观结构像一些枝条依附在宏观结构这个主干之上，词典的主要词汇信息则建立在微观结构之上，涉及字头和词头（headword）中义项（sense）和附加注释信息的组织编排，包括词目词（entry word）的基本注释、语法注释、义项释义、例证和内词目等信息的组织。

（3）外部材料独立于宏观和微观结构，由三个部分组成：前置页（front matter），包括书名页、版权页、目录、前言、凡例和词典符号等；中置页（middle matter），根据用户需求和词典的实际需要设置插图页、主题页和研习页等；后置页（back matter），词典有关辅助材料，附于正文信息之后，起延伸和补充词典内容的作用。

ɞ 隐形结构

隐形结构不像宏观和微观结构那样有具体的外在形态，它的构成元素隐含在宏观词表和微观信息项中，对词典的某一方面起着支配作用，直接影响词典知识信息的组织结构和用户查阅的使用效果。隐形结构包括分布结构（distribution structure）和中观结构（mediostructure）两个方面：

（1）分布结构。分布结构是词典中特定知识信息收录、组织、平衡的机制和结果，涉及词汇信息、语言信息（linguistic matter）和百科信息（encyclopedic matter）在词典宏观、微观结构中的分布位置、分布粒度及分布均匀度等。词汇信息涉及词汇功能类别、形态构造类别、使用显示度类别和百科专业类别等；语言信息涉及句法、搭配、词组、义场、成语、用法说明、语义辨析等；百科信息涉及释义、注释和配例中的百科知识和文化信息等。这在中高级学习词典和常用案头词典中显得尤为重要，因为这类词典收词比较多，涉及的词汇领域、语言知识和百科知识也多，如果分布不均衡就会发生畸轻或畸重，影响查得率和使用效果。

（2）中观结构。中观结构是由穿插在微观结构——词条义项中的参见和注释等构成的内部词汇—语义关联网络，指明词典中的词汇、语音、形态、概念、词族等之间，以及释义与插图、释义与用法说明、义项与外部材料之间存在某种联系。语言本来就是一个相互联系的有机系统，但词典排序人为切断了这些关联，因此词典[特别是学习词典（learner's dictionary）]须用适当的方法把日益复杂的结构成分和微观结构中的各种信息项有序地组织起来，重构自然语言中的关系网络，这就是中观结构的主要任务和功能。

✿ 索引结构

索引结构（access structure）是词典等工具书中为引导用户查检特定信息内容而设计的检索系统，涉及宏观和微观结构编排两个部分。索引又包括外索引（external access）和内索引（internal access）两个体系。

1）外索引

外索引指宏观结构的索引体系，主要特点在于方便宏观词表的检索，让用户能尽快地找到所查词条。索引方法包括音序索引、形序索引检（含部首／笔画索引）、义序索引和笔形代码索引等；词典可根据需要采用单索引、双索引和多索引系统。

音序索引指以词目或字目的读音为序进行编排的查检方法。音序在西方词典中是按词头的读音顺序编排索引，在汉语词典中则采用拼音字母或注音字母等方法编排。但汉语有大量的同音词，读音的区分度不足。因此，汉语词典一般是书写形态制约下的音序索引。

形序索引指以词或字形特征为序进行编排的查检方法。西方屈折语言一般按拼写字母顺序编排，而汉语有部首法、笔画法、笔顺法、笔形代码法等类型。在当代汉语词典中，形序索引往往是音序索引的配套或补充，即宏观结构按音序编排，另设一个独立的形序索引。

主题索引指根据词目或词头语义属性按概念主题构建词典的检索体系，并根据主题顺序查检有关语词。主题类别可分多个主题层次，并按层级关系赋予相应的区别性编码或编号，以便用户逐层检索。主题索引法须在正文外设置一个独立的"主题索引表"（topic index）。

双向索引指把双语词典（bilingual dictionary）中源语词头的目的语（target language）对等词汇集在一起，按一定的排序方法编辑成一个独立的索引表，以目的语反查源语词目词；从而使一部单向双语词典具有双向查询的功能。这种索引方法常用于中小型专门用途词典。

2）内索引

内索引指词条微观结构中的索引体系，其主要目的在于方便词条各类信息项的查阅，让用户尽快找到所需的具体内容。

现代汉语词典最常见的方法是词典以字作单音词或语素引出词条，对字头区分义项，用数字标注顺序。词条接排在字条下，每一词条都另起一行，按词头的汉语拼音顺序排列；多义词划分义项，以数字编号连排。从编纂实践来看，汉语字词的义项一般不会太多，微观信息项除释义和例证外，附加信息相对较少，故内索引比较简单。但是，外语（如英语）词典中的常用词会有十多个，甚至几十、上百个义项；而且学习型词典释义和注释详尽、附加信息繁多，所以内索引结构比较复杂。为了区分不同信息项，方便检索，词典常采用以下几种方法。

（1）区分标识：设置义项提示、引导词、标志符号、专栏信息等，用不同的色彩或着色轻重，以及色彩背景来凸显不同的信息项，如搭配、成语和谚语等。

（2）符号标志：用特色鲜明的标志符号指明不同信息项所注释的不同语言属性，使各种信息之间有明确的功能区分，以便用户通过标志符号就能确定相关信息内容。

（3）功能分离：把一个词形不同功能属性（词类）的义项进行分离，各自形成一个独立的信息区域；内词目改连排为相对独立编排，有利于快速识别。

（4）分立词目：对同一词族的派生词、固定搭配和短语等单独立目，直接归属词典宏观结构的词项，成为外索引结构的一个直接查检单位。

（5）分立栏目：设立特别信息栏，把诸如语言提示、用法说明、语义辨析等重要信息与一般释义和例证区别开来，方便用户按需选择。

上述几种索引手法是当今词典索引结构中的主要方法，基本上可以满足大多数词典的需要。对于一些特殊的词典类型（dictionary type）还有另外两种索引结构：一是地序排检法，即以词目词指称物所涉及的区域为序来编排和查检；二是时序排检法，即按词条所指称的事物或事件发生的时间顺序来编排和查检。

参考文献

黄建华，陈楚祥. 2001. 双语词典学导论. 北京：商务印书馆.

章宜华. 2001. 电子词典的界面结构及功能设置. 现代计算机（专业版），（9）：6–11.

章宜华. 2003. 电子词典的功能结构及系统设置. 广东外语外贸大学学报，（3）：21–24.

章宜华. 2008. 学习词典的中观结构及其网络体系的构建. 现代外语，（4）：360–368，436–437.

章宜华. 2011. 基于用户认知视角的对外汉语释义研究. 北京：商务印书馆.

章宜华，雍和明. 2007. 当代词典学. 北京：商务印书馆.

词典考古学

DICTIONARY ARCHAEOLOGY / LEXICOGRAPHIC(AL) ARCHAEOLOGY

词典考古学［dictionary archaeology / lexicographic(al) archaeology］是词典学（lexicography）的分支学科，指以考古学（archaeology）的方法对相关词典（dictionary）进行历时考证和比较研究。

词典考古学定位于辞书发展对比，包括相同辞书不同版本之间的比较，源于同一母本编写的不同辞书之间的比较，同一出版社出版的不同辞书之间的历时比较等。通过比较，揭示、挖掘不同辞书在历时演变中的各种相互关系，如内容、历史和亲源等方面的渊源、互相影响关系等。

词典学
核心概念与关键术语

❀ 词典考古学研究的渊源

作为一种词典学研究方法，词典考古学是由罗伯特·弗雷德里克·伊尔森（Robert Frederick Ilson）于1986年在其《词典考古学：比较同一家族的词典》（"Lexicographic Archaeology: Comparing Dictionaries of the Same Family"）一文中提出的概念。Ilson（1986）认为词典考古学是词典学的一个分支学科，通过词典间的对比揭示语言事实，解决词典编纂（dictionary making / dictionary compilation）中存在的问题。

1989年，兹古斯塔（Ladislav Zgusta）从义项（sense）排列顺序、例证排列顺序以及义项排列顺序与词义历时序列的关系等方面对《牛津英语词典》（*Oxford English Dictionary*，1989）的词条结构进行了详尽的分析。分析了《新英语词典》（*New Dictionary of the English Language*，1936—1937）、《希腊语同义词典》（*Thesaurus Graecae Linguae*，1572）、《秕糠学会词典》（*Crusca*，1612）、《法兰西学院词典》（*Dictionnaire de l'Académie Française*，1694）等词典以及德国学者弗朗茨·路德维希·卡尔·弗里德里希·帕索（Franz Ludwig Carl Friedrich Passow）的词典编纂理念对《牛津英语词典》（*Oxford English Dictionary*，1884—1928）的影响，并对法国《利特雷词典》（*Littré*，1877）、德国《格里姆词典》（*Grimm*，1854—1962）与《牛津英语词典》间的关系进行了探究。该文章用实证的方式考证了早期词典的编纂原则、编纂模式等对《牛津英语词典》的影响，属于词典考古的词典史（dictionary history）研究视角。

1994年，兰多（Sidney Ivan Landau）系统地对美国大学词典的发展历程进行了梳理，对《韦氏大学词典》（*Merriam-Webster's Collegiate Dictionary*，1898）、《韦氏新世界美式英语词典》（*Webster's New World Dictionary of American English*，1988）、《兰登书屋韦氏大学词典》（*Random House Webster's College Dictionary*，1991）、《美国传统大学词典》（*The American Heritage College Dictionary*，1993）四部著名的美国大学词典进行了介绍，分析了各词典间的渊源关系以及韦氏在词典发展史上的核心地位，并且结合具体词条（entry），对四部词典的释义情况及其对科技词、百科词、新词、读音、词源等的处理情况进行了对比，分析总结了四部美国大学词典的特点与不足。该文章对四部美国大学词典的研究，属于词典考古的词典史研究视角。

2000年，哈德曼（Reinhard Rudolf Karl Hartmann）和詹姆斯（Gregory James）在《词典学词典》（Dictionary of Lexicography）中对词典考古学的研究内容和目的进行了重新说明。Hartmann & James（2000）指出，词典考古学是通过研究词典的内容、历史及基因上的从属关系来揭示不同词典间关联的研究方法。之后，国际上不断有词典考古学的研究成果发表，国内对汉语词典的考古研究则刚刚起步。

☙ 词典考古学的研究特点

作为一种新兴的研究方法，词典考古的研究范式尚未得到系统的总结。有学者（杨慧玲，2012）认为，词典考古包含三个层次：第一个层次是书目、文献信息的考古，也就是对相关的文献和书目类著作进行综合整理，编写新目录，并对源文献信息进行考查。第二个层次是谱系考古与蓝本考古，谱系考古是对不同词典间关系的挖掘和确认，即通过比较研究确认词典间是否存在谱系关系；蓝本考古则是通过比较确立某一部词典对其他词典的继承与创新，是对某一部词典进行价值评估的基础。第三个层次是解释与评价，即以书目文献、历史事实等为基础，对词典史上的现象和词典的发展趋势做出解释与评价。从汉语词典考古研究的角度看，主要有三个方向：

（1）语言史视角。从不同辞书的内容对比中，研究语言演变的规律。例如，在汉语演变研究方面，词典考古学与汉语史研究有交叉，它们都是研究汉语语音、词汇、语法等要素的历时发展演变规律。但二者的研究材料有所不同：汉语史中的语音史、词汇史、语法史、文字史等研究所依托的语料是面向全部口语和书面语资料的，既有辞书中经过系统整理和统一编码的语言本体材料，也有散见于各类文献中的离散式原始语料，而词典考古研究的语料对象只是相关辞书所收录的有演变脉络可寻的内容。由于辞书语料已被语言学家、学科专家进行过系统加工和整理，所以用词典考古方法研究语言事实发展规律更直接、更集中、更权威，但在广度、深度和多样性方面，与汉语史的研究语料相比，要受到一定程度的限制。此外，不同历史时期的辞书也是其社会文化的写实，词典考古研究可对社会学的相关研究提供参考。

（2）词典史视角。通过辞书纵向和横向历时对比，对汉语辞书进行推源和系源，并梳理辞书编纂理论的继承和发展。通过横向历时对比，发掘不同辞书的内在历史和编纂风格的关联性，确定谱系关系，将相关辞书联系成一个体现着时间前后顺序的、类似同源词"词族"的辞书家族或辞书谱系，体现辞书的家族化、集群化、系列化的特点，这个工作可称为"辞书推源与系源"。例如，古代"六书"系辞书（《说文解字》《六书故》《六书统》等），"雅书"系辞书（《尔雅》《广雅》《埤雅》《别雅》等），字典系辞书（《玉篇》《类篇》《字汇》《正字通》《康熙字典》）等，在对各系列辞书编纂理念与方法的对比中，可归纳这些辞书之间的渊源关系、互相影响、递相继承方面的特点，确定不同辞书的亲属关系，使辞书学的研究范式由个案、离散走向系统、整合。通过纵向历时对比，发掘同一辞书不同历史版本对语言描述方法的继承、发展和创新。经典辞书随着时代和语言的发展会有一系列修订版本，例如，《现代汉语词典》《新华字典》《辞源》《辞海》等都有若干修订版本，通过对各版本辞书收词、释义和注释等信息项处理方式的对比，可归纳出后续版本编纂思路和方法的继承和创新，有效推动词典编纂理论和方法的进步。

（3）词典人才培养视角。词典考古学认为，词典编纂和评论首先要理解前人编纂的辞书，在辞书对比中继承、发展编纂和评论技术，最终达到创新的目的，这对培养辞书学家和指导辞书评论具有重要作用。

✂ 代表性研究

1）海外的研究

1988—2018 年，在《国际词典学》(*International Journal of Lexicography*)刊载的词典考古研究文献中，有三方面的研究。① 语言史视角的考古研究：Baider（2006）提取了《利特雷词典》《法语词典宝库》(*Trésor* de la Langue Française,1974—1994)和《罗伯特历史词典》(*Robert Historique*,2000)三部法语历史词典中提到的皮桑(Pizan)、奥雷姆(Oresme)和拉伯雷(Rabelai)三位作家的前300个词条,从作者信息的缺失、语词的缺失以及引用规则的缺失三个方面体现了历史词典(historical dictionary)对历史的构建;Westveer et al.(2018)对法国的《小罗伯特词典》(*Petit Robert*,1967,1977,1984,1994,1996,2003,2011,2016;*Le Petit Robert Électronique*,2017)和德国的《杜登德语词典》(*Duden Universalwörterbuch*,1983,1996,2001,2011;*Duden-online-Wörterbuch*,2017)(包括具有一定时间跨度的14个在线版本)中的阴性职业名词进行研究,分析了不同版本词典对这些词的收录情况以及在用法注释、释义内容等方面的异同。通过分析来考察社会变化在词典中的表现,通过阴性职业名词在词典中所占的比例来观察社会观念的历时变化。② 同一词典的不同版本或同一系列词典的词典考古研究:Landau(1994)对一系列美国大学词典进行了介绍并说明其渊源关系;Choi(2016)按照历时的顺序介绍了19部韩国的法韩双语词典,并从词典编纂的角度总结和分析了各自的特征,体现出韩法双语词典自19世纪中期至今的发展变化;Kamiński(2017)采用定量研究的方法,从《韦氏学院词典》(*Webster's Collegiate Dictionary*,1898,1910,1916,1931,1936,1949,1963,1973,1983;*Merriam-Webster's Collegiate Dictionary*,1993,2003)的11个版本中随机抽取第30—38页,对比各类名词性结构出现的频率,并对《韦氏学院词典》不同版本在释义风格上的变化进行了研究。③ 不同但有一定渊源的词典间的词典考古研究:Rodríguez-Álvarez & Rodríguez-Gil(2006)对约翰·恩蒂克(John Entick)的《新拼写词典》(*The New Spelling Dictionary*,1765)和安·费舍尔(Ann Fisher)的《精编新拼写详解词典》(*An Accurate New Spelling Dictionary and Expositor of the English Language*,1773)进行了比较,以确定两者之间的渊源关系,判定《精编新拼写详解词典》的原创性,解决版权纷争问题;Coinnigh(2013)比较了康纳·贝格利(Conor Begley)和休·麦柯廷(Hugh McCurtin)的《英语-爱尔兰语词典》(*The English-Irish Dictionary*,1732)、阿贝尔·博耶(Abel Boyer)的《皇家词典》(*The Royal Dictionary*,1699,1729)以及纳撒尼尔·贝利

（Nathaniel Bailey）的《通用英语词源词典》（*An Universal Etymological English Dictionary*，1721）中的谚语材料，考查了三者间的渊源关系；2014年，特蕾西·纳格尔（Traci Nagle）考查分析了早期词典编纂原则（principle of dictionary-making）、编纂模式等对《牛津英语词典》的影响等。

2）国内的研究

相较于国外的词典考古学研究，国内的相关研究还比较少，主要分为对汉外词典的研究和对汉语词典的研究两部分。

杨慧玲（2012）在《19世纪汉英词典传统——马礼逊、卫三畏、翟理斯汉英词典的谱系研究》一书中以明清时期欧洲在华传教士、外交官编纂的汉英词典为研究对象，首先详细介绍了16—19世纪汉外双语词典的基本信息，梳理了300多年间汉外双语词典从手稿到出版的主要发展脉络。随后，选取了19世纪早、中、晚期最重要的三部综合性汉英词典进行宏观和微观上的对比，对其进行谱系考古与蓝本考古研究，探寻其内在的继承与创新关系，将词典考古运用到了双语词典（bilingual dictionary）的研究当中。

王东海和章宜华（2018）在《汉语词典研究与词典考古方法》一文中将词典考古方法移植到汉语词典的研究当中，指出词典考古学在汉语词典研究中的应用集中于语言史、词典史两个视角。

此外，李家琦（2020）以双音节兼类动词为封闭域，以《国语辞典》《现代汉语词典》（试印本）、《现代汉语词典》（第一版）、《现代汉语词典》（第五版）和《现代汉语词典》（第七版）这五本词典为研究对象，探究了现代汉语词典的收词原则、立目原则、义项设置原则、释义原则以及双音节兼类动词本体在现代汉语词典谱系中的变化发展，也对《国语辞典》和《现代汉语词典》在百年现代汉语词典谱系中的地位进行了探究；李鑫（2021）以《增订注解国音常用字汇》和六个版本的《新华字典》中的异体字为研究对象，通过对异体字编纂说明、收字、立目（establishment of lemmas）、分类等方面的变化构建了以《新华字典》为中心的外部谱系、内部谱系和关联谱系，并对《增订注解国音常用字汇》和《新华字典》在百年现代汉语字典谱系中的地位进行了说明。

参考文献

李家琦. 2020. 现代汉语词典的词典考古研究. 烟台：鲁东大学硕士学位论文.

李鑫. 2021. 词典考古视角的《新华字典》异体字处理研究. 烟台：鲁东大学硕士学位论文.

王东海，章宜华. 2018. 汉语词典研究与词典考古方法. 中国社会科学报，1月9日，第003版.

杨慧玲. 2012. 19世纪汉英词典传统——马礼逊、卫三畏、翟理斯汉英词典的谱系研究. 北京：商务印书馆.

章宜华. 2011. 语言学名词（辞书学）. 北京：商务印书馆.

Baider, F. H. 2006. The death of the author, the birth of the lexicographer: How French historical dictionaries construct history. *International Journal of Lexicography*, 19(1): 67–83.

Choi, J. 2016. Aperçu historique du dictionnaire bilingue en Corée: Le cas des dictionnaires français-coréen et coréen-français. *International Journal of Lexicography*, 29(2): 184–199.

Hartmann, R. R. K. & James, G. (Eds.). 2000. *Dictionary of Lexicography*. Beijing: Foreign Language Teaching and Research Press.

Ilson, R. F. 1986. Lexicographic archaeology: Comparing dictionaries of the same family. In R. R. K. Hartmann (Ed.), *The History of Lexicography*. Amsterdam: John Benjamins, 127–136.

Kamiński, M. P. 2018. Development of definition style in Merriam-Webster's *Collegiate Dictionary* (1898–2003): Nominal constructions. *International Journal of Lexicography*, 31(4): 452–474.

Landau, S. I. 1994. The American college dictionaries. *International Journal of Lexicography*, 7(4): 311–351.

Mac Coinnigh, M. 2013. Tracing inspiration in proverbial material: From the Royal Dictionary (1699 & 1729) of Abel Boyer to the English-Irish Dictionary (1732) of Begley and McCurtin. *International Journal of Lexicography*, 26(1): 23–57.

Rodríguez-Álvarez, A. & Rodríguez-Gil, M. E. 2006. John Entick's and Ann Fisher's dictionaries: An eighteenth-century case of (cons)piracy? *International Journal of Lexicography*, 19(3): 287–319.

Westveer, T., Sleeman, P. & Aboh, E. O. 2018. Discriminating dictionaries? Feminine forms of profession nouns in dictionaries of French and German. *International Journal of Lexicography*, 31(4): 371–393.

Zgusta, L. 1989. The *Oxford English Dictionary* and Other Dictionaries (Aikakośyam). *International Journal of Lexicography*, 2(3): 188–230.

词典类型学　　DICTIONARY TYPOLOGY

本词条也可参见【词典类型】。

词典类型学（dictionary typology）又称"词典分类学"，指研究词典（dictionary）分组归类体系的学问，包括分类理据、分类原则和分类方法等。

词典类型学有两大任务：一是根据对现有词典的考察对词典进行分类；二是先建立分类理论，然后再研究现有词典符合哪种类型。这两大任务之间有着密不可分的关系。科学的词典分类也有助于完善词典学（lexicography）的理论体系，有了科学可行的词典分类体系，词典的设计和编纂就有了理论依据，编者就可以对不同的词典进行明确的定位，在词典编纂（dictionary making / dictionary compilation）过程中就会特别关注决定词典类型（dictionary type）的区别性特征。通过将词典功能类型的具体化，词典编者会更好地把握有关选择，做出最佳的决策，从而提升词典编纂质量和用户使用体验。

国内外对词典分类的研究和学说较多，曾从不同的视角（perspective）提出过各种各样的词典分类标准。但由于词典的类型错综复杂，涉及词典设计和编纂各方面的问题,至今并没有一个广泛认可的、统一的分类方法。例如,形态标准、功能标准、信息种类标准、信息量标准、所用语言种类标准、宏观结构标准、语言学方法标准和使用者特征标准等。

⌘ 词典类型学的起源和发展

虽然词典编纂已经有几千年历史了,但最初人们只是根据当时的需要进行编写,直到有了分类体系后才开始为以前的词典分类,或按照分类体系设计和编写新的词典。从类型学研究的资料来看,词典的分类学研究始于20世纪40年代。早在1940年,苏联语言学家谢尔巴(Lev Vladimirovich Shcherba)就从比较语言学的视角对当时的词典提出了比较宏观的分类学说,并根据词典的关键结构特点拟定了六组具有对比特征的词典类型框架:① 学院型词典(academic dictionary)与查考型词典(reference dictionary);② 百科全书(encyclopedia)与普通词典(general dictionary / general-purposed dictionary);③ 大全型词典(thesaurus)与一般词典(normal dictionary);④ 一般词典与主题词典(ideological dictionary);⑤ 释义词典(defining dictionary)与翻译词典(translating dictionary);⑥ 历史性词典(historical dictionary)与非历史性词典(non-historical dictionary)。这套分类体系线条较粗,不足以反映词典类型的真实情况,许多现代词典难以在这个"谱系"中找到合适的位置。

1962年,塞伯克(Thomas Sebeok)对16部词典样本进行了分类研究,根据词典构成要素的内部关系提出了19个具有"区别性和分辨性"的特征,可以归纳为五组:① 语料来源(source of material);② 结构与编排原则(structure and arrangement basis);③ 参见方式(cross reference);④ 文献资料(documentation);⑤ 提供信息(given information)。这个分类只考虑了词典的内部结构,对衡量词典类型之间的关系存在一些局限。1967年,梅尔基尔(Yakov Malkiel)受到语音区别性特征理论的启发,在考察了数百种词典的基础上提出了当时"覆盖面最广"的词典分类学说,即三条分类标准,每个标准之下分若干次类。① 范围

（range）：条目密度、覆盖或涉及的语种数量、对纯词汇信息的关注程度；②视角：时间视角（如共时与历时）、词条视角（如字母顺序编排法、形序编排法、语义编排法、随意编排法）、风格视角（客观性、规定性、理解性和趣味性）；③表述（presentation）：释义、例证、图示、特别标志等。这个分类体系是一个纯理论的构思，可以涵盖所有可能的词典类型，即通过词典内部和词典类型之间的关联，最终区分出不同组的、具有对比特征的词典类型。它概括性强，但具体分类操作却难以把握，且词典区分的维度概括得也不够周全。

1971年，兹古斯塔（Ladislav Zgusta）在《词典学概论》（*Manual of Lexicography*）中，首先将词典分为百科词典（encyclopedic dictionary）与语言词典（linguistic dictionary）两大类。百科词典主要是"释物"，解释真实世界的物质属性；而语言词典是"释名"，提供词汇单位的语言属性。然后，兹古斯塔以百科词典与语言词典类型关系作为切入点，从五个方面对"最重要的词典类型"进行阐释：①时间跨度（period of time covered）：历时词典（diachronic dictionary）与共时词典（synchronic dictionary）（其中历时又区分了历史性与词源性词典）；②覆盖范围（extent of involvement）：普通词典与专科词典（specialized dictionary / subject dictionary）；③语言数目（number of language）：单语词典（monolingual dictionary）与双语词典（bilingual dictionary）；④词典宗旨（purpose of use）：教学词典（pedagogical dictionary / didactic dictionary）、规定性词典（prescriptive dictionary）与描写性词典（descriptive dictionary）（又区分标准描写与全描写）；⑤词典规模（size of dictionary）：大型词典、中型词典与小型词典。现在看来，这个分类的确只考虑了"最重要"的部分词典，覆盖的词典类型有限，也遗漏了一些常见的词典类型。1989年，兰多（Sidney Ivan Landau）全面地考察了对词典分类有影响的因素，提出了11条词典类型的判断指标，如语种数量、筹资方式、用户年龄、词典规模、覆盖范围、覆盖面限制、词汇单位、用户语言、时间跨度、语言研究方法、检索途径等。这套分类体系尽管覆盖面广，具有可操作性，但没有引起辞书界的太多关注。

❃ 国内词典类型学的研究

词典分类首先受到国外学者的关注，在 20 世纪 70—80 年代成为词典学研究的一个热点问题，这也促进了国内学者对类型学的重视。根据《中国辞书学论文索引》(1911—1989)统计，王德春于 1980 年率先在《辞书研究》上发表了《论词典的类型》，比较系统地阐述了词典的分类问题。黄建华于 1982 年发表了《双语词典类型初议》，对双语词典的类型和谱系做了考察性研究，认为从理论上正确分类可以很好地指导编纂实践，具体有三方面的好处：一是有助于探讨各类双语词典的编写准则；二是有助于避免双语词典的门类混淆；三是有利于双语词典的系列化。1985 年，汪耀楠在《论词典分类》一文中阐述了词典分类研究的目的和作用，以及词典类型研究的特点，指出词典类型的多元性、类型划分的相对性和词典类型的无限可分性，因此需要制定多种分类标准、设计多种类型模式。其后陆续有其他学者的研究文章面世，从不同侧面就词典分类问题展开讨论，有些还对不同类型的词典再作进一步划分。例如，王毅成 2000 年在《辞书研究》上讨论了《双语专科词典的性质和类型》；黄建华在其专著《词典论》(2001 修订本)中较系统地介绍了西方辞书界的经典分类法，又综合评述了词典的"描述类型"和"发生类型"两大分类法，并对其分类模式做了详细解释。下面就《论词典的类型》和《词典论》中的"发生类型"做简要介绍。

《论词典的类型》首先区分了知识词典与语言词典。知识词典包括：百科全书、专科词典、术语词典、人名词典、地名词典、作品词典等；语言词典有：① 按解释方法分：详解词典、例解词典、图解词典和翻译词典；② 按词语来源分：词源词典、方言词典、社会习惯语词典、外来语词典、古语词典、新词词典等；③ 按词的语言特征分：语音词典、语法词典、搭配词典、语义词典、修辞词典、缩写词词典、熟语词典、正写法词典等；④ 按词的特殊内容分：作家语言词典、文献词典、国俗词典；⑤ 按选词释义的时间分为：描写词典和历史词典等；⑥ 按词的使用情况分：用法词典、难点词典、教学词典等；⑦ 按收词数量大至词库(lexicon)、小至词表(glossary)，中间有各种收词数量的词典，如中型词典和大型词典。此外，还有知识和语言综合词典、特种词典（如频率词典、符号词典、机器词典）等。这种分类操作性强，但显得有些烦琐，且概括性不足，也无法涵盖所有词典。

"发生类型"指从词典编制的角度显示编者关于取材、排列、释义、说明等可能存在的各种选择的分类模式。

（1）取材：① 现存材料，分单一来源和多种来源，次类再分材料全用和材料选用；② 材料来源，编者自撰材料和他人提供的现存材料，或者两者混合材料；③ 材料在功能上一致，或是几个功能系统的产物（如共时性和历时性）。

（2）处理单位：① 出现次数；② 语言单位（词素、短语）。

（3）予以处理的全部材料 [词汇；总体结构（overall structure）]：① 起功能作用的总集（词汇中包括表示关系的成分）；② 分集、符号及文化的子集和表示关系的子集；③ 详尽式和选择式，后者分直觉选择和客观选择。

（4）编排：① 形式序列，分书写序列和其他序列；② 语义序列，分概念序列和分类序列。

（5-6）词条结构：

（5）符号及功能分析：① 内容方面（如百科词典）和形式方面，即符号方面 [如语文词典（language dictionary）]；② 暗析（如关键词索引、正字法词典）。

（6）非语义信息：① 功能信息（分布的；有关表达的；语言的雅俗等级等）；② 功能信息 + 非功能信息（词源的、历史的、规范的）。

[5-6] 详尽的（详细的释义、注释等）和选择的（只列对等词的双语词典）。

（7）例证：① 无例证（无例词典）；② 配例，分自编例或自编例 + 客观例。

该模式试图解决所有词典的类型归属问题，但有些类型操作起来也很难把握，也存在诸多局限。到目前为止，学界似乎还没有一个广受认可的分类体系。针对这种情况，章宜华、雍和明（2007）从词典交际理论的角度提出一种适应性较强、覆盖面较广词典的交际分类法。

○ 词典的交际分类法

词典本来就是解决语言交际问题的工具。从交际词典学（communicative lexicography）的视角讲，词典编纂是在一个交际场景中进行的，交际分类法就是根据这个交际场景从编者视角、情景视角和用户视角（user's perspective）对词典进行分类。这种分类方法几乎可以覆盖所有的词典工具书。

1）词典类型的编者视角

从编者对词典设计的宏观视角来考虑，词典类型的划分应考虑词典的宗旨和词典功能两个方面，这是对词典整体知识信息组织方法的宏观思考。① 根据词典编纂宗旨（purpose of dictionary-making）可分为：历时性词典（diachronic dictionary）与共时性词典（synchronic dictionary）、描写性词典与规定性词典（prescriptive dictionary）、积极型词典（active dictionary）与消极型词典（passive dictionary）；② 根据词典功能设计可分为：普通词典与专门词典、学术词典（academic dictionary）与教学词典、编码词典（encoding dictionary）与解码词典（decoding dictionary）、简明词典（concise dictionary）与查考型词典等。

2）词典类型的情景视角

从词典情景角度出发来考虑，情景由语场（field）、语式（mode）和语旨（tenor）构成，它决定词典交际中微观信息的选择和组织。① 语场决定词典信息的范围，可分为：语言词典与百科（专科）词典、标准语词典与地方语词典、普通语言词典与主题词典、单语词典与双语/多语词典；② 语式决定词典信息的表述方式，可分为：字母顺序编排词典、主题编排词典与图序编排词典，单向词典（monodirectional dictionary）与双向词典（two-way dictionary）、编纂型词典与翻译型词典、印刷版词典与电子词典（electronic dictionary）等；③ 语旨确定词典与用户的关系，可分为：外向型双语词典（foreign-oriented bilingual dictionary）与内向型双语词典（domestic-oriented bilingual dictionary），或源语用户词典与目的语用户词典、本族语学习词典与外族语学习词典。

3）词典类型的用户视角

从词典用户自身社会状况反映出来的需求特点，涉及语言水平、教育程度、年龄层次、经济状况等对词典设计和编纂的影响。① 年龄因素确定选词（lemma selection）的范围和释义方法，可分为：成人词典与儿童词典、幼儿词典与青少年词典；② 接受教育的程度确定任务范围和性质特点，可分为：入门级词典与初级词典、中级词典与高级词典、普通语言词典与学院（专家）型词典；③ 从经济状况确定词典的出版装帧形式，可分为：平装词典与精装词典、珍藏版词典与纪念版词典。

上述内容只是针对词典大范畴的分类，每一范畴都有一个或多个次级范畴，从而可以衍生出许多次范畴词典类型。譬如，历时词典还可以再分为历史性词典（historical dictionary）和词源性词典（etymological dictionary），描写性词典还可以再分为全描写性词典（overall-descriptive dictionary）和标准描写性词典（standard-descriptive dictionary），专门词典还可以再分为专科词典、专门用途词典和专项词典（dictionary of special language aspect）等（专科指专业类型，专门指特定的语言活动范围，如商务英语、托福考试、新冠防疫等；专项指特定语言的层面，如成语、谚语、动词短语等）。两种类型的交叉组合可进一步衍生出新的词典类型，如外向型和内向型与积极型和消极型组合，可以生成八种次级词典类型，以英汉汉英词典为例包括：内向型/外向型汉英积极型词典、内向型/外向型英汉积极型词典；内向型/外向型英汉消极型词典、内向型/外向型汉英消极型词典。之所以这么细分，是因为它们的收词和释义方式都有很大的差异，尽管它们所涉语言都是一样的（参见关键术语篇之【积极型词典】与【消极型词典】）。

总之，词典类型学研究不但有利于总结和归纳前人的辞书成果，更重要的是指导未来的词典编纂。辞书分类做得越细致、越明确，词典的研究方向和编纂体例也会越具体。词典学者必须要有类型学观念，要善于针对不同用户群体的不同需求进行词典的研究、设计和编纂工作。即便是将来的综合性融媒词典、词典数据库 [lexicographic(al) database] 会模糊类型概念，但编写过程的类型观念是不能改变的，而且还要按类型学的方法对不同的词典信息做相应的标注。

参考文献

黄建华. 1982. 双语词典类型初议. 辞书研究，（4）: 1–10.

黄建华. 2001. 词典论. 上海：上海辞书出版社.

汪耀楠. 1985. 论词典分类. 辞书研究，（4）: 79–86.

王德春. 1980. 论词典的类型. 辞书研究，（1）: 6–11.

章宜华. 2015. 二语习得与学习词典研究. 北京：商务印书馆.

章宜华，雍和明. 2007. 当代词典学. 北京：商务印书馆.

Béjoint, H. 2002. *Modern Lexicography: An Introduction*. Beijing: Foreign Language Teaching and Research Press.

Landau, S. I. 1989/2001. *Dictionaries: The Art and Craft of Lexicography*. Cambridge: Cambridge University Press.

Malkiel, Y. A. 1962. Typological classification of dictionaries on the basis of distinctive features. In F. D. Householder & S. Saporta (Eds.), *Problems in Lexicography. Bloomington: Indiana University Press*, 3–24.

Sebeok, T. A. 1962. Materials for a typology of dictionaries. *Lingua: International Review of General Linguistics*, (11): 363–374.

Shcherba, L. V. 1940. Towards a general theory of lexicography. *International Journal of Lexicography*，(4): 315–350.

Zgusta, L. 1971. *Manual of Lexicography*. Prague: Academia.

词典配例 LEXICOGRAPHICAL INSTANTIATION

本词条也可参见【词典语证】。

词典配例（lexicographical instantiation）指词典编纂（dictionary making / dictionary compilation）过程中，编者从语言使用或语料实例中为词目词（entry word）特定义项的释义选择和配置例句。

在语文词典（language dictionary）中，例证是词条（entry）不可或缺的重要组成部分；在专科词典（specialized dictionary / subject dictionary）中，单语词典（特别是综合性科技词典）一般也配有例证，而交际性双语词典往往不配例；在学习词典（learner's dictionary）中，例证有着特殊的作用，因为它能直观地向用户示范如何使用被释义词。

☙ 词典配例的作用

词典例证十分重要，因为它起着强化、延伸和补充释义，呈现语法特征、词汇分布结构，明示使用文体和语域范围，体现语词所蕴含文化内涵的作用。

从自然语言系统来看，语词（特别是多义词）的指称范围、语义内涵和外延都是不确定的。因此，孤立的词没有确定意义，或者说其意义具有模糊性和歧义性，词义的这种不确定性只有借助足够的语境才能得以消除。特别是在双语词典（bilingual dictionary）中，承载不同文化的两种语言系统间的语言单位并不是一对一地对等，这更是增添了语义的不确定性，也就更需要例证语境的辅助才能确定其意义。所以双语词典的例证通常比单语词典多，学习型双语词典的例证尤其丰富。

从对语言基本活动的作用来看，例证有解码相关功能（function relevant to decoding）和编码相关功能（function relevant to encoding）；从对语言的活动范围来看，例证有一般功能和特定功能。在学习词典和双语语文词典中，例证显得更为复杂。在服务于各类语言活动的词典（dictionary）中，几乎所有项目都可以通过例子来说明，包括语词在不同语境下细微差别、使用文体、首现时间、使用范围、修饰组合、典型搭配、同义或近义词的使用差异等。

从词典编纂者视角来看，例证是扩展、补充、传递词语相关语言属性信息的重要手段。例证取自语言日常交际的实际用例，反映的是人们亲身的语言经验，当它们被用作释义的例证后很容易被感知、识别、理解和模仿。通过例证能呈现出词语意义、句法模式、搭配结构和语用条件等信息，使词头抽象的解释具体化，增强用户对语词意义和用法的理解。此外，例证还可以与词条中其他成分有着相互映照的关系，起着补充说明作用。

从用户需求视角来看，对词典的查阅、例证的解读也是一种语言输入活动。输入（input）是语言习得（特别是二语习得）关键的第一步，例证作为语言习得的输入信息，一是要有可理解性，二是要足够丰富，三是要具有趣味性（这里指与用户学习任务的关联性和针对性）。这样，语言学习者就可以利用例证进行自主学习。这要求词典编者做细致的用户需求调查，针对他们的实际需求，提供能兼顾学习者使用偏好和查阅习惯的例证。

☙ 词典配例的理论基础

认知语言学的意义观是建立在体验哲学基础（fundamentals on embodied philosophy）上的，意义是从语词大量反复使用的构式中抽象出来的，静态的语词只有一些模糊的意义潜势。这个意义潜势包括语词使用所涉及的一切形态、语音、语法、句法、概念和语用选择限制等要素。词典用户需要根据词所处的上下文和词与词之间的组配关系才能理解其真实含义和用法。例证就是提供实现这种意义潜势的语境，也就是以示例明义，以示例明确其用法。词典例证最大的作用是以语词使用实例的形式提供语词的语境，帮助用户理解被释义词的语义潜势（meaning potential），把握其使用规则和使用情景。

从系统功能语法和认知语言学的角度讲，宏观语境包括：① 话语语境，一个连贯的言语事件中核心语词或所属事件的前后表达形式或上下文，主要反映话语微观情景和话语事件中各种语词的分布特征；② 物理语境，交际时周围的时空环境或语言事件描述的客观语境，主要反映话语交际意图和话语的宏观语境；③ 认知语境，是中心语词或语言事件在人们大脑中的框架结构、原型模式和概念图式，主要反映为典型心理语境或知识语境。

从词典例证文本的角度讲，语境表现为：① 词语境（context of word），即语词分布环境或邻近的词对其意义的影响，这在词典中主要表现为词汇搭配赋予词的搭配义；② 意语境（context of thought），即语词所处的语境反映出的社会思想意识对其意义形成的影响，这在词典中体现为文体和使用语域赋予词的各种附加义（如文化义、情感义、象征义和联想义等）；③ 物语境（context of things），即语词共现成分的指称对象（物）对其意义的影响，这在词典中属于限制性搭配，源于语言的约定俗成性特征，如相同概念义的词其搭配或修饰的对象却不相同等。

从语料库词典学（corpus lexicography）的角度讲，例证是从众多语料索引行中筛选出来、能反映语词的分布结构（distribution structure）或构式的样本。当它被提取出来、脱离具体的原始语境后就不再是一个普通话语了，而是被赋予了典型性和代表性的地位。根据语料库的数据统计，语境的复杂程度与语词个性化程度成正比，个性化程度是由其非原型语义成分的复杂度决定的。因此，非典型或个性化程度比较高或用法比较复杂的词更需要相应的语境来支撑。

从词典用户需求视角来讲，用户查阅词典、阅读例证也是一种语言输入活动。特别是对于二语学习者，词典例句常在课堂教学中被教师用来为学生解释生词的语义特征、句法模式和用法规则等；在课前预习、课后作业练习时，例句（illustrative example）常被当作学生们模仿的语言样本。作为学习者的语言输入，例句应具有知识性、可理解性，能满足用户学习任务的需要。

从语言顺应的理论角度讲，词典配例就是一个不断进行语言使用样本选择的过程。由于语言的使用具有协商性和顺应性，语言使用者为达到交际意图会根据实际会话情况灵活、变通地选择语词及其意义，这使得词的用法具有了多样性和变异性。例证的选择，一是要遵循既定的配例和相关条件要素，二是必须要考虑词的常规用法和变通拓展用法。

߷ 词典配例的原则

词典配例原则指选择、编写例证时应遵循的指导性方针和准则，是词典编者对释义与配例的内在关系和互动规律的认识。也就是说，虽然例证只是一个搭配、一个短语或一个句子，但并非什么短语和句子都可以用作例证。配置例证必须要遵循以下原则，否则就达不到证例的功能要求。

（1）顺应协调原则。例证的配置是词典编纂中的重要环节，其流程包括两个阶段：① 分析阶段，编纂者通过索引工具在语料库中找到足够多的相关索引行，并满足编纂宗旨、用户需求、市场竞争和出版规划要求，从这些索引行中提取那些与在编词典相关的语言事件。② 合成阶段，在顺应的基础上进行协调，兼顾词典宗旨、需求、市场和出版等因素，结合释义的具体情况进行综合平衡，最后选定要配置的例句——多数情况下需要对脱离自然语境的句子做必要调整。

（2）功能作用原则。例证在不同类型的词典中会有不同的功能取向，凸显例证作用的侧重各异，但归纳起来有：强化和辅助释义的功能、同义辨析功能、首现时间和来源功能、凸显句法结构功能、提示典型搭配功能、显示语体色彩功能、限定语域范围功能、明示限定语用条件功能、提供社会文化信息功能、（双语词典）翻译参考的功能。普通理解型词典聚焦意义层面的功能，查考型词典（reference dictionary）除意义外，还重视首现时间和来源、文体和文化层面的功能。

（3）聚焦凸显原则。一条例句不可能具备上述所有功能，但尽可能把多种功能集合在单一句子中会使例证发挥更大、更好的作用。但这种理想的自然例证不多，需要人工干预——在基本不改变原始句的框架结构（frame structure / megastructure）和主要含义的基础上，通过增加和调整个别成分，或把邻近的若干单一功能句进行整合来增加例证功能（function of illustrative example）。此外，还可以针对被释义词的语义和用法的不同侧面，配置多个例句，每个例子凸显 1—2 个焦点，以呈现被释义词的多种功能。

（4）典型代表原则。典型性是指例句必须反映相关语词最普遍、最常见的语义和功能特征，要能代表它在语言中最普遍的语言现象。一个语词在自然语言中有成千上万的使用实例，反映其各种各样的分布特征，这需要借助语料库对语词的型频（token frequency）与类频（type frequency）进行统计分析，以确立其在语言中的句型结构和承担的语义角色，以及它与其他角色之间的关系。这样，通过词频统计和语料库的模式分析，便能挑选出具有代表性和典型性的例证。

（5）简洁实用原则。指例证在表现特定功能时尽量使用简明的语言文字、扼要的表达方法，且能够切实解决用户的语言问题。"简明"指所选择的句子必须简短，没有多余的修饰成分和无助于体现例证功能的成分，表义清楚、没有歧义；"扼要"是指例句在相关义项（sense）中能体现其功能要领，用户不需要依赖超出例证自身之外的语境便可以轻松理解；"切实"指例句切合用户的实际需求，如普通词典（general dictionary / general-purposed dictionary）选用日常典型话语，谨慎使用"创新"用法或"过时"的书面语等做例证。

（6）强化输入原则。指为提高语言学习者的查阅注意力而对例证表达方式所做的一些特殊凸显处理，以提高其查阅效果。语言习得信息加工的路径是：输入（input）→摄入（intake）→中介语发展体系（developing system of interlanguage）→输出（output），输入只有转化为摄入后才能对习得发生作用。为了使摄入效率最大化，一是输入要具有可理解性，二是提升用户对输入信息的注意力，如用高亮处理例证的关键功能信息。

上述原则是相辅相成的，它们相互关联、相互补充、相互作用。不同类型词典的编纂宗旨不同，用户群体各异，在处理例证时对配例原则会有所侧重。编者在词典配例时须综合考虑这些配例原则，结合实际情况进行配例操作。

参考文献

章宜华. 2015. 二语习得与学习词典释义研究. 北京：商务印书馆.

章宜华. 2021. 中国大百科全书——辞书学（第三版网络版）. 北京：中国大百科全书出版社.

章宜华，雍和明. 2007. 当代词典学. 北京：商务印书馆.

词典评论

DICTIONARY REVIEW / DICTIONARY EVALUATION / DICTIONARY CRITICISM

词典评论（dictionary review / dictionary evaluation / dictionary criticism）又称"词典评价""词典批评"，指从词典学理论、词典编纂（dictionary making / dictionary compilation）和词典使用等方面对词典类工具书的体例结构、编写内容和功能特征等做出的评价。

词典评论包括审查性评价（review）、鉴定性评价（evaluation/appraisal）和批评性评价（criticism）三个方面。审查性评价是以审查的视角（perspective）对词典（dictionary）发表意见，是词典评论的本意；鉴定性评价指参照一定规范或规定对辞书整体质量进行质量评价，如词典评奖等；批评性评价则是针对辞书特定缺陷或错误的地方提出批评性和建设性的意见，是评论的延伸。词典评论伴随着词典的编纂和出版而产生，是词典工作的重要组成部分。

词典学
100 核心概念与关键术语

☙ 词典评论的起源

秦汉时期的《仓颉篇》是我国古代最早的字书之一，包括李斯的《仓颉篇》、赵高的《爰历篇》和胡毋敬的《博学篇》。汉宣帝曾就《仓颉篇》召集学者开过一次评论性讨论会。这应该是最早的词典评论活动，遗憾的是已无法找到相关文字记录。到了汉代，第一部解说汉字的《说文解字》问世时，便陆续出现了对它的评论。编者许慎之子许冲在《上〈说文解字〉表》中从收词的角度对其进行了简要评价，虽说不像现在这样完整、系统，但确实开了词典评论的先河。自汉代以后，各种各样的辞书不断产生，对辞书评论的记载也多了起来。例如，北齐颜之推在其著述《颜氏家训·书证篇》中对《说文解字》以六书原则对汉字进行分类的做法进行了评论；唐玄宗在《开元文字音义》中对《说文解字》《字林》进行了评论等。到了清代，这类辞书评论的记载就更多了，如李慈铭在《越缦堂读书记》中先后对《仓颉篇》《说文解字》《说文句读》《玉篇》《尔雅》《广韵》等进行过评论，尤其是对《说文句读》，他既肯定其长处，也指出了它的不足，并从多方面探讨了这种不足产生的原因，具有较高的洞察力和独到见解，已经有学术评论的意味了。总的来讲，我国古代的辞书评论形式多样、体裁各异，有序跋式的、有读书笔记式的，更多的散见于各种著述，甚至是书信中，他们从不同的角度对相关词典进行评价；但缺少单独成篇、独立成文的全面系统的评价文章。这种实用性的评论在传播方面有其局限性，难为人知；在形式上会限制理论上的阐述，影响评论的深度，最终形成了评多论少或只有评而没有论的特点。

☙ 词典评论的发展

进入 20 世纪后，随着社会变革和新文化运动的兴起，中国的辞书编纂和辞书评论也步入了一个新的历史阶段，评论的广度和深度都得到了发展，有些刊物逐渐出现了专门进行辞书评价的文章。例如，1922 年白熊先生在《国语周刊》第 1 卷第 7 期上发表的《看了周铭三先生的国语词典之后》和 1930 年傅葆琛在《教育与民众》第 2 卷第 3 期上发表的《评〈基本字汇〉(庄泽宣)》等，应该是我国最早的辞书评价文章。

这已经突破了古代辞书评论偏重于实用、只评不论的习作范式，不但从使用上，而且还从辞书和语言理论的角度对词典进行了评论，提高了评价的系统性和科学性。

之后，各种报刊发表的辞书评论文章越来越多，如杜明甫的《评朱起凤辞通上册》发表在《图书季刊》1934年1卷2期，丁霄汉的《评〈中国文学家大辞典〉》发表在《文化建设》1936年1卷2期，纪洙的《评"国难后第六版"的〈王云五大辞典〉》发表于1937年4月22日的《益世报》，吴英华的《评字类辨正（朱起风）》发表于《益世报》（人文周刊）1937第16期，懋生的《评〈辞海〉》发表于《中国公论》1939年1卷2期等。值得一提的是王力先生1945年在《国文月刊》上发表的2万字长文《理想的字典》，从"中国字典的良好基础""古代字书的缺点和许学的流弊""近代字书的进步""现存的缺点""理想的字典"五个方面对我国辞书从古到今的编写情况进行了分析和评论，并对今后的发展前景做了预测，提出了一些建设性的设想。全文有理有据，并结合实例清晰地阐述了理想词典的编纂方法，不乏科学而独到的见解。例如，他认为词典中有自撰例和引例，两者各有利弊，最好二者能够兼得，如果不可则宁愿要书证引例。这种配例理念在当前电子语料时代仍具有很好的指导价值。中华人民共和国成立后，国家很重视图书评论工作，《人民日报》创设了《图书评论》专栏，1950年4月5日以半个版面的篇幅发表了三篇辞书评论文章，对当时北新书局出版的《新知识辞典》和《新知识辞典续编》、春明书店出版的《新名词辞典》进行了比较和评论。之后，国家出版总署、新闻总署和中共中央宣传部先后发文指导，加强了报纸期刊的图书评论。而辞书评论的真正兴起和辞书评价理论的构建始于十一届三中全会和国家改革开放之后，适逢《辞书研究》创办，各种辞书如雨后春笋般面世，伴随而来的是越来越多评论文章的发表。据统计，《辞书研究》从1979年到1996年底发表了辞书评论文章700余篇，仅1987年就发表72篇，占当年发文总数177篇的40.68%。可见，辞书评论在辞书研究中的作用不容忽视。此外，词典评论这一论坛也是培养辞书人才的阵地，因为许多词典学者都是从词典评论开始逐渐积累经验，最后进入词典学（lexicography）某一方面研究的。

ᛘ 词典评价的标准

如上所述,词典评论与词典的出版相伴相随,一些有影响的词典一经出版马上就会引来很多评论文章,如《现代汉语词典》《辞海》《辞源》和《牛津高级英语学习词典》(Oxford Advanced Learner's Dictionary,简称 OALD)等。词典评论文章绝大多数是个案研究,针对某一词典或某一方面的词典编纂方法和内容进行评论。从 20 世纪 90 年代开始,有学者开始就我国词典评价的整体情况进行分析和思考,提出了一些规范和指导词典评价的建议。例如,邹酆(1994)讨论了我国辞书评论的现状、任务和改进途径,梳理了我国辞书评论的成就和问题,讨论了词典评论的一些原则性问题;词典评价标准十题(陈楚祥,1994),提出了词典评论或判断辞书质量的十大标准;辞书评论写作漫谈(高兴,1998),全面、清晰地阐述了词典评论的写作方法;关于双语词典(bilingual dictionary)评奖的几点思考(章宜华、黄建华,2000),结合实际全面阐述了鉴定性词典评价的原则方法;《当代词典学》(章宜华、雍和明,2007)在第十二章词典编纂的规范与评价中系统阐述了词典的宏观评价、微观评价的原则和方法。下面就有关内容作简要介绍。

1)陈氏十项评价标准

① 宗旨是否明确,不同词典有不同的评价标准;② 收词是否全面,相对于词典规模(size of dictionary)、宗旨和类型而言;③ 立目(establishment of lemmas)是否合理,要有针对性和科学性;④ 义项(sense)是否分明,要层次清楚、条理分明;⑤ 释义是否精确、正确、明确、精练;⑥ 注释是否完备,注意一贯性、系统性;⑦ 术语是否标准,以语言文字标准机构审定公布的为准;⑧ 参见是否严密,是否有纰漏和重复;⑨ 例证是否典型,能强化和补充释义、显示使用句式、提供实用知识等;⑩ 检索是否便捷,编排科学、层次分明、查检方便。

2)词典宏观质量评价

宏观质量体现在辞书的设计和整体结构上,包括其内在知识体系和外观形式结构两个方面，它是一种规范，评价就是建立在规范的基础上。① 宗旨明确，特色鲜明：编纂宗旨决定词典的性质特征、用户群体和词典规模；② 设计合理，原则清晰：要有政治性、知识性、原创性、规范性、系统性、客观性、简明性和检索性；③ 收词全面，选录平衡：在规模和宗旨的制约下，确保内容的全面性，避免各方面词汇畸轻畸重；④ 立目合理，标准统一：按衡量尺度取舍，避免自由组合和非独立词素成条；⑤ 体例规范，前后一致：编纂操作遵循设计体例，全书贯穿始终；⑥ 方法得当，信息可靠：使用现代技术或数字手段，语证要取自真实语言实例；⑦ 出版质量高，外观视觉好：从装帧质量、印刷质量、排版质量和校对质量全面衡量；⑧ 出版价值高，社会影响大：从社会反映、经济价值、使用价值和学术价值综合权衡。

3）词典微观质量评价

市场上的词典种类繁多，每一词典都有其个性特点，评价标准只能概括性地针对一些共性特征。① 义项分明，编排有序：有统一划分原则、科学标注、明确区隔和合理排检；② 释义准确，表述规范：释义和译义准确、客观、规范，表述简单、合规；③ 注释明晰，表述简洁：句法、搭配、语用和附加信息清楚，一目了然；④ 例证可靠，功能突出：取自规范、真实的语料，突显语词的语义和用法；⑤ 插图典型，表义明确：图形须与释文相呼应，指物典型，表义鲜明；⑥ 层次清楚，检索方便：词条（entry）各信息板块区分清楚，内部索引科学而明快；⑦ 参照完备，标志清楚：参见体系能互通互联，互相补充，关联路径清晰；⑧ 附录实用，内容相关：资料要新颖、可靠，与词典正文密切相关，能对正文内容形成有益补充。

⋈ 词典评价的原则方法

规范地评价词典一是要遵循一定的原则标准，二是要用适当的方法。词典评价，就是依据一定的辞书规范，全面、系统地考查一部词典，然后才能确定从哪些方面和用什么方法来评价。

1）词典评价的原则

词典的规范反映为若干编纂原则，词典评价原则的主要作用是规范评价行为，避免罔顾事实，人为拔高或贬低某种辞书。① 客观性原则：要对评价对象进行细致考查分析，根据实际情况进行评价陈述，避免夸张、虚构和过分褒贬；② 全面性原则：要在对词典的全部或部分（某些方面）进行全面、系统的分析后再做判断，避免以偏概全，以个别问题来否定整体；③ 学术性原则：以学术争鸣的态度来对待辞书中的创新和问题，褒扬不宜拔高，批评不宜贬低，避免讥讽语言；④ 评、论结合原则：以实例为佐证来阐述词典的优点或问题，以词典学及相关理论为依据对这些现象进行分析和阐述；⑤ 褒优贬劣原则：旗帜鲜明地褒扬具有原创性的优秀作品，鞭挞抄袭、拼凑的劣质之作。

2）词典评价的方法

评价是多方面的，有局部与整体评价、鉴定性与批评性评价、评奖性与审查性评价等。科学的评价就是针对不同的辞书或不同的评论目的，采用不同的评价方法。① 全面介绍法：对词典的设计、体例结构和收词特点、释义和例证，以及附加信息、插图和附录等进行全方位的介绍和评论。② 总体评论法：对编纂宗旨、体例设计、知识信息、编纂质量、印刷和装帧等做总体评价。③ 问题解述法：提出一些具有词典学意义的问题，然后结合词典及相关理论逐一分析和解答。④ 标准观照法：一是根据评价标准来查验词典，以客观数据加主观经验的方法进行评价；二是根据词典前言和凡例等提及的词典编纂特色和规定对它进行评价。⑤ 比较分析法：对同一类型的几种词典进行横向比较，或对同一词典的不同版本或全部版本进行纵向比较，从中发现词典的创新与特色。⑥ 学术探讨法：以学术研究为目的，在特定的语言学或/和词典学理论框架下对词典的某些方面进行学术评价。

辞书评论的方法很多，这里提及的只是常见的几种。采用什么样的评价方法，取决于辞书评论的性质、目的，以及评论人员的素质等因素。此外，还可以采用多种方法相结合对辞书进行评论，如单部词典对比与多部词典对比相结合、横向对比与纵向对比相结合、编者角度与用户角度相结合等评论方法。

  总之，客观的评论标准和宏观的评论原则是辞书评论的重要基础，科学的评论方法是辞书评价标准和原则得以实施的重要保证。在词典发展的历史上，词典评价在词典学的建设中发挥重要作用，关于词典评价的理论和方法也是词典学研究的重要方面。

参考文献

陈楚祥. 1994. 词典评价标准十题. 辞书研究，（1）: 10–21.

高兴. 1997. 论我国辞书评论的历史及现状. 辞书研究，（4）: 1–11.

高兴. 1998. 辞书评论写作漫谈. 辞书研究，（2）: 96–105.

章宜华，黄建华. 2000. 关于双语词典评奖的几点思考. 辞书研究，（4）: 65–72.

章宜华，雍和明. 2007. 当代词典学. 北京：商务印书馆.

邹酆. 1994. 论我国辞书评论的现状、任务和改进途径. 辞书研究，（1）: 41–50.

词典史　　DICTIONARY HISTORY

  词典史（dictionary history）是词典学（lexicography）理论研究的组成部分，指从历史的角度对一定社会文化背景下标志性词典（dictionary）的编纂、出版、使用、评论、修订、研究脉络等进行梳理而形成的发展史。

☙ 词典的历史起源

  从最早的文字记载推断，词典编纂（dictionary making / dictionary

compilation）在中东已有4 000多年的历史，是词典的起源地。公元前2 500年，世界上第一批图书馆在美索不达米亚南部地区诞生，馆中收藏了许多涉及内容广泛的苏美尔词集刻板。这些词集是词典的萌芽状态，文字载体是苏美尔的楔形文字（cuneiform）。

世界上最早的词典（表）是双语词典（bilingual dictionary），是伴随着不同民族之间的军事征服而带来的文化和语言同化、书面翻译需求而产生的。约公元前2340年，北部邻邦闪语部族阿卡得征服了苏美尔，阿卡得人编纂了苏美尔语和阿卡得语对译的双语词表，这比词集又推进了一步，具有更多词典的形态和功能，这是世界上第一部词典的源头。但词表（glossary）缺少最核心的释义要素，所以还不是真正的词典。

约公元前1000年，古印度人罗列了《吠陀经》（Veda）中的一些难词，并把它们汇集成册，制成词表，以便于传教，这是古印度词典编纂的开端。英语词典的编纂起步较晚，即使从《莱登难词汇编》（The Leiden Glossary）算起也只有1 100多年的历史。

在中国，词典的源起与字书有密切关系。约成于春秋战国时的《史籀篇》是见于著录的最早的字书之一，被看作是规范当时语言和文字的标准，用大篆字体书写。后来出现了既有语言文字规范功能，又具教授学童识字功能的蒙学类字书，例如，李斯作《仓颉篇》、赵高作《爰历篇》、胡毋敬作《博学篇》等。字书没有现在的解述形式释义，但其"罗列诸物名姓字，分别部居不杂厕"（汉·史游，《急就篇》）的汉字罗列方式开创了义类词典的体例（format guideline）。先秦真正意义上的词典正是来自于这种义类体例。公认第一部真正意义上的词典是战国末期，相传为齐鲁儒生所编的《尔雅》，至今有2 200年左右的历史。其宏观结构（macrostructure）采用义类排检体例，微观结构（microstructure）为聚合编排，用同一释义语解释一批同类被释字，这些释义语主要是对散见于各类经典中的随文释义材料的整理。在宋朝《尔雅》被列为"十三经"之末经，作为解读前十二经的工具书。从以上可见，词典起源有两个突出特点：

（1）东西方词典的起源不同，但后来都归于难词传统和服务于文献解读的需求，形式以训诂材料纂集为主。最早的西方词典主要来自军事征服带来的语言交际以及文化同化需求，以双语词典（词表）为主，东方词典起源没有这一传统，主要是服务于经典解读，如《尔雅》等。但后来西方词典的编纂也向古典文献解读需求靠近，如在古希腊，有公元前5世纪的普罗泰戈拉（Protagoras）对荷马史诗《伊利亚特》（*Iliad*）、《奥德赛》（*Odýsseia*）中不为人熟悉的语词进行解读的词集等。在这些辞书中，词目大多数是古典经文疑难用语汇编，都遵循以易释难、以今释古、以方释通的训诂学释义传统。在这一过程中，所谓"权威人士"（如传道士、和尚、绅士、读书人等）解读古代经典文献时，语料来源（source of material）主要是名篇经典的字里行间、页边的随文注释。

（2）字表、词表和字书是词典的萌芽，对词典体例（format guideline / style guide）的形成有重要作用。这些词典的早期形态，虽缺少现今的释义元素和其他注释信息，但为便于快捷地检索字词，它们在分类编排字词方面形成了初步的义类排检方法，随后的中外古代词典在此基础上又创造了部首编排法、主题编排法、字母编排法、篇章顺序编排法等，它们为词典宏观结构（macrostructure）的产生和定型奠定了基础。词典产生后，词典史研究的核心是语文词典史的研究。

☙ 欧美语文词典的发展

欧洲最早的词典是古罗马人编写的双语词典，主要是拉丁语与其他语言的对译，例如，约6世纪出现了希腊语-拉丁语词集，拉丁语-希腊语词集。在中世纪，欧洲出现了很多这类词集，从14世纪末期或15世纪初，这些词集汇编起来逐渐演变成了双语词典。譬如，1492—1495年间西班牙出版了《拉-西，西-拉词典》（*Dictionarium Latinum-Hispancum, Hispanicum-Latinum*）。其他欧洲国家的情况类似，在这个时期以英、法、德、西等语言为词目词（entry word）的双语词典陆续出现，1539年至1661年欧洲出版了近200种双语词典。1539年，艾斯蒂安

（Robert Estienne）的《法-拉词典》（*Dictionnaire Français-Latin*）问世，被认为是法国第一部真正的词典。1552年，赫洛特（Richard Huloet）采用拉丁语和英语对英语词目加以释义，出版了《英-拉字母顺序词库》（*Abcedarium Anglico-Latinum*），这将英语单语词典编纂向前推进了一大步。此后，词典出版逐渐突破了"拉丁系"的单一系列，种类迅速增加。例如，《法英词典》（*A Dictionary of French and English*，1571）、《西法大词典》（*Diccionario Muy Copioso de la Lengua Española*，1604）、《法英词典》（*A Dictionary of the French and English Tongues*，1611）等。

17—18世纪的西欧文坛盛行新古典主义，学者们开始重视语言的稳定性和规范性，开始用词典编纂的方法来规范语言的发音和语义。例如，约翰逊（Samuel Johnson）1746年受邀编写的《英语词典》（*A Dictionary of the English Language*），就是为促进英语的规范化而发起的。19世纪，历史比较语言学（historical comparative linguistics）成为欧洲语言研究的主流，学者们又开始对语言追本求源。这种环境催生了著名的《牛津英语词典》（*Oxford English Dictionary*，1928），这是一部按历时原则对词汇追根溯源的大词典。1798年，一位教师编纂出版了美国历史上第一部英语词典《学生词典》（*A School Dictionary*），之后又相继出现了韦伯斯特（Noah Webster）编的《简明英语词典》（*A Compendious Dictionary of the English Language*，1806）和《美国英语词典》（*An American Dictionary of the English Language*，1828）。这些词典为后来的梅里亚姆-韦伯斯特（Merriam-Webster）词典家族奠定了基础。

20世纪（尤其是第二次世界大战后）是英语词典编纂的繁荣期，相继出版了朗文（Longman）、剑桥（Cambridge）、钱伯斯（Chambers）、柯林斯（Collins）、兰登书屋（Random House）等系列词典，以及法语的罗贝尔（Le Robert）、拉鲁斯（La Rousse）系列，德语的杜登（Duden）系列等著名辞书。

☙ 汉语语文词典的发展

语文性词典在中国有着悠久的发展历史。古代汉语的字和词没有严格的区分，且从古至今，汉语的字典（dictionary of Chinese character）和词典在编排体例和内容安排上只有侧重点的区分，没有本质的差异，因此汉语语文词典史的讨论范围包括字书、韵书、字典、词典、句典等。

根据汉语语文词典的类型、价值、体例，以及对汉字属性描写方面的变化，我们把从古至今的中国汉语语文辞书的发展历史分为以下四个阶段。

1）古代期

中国辞书史上第一部标志性的训义辞书是战国末年的《尔雅》，第一部解说方言的辞书是西汉时期扬雄的《方言》，第一部解说汉字的辞书是东汉许慎的《说文解字》，第一部语源词典是汉末刘熙的《释名》。这一时期的辞书奠定了汉语词典的基本编纂范式，包括编纂宗旨、核心类型、基本体例、释义原则和检索方法等，有些沿用至今。从中古开始，汉语词典沿着"雅书"系、"六书"系、字典系、韵书系四个方向发展，并各自出现一系列标志性词典，如《广雅》（三国·魏·张揖）、《六书故》（元·戴侗）、《玉篇》（南朝·梁·顾野王）、《广韵》（北宋·陈彭年等）等，至《康熙字典》（清·张玉书等）达到了古代辞书的高峰。

古代时期的词典理论体现了四大传统：字词的共时、历时语言属性混收的泛时编纂观；多义词内部历时引申义序；文献考证型释义思路；以《康熙字典》为代表的刚性语言文字规范主义思路。

2）转型期（含小调整期、低谷期）

转型期从1898年《马氏文通》的出版，一直延续到20世纪70年代末。从词典的代表性成果来看，可分为两期：一是转型期，二是转型后的小调整期和低谷期，基本以1949年中华人民共和国成立为界限。

在清末民初，词典编纂的理论首先实现了转型。有两个标志：一是传承改造方面，章太炎在1906年把"小学"重新命名为"中国语言文字之学"，实现了传统小学、语文学向语言学转向；二是引进改造创新方面，1898年《马氏文通》出版，这是一部语法书，其字、词（书中仍用"字"，如"动字"）内涵外延二分的理念已经初步形成，这直接导致了字典与词典在民国时期成功实现了二分。自《马氏文通》始,大量西方的语言学理论特别是词汇学理论被引进国内,在赵元任、黎锦熙、王力、吕叔湘等大家的消化改造下,形成了鲜明的词义观和词类观,这些理论直接反映在词典的释义上:民国时期的词典释义 [dictionary definition / lexicographic(al) definition] 已经自觉照顾到每个词的词类及语法功能、搭配特点。这两方面理论的转型标志着词典指导理论已经由小学理论转变到了现代语言学理论,而汉语词典的编纂理论也由古代向现代转变。《中华大字典》《王云五大辞典》《辞源》《辞海》等是这个时期的典型代表。

民国是汉语辞书发展的重要转型期,古代四大辞书编纂传统转到了四大现代辞书编纂传统:以共时描写为主、注重共时词义和用法、重视自编例、引导性规范主义为核心。

从1949年到20世纪70年代后期的第一次辞书规划(1975年),辞书的编纂实践以及理论探讨进入一个特殊时期。1949年到"文革"前,可称为小调整期。"文革"十年可称为低谷期。在小调整期,辞书编纂的导向发生了变化,其主要目的是满足民众扫盲及初级文化程度的人提高文化水平的需求。这一时期,辞书产品趋向简单化、单一化和无序化,数量上有较大萎缩。"文革"十年的低谷期甚至出现了"辞书荒漠化"现象,《现代汉语词典》也是由于"文革",一直延期到1978年才正式推出第一版。

3)繁荣期

繁荣期的开始有三个标志性的事件:① 两次成功的辞书编纂出版规划。"文革"十年中辞书事业的萧条,使相关政府部门认识到,要以政府行为整合出版社、编者等力量,重振辞书事业。1975年开始的第一次辞书编纂出版规划,短短十年内,规划出版了《汉语大字典》《汉语大词典》《现代汉语词典》等语文辞书中的扛鼎之作,一改"辞书荒漠"的局面。1988年,相关部门又组织了第二次辞书编纂出版规划,以专科词典(specialized dictionary / subject dictionary)和少数民族词典为主,兼顾中外语文辞书、百科全书(encyclopedia),编纂了大量新类型的辞书。②《现代汉语词典》的出版。1978年，在现代语言学（特别是词汇学理论）指导下编纂的中型规范性语文词典《现代汉语词典》正式出版，这是一部带有共时、描写、规定、教学色彩的，服务于普通话词汇推广的创新之作，是新时期汉语词典的典型代表。继而，全国全面掀起了编纂和出版语文词典（language dictionary）的热潮。③ 以《辞书研究》等期刊和辞书学会及各专业委员会为中心形成的词典理论研讨和交流平台。此外，还有各种词典学研究文集、词典专著的出版。这些理论阵地为中国辞书的创新发展起到了重要的推动作用。

ᛘ 汉语词典的二次转型期

大约在20世纪末，国内学界加强了语言学理论的引进与改造应用工作，认知语言学等流派中的理念慢慢演绎进词典编纂中，使词典编纂的指导理论更具前沿性。

随着母语教学越来越受重视，以及国际汉语教学（汉语作为第二语言的教学）在全世界的兴起，学习词典（learner's dictionary）成为推广汉语有效、直接的工具和教学资源。这成为汉语词典编纂由意义重心向用法重心二次转型的最直接的推动力。现代学习型词典择取最新的、最适用于教学的语言学指导理论，应用于词典编纂，创造出如词汇控制、元语言、词类标注、用法说明、文化标注等以用法为中心的当代词典编纂理论，出现了如侧重母语教学的内向型的《现代汉语学习词典》（商务印书馆，2010）、侧重二语教学的外向型的《商务馆学汉语词典》（商务印书馆，2006）等标志性词典样本。

当代词典理论二次转型具有五大新转向：① 词典类型（dictionary type）由被动查考型向主动生成型转型，由释义中心向用法中心转型；② 由描写主义向认知功能主义、用法描写主义、语言知识规定主义并重转型；③ 由文献义项及书证为标志的文献主义向以符合认知心理的用法描写、自编例为标志的语用主义转型；④ 从编纂技术上看，由传统的卡片载体、勾乙式手段向语料库、数据库与信息挖掘、全文检索、语义网络等以信息化为代表的新兴技术转变；⑤ 词典编纂由传统和现代的主观内省思路逐渐向经验与客观化、量化并重的思路转型。

  2013 年 10 月 30 日，国家新闻出版广电总局下发了《关于印发〈2013—2025 年国家辞书编纂出版规划〉的通知》(新出政发〔2013〕9 号)，这被辞书界称为第三次辞书编纂出版规划，是中国由辞书大国迈向辞书强国的重要攻坚阶段。辞书创新是核心，这将有利于促进汉语词典发展二次转型的顺利完成。

参考文献

亨利·贝戎. 2016. 英语词典编纂史. 裘安曼，译. 北京：商务印书馆.

黄建华，陈楚祥. 2001. 双语词典学导论. 北京：商务印书馆.

刘叶秋. 1992. 中国字典史略. 北京：中华书局.

王东海，王丽英. 2013. 汉语辞书理论史热点研究. 北京：商务印书馆.

徐时仪. 2016. 汉语语文辞书发展史. 上海：上海辞书出版社.

雍和明. 2017. 英语词典史. 北京：商务印书馆.

雍和明，罗振跃，张相明. 2006. 中国辞典史论. 北京：中华书局.

章宜华，雍和明. 2007. 当代词典学. 北京：商务印书馆.

赵振铎. 1986. 古代辞书史话. 成都：四川人民出版社.

Collison, R. L. (Ed.). 1982. *A History of Foreign-Language Dictionaries (The Language Library)*. Oxford: Blackwell.

Green, J. (Ed.). 1996. *Chasing the Sun: Dictionary-Makers and the Dictionaries They Made*. London: Jonathan Cape.

Starnes, D. W., Starnes, E. T. & Noyes, G. (Eds.). 1991. *The English Dictionary from Cawdrey to Johnson, 1604–1755*. Amsterdam: John Benjamins.

词典释义

DICTIONARY DEFINITION / LEXICOGRAPHIC(AL) DEFINITION

本词条也可参见【词典释义方法】。

词典释义 [dictionary definition / lexicographic(al) definition] 指对词典（dictionary）中的字头、词头（headword）的语义进行注释和解释，通常包括对被释义词/字基本语言属性和用法的注释。

词典释义原则上是一种单纯的语言解释，一般是通过对词目词（entry word）动态使用的语境分析，抽象出以概念为核心的复合语义表征并用适当方法表述出来。

❀ 释义的源流

古代的汉语无词，也无"词典""字典"（dictionary of Chinese character）的概念，具有字典功能的工具书叫作"字书"。最早解释汉语字词语义的工具书叫《尔雅》，是中国历史上最早具有词典特征的辞书，也是第一部按意义分类编排的词典。《尔雅》被认为是训诂学的鼻祖，有人说它是一部义训专著，有人称它是一部同义词词典，但从实例分析来看，这些说法都不太全面，因为《尔雅》在"直训"的基础上，还有其他释义方式。有不少条目是通过描写性或说明性语言来解释其意义的，对于山川、地名、河流等专有名称，一般都通过描述其方位来解述；此外，还有少量的条目运用了声训的方法。

《说文解字》（简称《说文》）是中国史上第一部分析字形、解说字义、辨识读音的语言工具书，在释义方面借鉴了前人的经验，也有不少创新，其主要释义方法可归纳如下：

（1）以形解义。根据释义对象的字形结构，把字形与字义结合起来加以说明,以字形的分析确定字义的解释。例如,《说文》巫:祝也。女能事无形,以舞降神者也。象人两褎舞形。再如,《说文》刃:刀坚也。象刀有刃之形。

(2)以声寻义。以声音作为线索,推寻字义的产生和由来,使用户能"依声而知义"。大体分为两类,一是使用同音字或双声叠韵字来解释其意思,二是先说明字义再从声音上说明命名的由来。例如,《说文》户:护也;《说文》祠:春祭曰祠,品物少,多文词也。

(3)阐明义界。用简明的语言把被释义字所指内容概括出来:①用概括的方法说明字义,如《说文》页:头也;《说文》面:本作靣,颜前也。②用描写的方法形象地表达字义,如《说文》炎:火光上也。③用叙述的方法具体说解字义,如《说文》巢:鸟在木上曰巢,在穴曰窠。从木象形。

(4)互为训释。选择两个及两个以上意义和用法相近的字彼此互为解释。①两字互训。例如,《说文》问:讯也;《说文》讯:问也。②多字循环为训。例如,《说文》讥:诽也;《说文》诽:谤也;《说文》谤:毁也。

(5)旁征博引。大量引用古典文献和名家之言作为佐证,增强释义的权威性和可信度。这种引证不但起语证作用,而且有时可直接解义。例如,《说文》俀:威仪也。从人,必声。《诗》曰"威仪俀俀"。再如,《说文》乌:孝鸟也,象形。孔子曰:"乌,云呼也!"取其助气,故以为乌乎。

《康熙字典》是史上第一部以"字典"命名的官修汉语工具书,以其系统性、权威性、规范性和实用性著称,其释义博采众长、全面翔实,是历代优秀字书的总汇或集大成者。每字之下先列《唐韵》《广韵》《集韵》《洪武正韵》等书音切,然后进行语义注释,广征经典字书释义和典籍例句,有所考证则附于后。例如,"考:〔古文〕攷【唐韻】【廣韻】【集韻】【類篇】【韻會】【正韻】丛苦浩切,音栲。"然后,列举了"说文""佩觿""书·洪范""诗·大雅""释名"等30余种字书和典籍义训和例句。最后给出了考证:"考證:〔【佩觿】考从丂。丂,苦果反。〕謹照原文苦果反改苦杲反。"

由于《康熙字典》采用"悉取旧籍,次第排纂"的切音解义方法,书中释义大多数是前人的"训释罗列",鲜有编者自己的见解;其中疏漏和错误较多,王引之等《康熙字典考证》12卷,纠正其讹误2588条。当代辞书学者研究发现其错误数量远远不止这些。瑕不掩瑜,它仍是中国辞书史上的重要里程碑,其文字、音义、书证被广泛引用,成为后世词典编纂(dictionary making / dictionary compilation)的重要参考文献。

❀ 词典释义的发展

从中国辞书发展的实际来看,最早的词典释义实际上是"训诂"。传统的训诂学可归纳为三种训释方法:形训、声训和义训。形训指借形辨义,通过分析文字形态结构来解释字义;声训指因声求义,根据词与词之间声音比较来推求词义;义训,指借用其他字的意思来直接解释词义,包括直训、描写、义界和譬况等。

(1)直训是用一个意义相近的字直接解释另一个字,如《说文》皇:大也;《风俗通》天也。直训又包括互训、递训和反训等几种。

互训是以意义相同之字,相互训释,如《尔雅·释宫》:宫谓之室,室谓之宫。

递训用意义相通的字依次递进迂回解释,如《庄子·齐物论》庸:为是不用而寓诸庸。庸也者,用也;用也者,通也。

反训指用反义词来解释,如《尔雅·释诂》乱:治也;《玉篇》乱:理也。

(2)描写指对被释词所指的特征、形状、位置、作用等予以解释,如《说文》缶:瓦器,所以盛酒浆,秦人鼓之以节歌。

(3)义界指做定义式解释,如《说文》斗:大升也;《前汉·律历志》斗:斗者,聚升之量也。

(4)譬况指用熟知的事物去比方不熟悉的或难以言状的事物,如:

黑，《说文》火所熏之色也。

　　现在，词典释义经历了长期的发展，释义方法不断改进、增加和细化，释义分为"释名"和"释物"两大类，前者是以释义的形式来描述语言符号的指称内容（designatum）——物质世界和抽象世界在人们大脑中的反映，适合于语言词典（linguistic dictionary）的释义；后者主要揭示语言符号的指示物（denotatum）——人们大脑直接感知的客观物质属性，包括所指物的性质、外观、数量、占有空间以及起源、演变、历史和现实功能等特征，用于百科全书类辞书的释义。但当今许多释义方法都还能看到训诂之义训的影响，甚至是在训诂基础上发展而来的。譬如，在"释名"方面，"直训"发展成为"直接释义法"，包括同义对释、反义否定释义（definition by negation of antonym）、交叉释义和义素对释等，"义界训释法"发展为"解述性释义"（paraphrastic definition），"譬况训释法"发展为"指物释义"（ostensive definition）；而复合释义法，包括并列释义、选择释义、重叠释义、重复释义等是从《说文解字》《康熙字典》等广泛"引证"的训释方法中得到启示，从多角度解释，相互印证和补充，使得释义愈加明确。在"释物"方面，对百科全书（encyclopedia）和百科词典（encyclopedic dictionary）的释义则是对训诂之"描述训释法"的拓展，其释义的思路基本一致，只是释义的详略度和适应范围都有很大的扩张，如若被释义词指称的是事件，则释义应涉及事件的起因、形成、状态、能量、历史和现实影响等。

　　自20世纪30—40年代，英语学习词典开始萌芽以来，词典释义逐渐有了很大的改进。首先，释义要具有简单性，不宜用比被释义词难度更大的词进行释义，不宜纯粹用直接对释进行释义，要避免循环释义。这样，就出现了控制性释义词汇（controlled defining vocabulary），语境释义和句子释义等新型释义方法，那些训诂常用的直训法，如"互训""递训"就成了需避免的"不良"释义方法，因为研究发现，一种语言中真正的同义词是很少的，"同义词"之间都会有细微的差异，适合于特定的语境，表达一个特别的含义等。积极型词典（active dictionary）应尽量避免单纯的同义对释，一是容易影响用户对词的准确理解,二是极容易引起循环释义(即用B释A,C释B,A释C),用户费劲查阅却无法得其真正的含义。现在,释义的简洁性、简单性和闭环性,控制性释义词汇的适宜性,使用查检的用户友好性(易查易解)将是词典释义的不懈追求。

☙ 词典释义研究

词典作为词汇的知识信息库,就是专门为了解决交际过程中的词义问题而设计的;所以释义是词典编纂的核心问题。调查显示,绝大部分人查阅词典的首要需求是"词义",然后才是"读音""搭配"和"用法"等信息。因此,词典释义一直是国内外辞书学者研究的热点问题。

在词典出现的早期,其基本构成要素就有比较系统的释义,并注意到多民族的语言交流和同一民族语言中的标准表达方式,但并没有系统的研究,直到词典进入发达时期有了完善的结构体系和系统的释义方法后,学术界才开始研究词典的编纂技巧和释义的理论方法。20世纪80年代,学者们对释义方法进行了归纳,认为释义方式有:语词式、说明式、描写式、定义式、插图式、综合式等。这些释义方式又可概括为对释式释义(definition with synonym or antonym)和解说式释义(interpretative definition)两种,前者是语词式,包括同义词对释(definition with synonym)、词语交叉对释(intersectional definition)、反义对释(definition with antonym)、限制性同义对释(definition by synonym with condition),后者则包括解述性释义、描述性释义(descriptive definition)、定义式释义(逻辑定义和说明定义)。综合式是多种方式的结合,包括并列式、选择式、交叉式、重叠式等,这两者都可以用这种方式组建释义。汉语语文性辞书的释义方式大致可分为5种类型:语词对释式、定义式、描写和说明式、图表式和综合式。

在西方词典学中,学者们根据自身语言特点提出相应的释义方法,如形态-语义释义(morpho-semantic definition)、实质性释义(substantial definition)、关系释义(relational definition)和解述性释义,后者包括上下义释义(definition by hyponymy)、迂回性释义

（periphrastic definition）、分析性释义（analytical definition）、反义否定释义和指物释义（ostensive definition）等。自20世纪80年代中后期，随着英语学习词典的繁荣兴起，用户视角（user's perspective）的词典释义日益受到学者的重视，满足用户查阅词典的需求成为词典编纂和释义的中心任务。有学者开始结合语言习得理论，研究学生查阅词典释义的认知心理活动，以及词典释义与用户知识结构和接受视野之间的关系，先后提出了不少释义理论和释义原则方法，成为学习词典（learner's dictionary）释义发展过程的里程碑。主要列举如下。

（1）控制释义用词。释义词原则上要比被释义词更容易解读，释义和注释用词要简单，行文要简洁。英国学者韦斯特（Michael Philip West）与恩迪科特（James Endicott）合作第一次尝试用1 490个释义词汇编写了《新方法英语词典》（*The New Method English Dictionary*）。这是英国第一部面向 EFL 学习者的词典，1935年由朗文出版。在20世纪80年代，学习词典普遍把释义用词（defining vocabulary）控制在2 000—3 000词左右，释义中若有生词要在同一词典中能够查得，保证词典知识系统的闭环性。

（2）释义语法条件。按生成语法的观点，句法是第一性的，意义是建立在句法结构上的。因此，语法条件成为词典义项（lexicographic sense）确立及其释义的基础。由于常用词大多具有多义性，而义项（sense）的区别通常取决于其句法搭配结构和使用语境。因此，学习词典在释义前首先要提供句法模式（lease [Tn, Tn. pr，Dn.n]）、搭配结构（resolve：[*fml*] on/up/against sth./doing sth.）、使用或限制性语域（splice[*nautical*]）和语法说明（recognize: BrE [*not in progressive form*]）等。

（3）原型化释义。原型（prototype）是人的心理映像抽象出的某一范畴物质或事物中最典型、最具代表性的成员。每一范畴中所有成员相对于原型都有一组共享语义特征和一些区别特征，原型释义的实质就是通过语料或语言实例分析抽象出范畴词汇的共同特征，在对个别成员进行解释时只需说明其原型或原型特征，指出其区别特征即达到释义目的。譬如蒲公英，原型是"花"，加上区别特征为"个小、黄色的野生花，果实可随风飘扬"。

（4）范畴化释义（categorized definition）。主体对客体的概括获得范畴，对范畴的认知思维形成概念，概念因需一定形式表征出来便固化在特定的词汇上（词汇化）；语义的建构是范畴概念化的过程，而语义解构是概念范畴化的过程。因此，用范畴化的方法进行词典释义，范畴成员之间的语义关联与差异会随着范畴化而有序组织起来，包括概念、物种、事件、行为和词族等范畴。例如，"absence, absent（v.）, absent（adj.）, absenteeism"这个词族就可用同一语义结构来释义。

（5）情景化释义（situational definition）。语义产生于特定的情景或语境中，并在语境中得到解释和理解，语境的变化能引起话语语义的变异。20世纪80年代，柯林斯COBUILD学习词典认为"短语释义"+"语法条件"缺乏连贯性，直接把被释义词放在特定句子结构中，开创了完整句释义（full-sentence definition）和单一时间从句释义single-clause when-definition）。这种释义读起来更自然，并能提供句法、搭配和语用信息，但也存在限制过多、句法结构不完整和内涵表达不足等弱点，因此学界讨论得很热，但用户却不太接受。后来，其他词典也部分使用了单一时间从句的释义模式，以补充短语释义的不足。

（6）多维度释义（multidimensional definition）。在语言教学中，情景会话、多媒体场景、多模态视频等手段能营造出语言习得的语境，提高学习者输入（input）的可理解性，促进输入（input）向摄取（intake）的转化。由于"短语+语法"只能提供一些离散的释义语境片段，句子释义存在语境限制过度和语义成分表述不足的情况，需要用一种综合表征"句法-语义-语用界面"的方法进行释义，这就是基于论元结构构式的意义驱动多维释义（multidimensional definition）。释文的前半部由语言事件抽象出的原型论元结构构式作为释义条件，后半部分则是解释该构式中词目词的原型意义。这样，语词的搭配结构、原型搭配成分、使用语境等都可通过释文清楚呈现出来。

迄今为止，词典释义研究大多是针对单语词典编纂而言的，但也有不少以释义为研究双语词典（bilingual dictionary）对等词的文章。但严格地讲，双语词典不涉及释义，不必像单语词典那样通过语料库模式分析（corpus pattern analysis）来解释词目词的语义，而是用目标语去翻译原语词的语义,即译义。它与单语词典的释义既有联系又有区别。

参考文献

符淮青. 1980. 词的释义方式. 辞书研究,(2): 158–169.

符淮青. 1990. 词典释义的特点和词典学的学科地位. 辞书研究,(6): 20–22, 45.

黄建华. 2001. 词典论. 上海:上海辞书出版社.

章宜华. 2001a. 释义的性质、方法与结构——法语主流词典的释义问题探讨. 现代外语,(3): 250–258, 249.

章宜华. 2001b. 西方词典的释义类型与释义结构. 辞书研究,(1): 39–50.

章宜华. 2001c. 意义—篇章模型及其释义功能. 现代外语,(3): 26–34, 25.

章宜华. 2002. 语义学与词典释义. 上海:上海辞书出版社.

章宜华. 2006. 认知语义结构与意义驱动释义模式的构建——兼谈外汉双语词典的释义性质与释义结构. 现代外语,(4): 437, 362–370.

章宜华. 2008. 对外汉语词典多维释义的概念结构探讨——对外汉语词典与《现代汉语词典》的对比研究. 学术研究,(5): 142–147, 160.

章宜华. 2013. 基于二语认知视角的词典需求分析与多维释义. 外语界,(6): 39–48.

章宜华. 2015a. 二语习得与学习词典释义研究. 北京:商务印书馆.

章宜华. 2015b. 基于论元结构构式的多维释义探讨. 现代外语,(5): 624–635, 729–730.

章宜华. 2017. 基于范畴图式—示例关系的释同与解异探析——英语学习词典范畴化释义研究. 外语教学与研究,(2): 240–253, 320–321.

章宜华,黄群英. 2000. 词典释义研究的沿革与发展趋向. 现代外语,(4): 371–382.

章宜华,雍和明. 2007. 当代词典学. 北京:商务印书馆.

Robert, L. & Dziemianko, A. 2006. A new type of folk-inspired definition in English monolingual learners' dictionaries and its usefulness for conveying syntactic information. *International Journal of Lexicography*, 19(3): 225–242.

词典释义方法
LEXICOGRAPHICAL DEFINITION METHOD

本词条也可参见【词典释义】【词典释义原则】。

词典释义方法（lexicographical definition method）指为获得最佳的解释效果，根据被释义词的语言功能和语义特征采取的释义方式和表达形式。

自从有了语言交流，就有了词的释义活动，因为在日常交流中对话双方常需对某一用词达成共识，下意识地会借用释义的方法来调整认识偏差，以保证交流的顺畅。同理，人们在阅读或学习时遇到词汇障碍，自然也会通过查阅词典释义 [dictionary definition / lexicographic(al) definition] 来解惑释疑。不过，自然交际中的"释义"是多模态的，除语言外还伴有会话的场景、手势和各种身体语言，因此一般不会出现理解问题。而传统词典释义是单模态的，且涉及的语言类型有很多，释义对象也千差万别，要让人仅凭文字就能轻松理解的确不是一件容易的事情。为此，历代的词典学家们积极开动脑筋，提出了很多释义方法。这里仅就一些有代表性的做简要介绍。

☙ 描述性释义

描述性释义（descriptive definition）指以描写主义的方法对被释义词的指称内容（designatum），包括事物、事件、行为、动作等进行客观的解释。

描述性释义的主要特点不是像传统释义那样用"属+种差"的形式来揭示被释义词的概念意义，因此也无须刻意来分析其"充分必要条件"，而是通过主体对语词所指对象的感知抽象出其物质或心理实体的主要或者典型的性状特征来揭示词义。描述的对象要具有可感知性、可描述性，以此激活用户经验性认知联想，提升对被释义词的理解力。描述性释义可以用于名词、动词、形容词和部分虚词的释义。例如，钉螺[名]：螺的一种，卵生，壳圆锥形；生活在温带和亚热带的淡水里和陆地上；是传染血吸虫的媒介。再如，黏[形]：像糨糊或胶水等所具有的，能使一个物体附着在另一物体上的性质。

描述式释义又分为分析性描写和比喻性描写，如上例"钉螺"中的一些性状不是在主体接触它时能直接感知到的，而是要通过长期观察、分析才能发现的；"黏"的形状通过"糨糊或胶水"的比喻，比单纯用其物理特性去描写更容易为人理解。

✑ 规定性释义

规定性释义（stipulative definition / prescriptive dictionary）是在对某事物或现象做充分调查研究和深思熟虑的基础上提出一个术语，并为其指定一个概念含义。一般适用于由新发现或新发明而产生的新术语，或是对一些社会规约、管理制度、法律法规，以及社会责任和道德准则等的阐述，也可以是实验方法或操作经验的概括。

有别于其他语言陈述，规定性释义所描述的内容无所谓真假，也不存在事实准确或不准确的问题。它是一种规约和规定，或对主流社会价值观的阐释，它表述简洁，表义清晰，没有普通表达那种附加色彩或内涵象征意义。在词典（dictionary）中，规定性释义是以规定的形式说明"X是什么"，大多采用"属+种差"的释义结构。例如，双一流大学：世界一流大学和一流学科建设的大学；再如，绿色建筑：能最大限度利用环境资源、低碳环保、舒适、健康、安全，而且对环境友好的建筑物。

规定性释义还可以用在日常谈话、报刊、文章或研究报告中，用来确定一个词或短语在上下文中的特别意义。例如，网络语言指人们在网络聊天时常用的且带有明显网络色彩的语词和符号。

⚜ 精确性释义

精确性释义（precisive definition）是通过特定的观察值或评估参数对那些概念意义比较模糊的词提供一些语义限定，以降低其模糊度，消除其中那些让人捉摸不定的成分。

精确性释义是对某种规定的细化，是在普遍概念的基础上明确其个性，如指出概念的外延或数字，使模糊的概念明晰化。例如，世界各国都有"贫困线"，这是一个通用的"模糊"概念，因为每个国家的国情不同，对贫困的界定也不一样。如据 2023 年统计，德国的贫困线为人均年收入 1 074 欧元，而越南是人均年收入 480 万越南盾（约合 180 欧元）。两者相差悬殊，这时就需要一个精确参数来界定。如果是涉及德国的词典，释义可以这样处理："poor[穷人] *n.* people living below the poverty line with an individual income less than € 1 074 a year"（生活在贫困线以下，个人年收入在 1 074 欧元以下的人）。前半部分的"贫困线"是一个较模糊的概念，而"1 074 欧元以下"就使模糊概念清晰化。

有时候，可以根据需要省略"模糊"部分，直接给出特定参数进行精确解释。但反过来则不行，例如，"verst *n.* a Russian measure of length"（一种俄国的长度计量单位），这样的释义就起不到解释词义的作用。

⚜ 说服性释义

说服性释义（persuasive definition）是以劝说的方式，使用诱导性语言或编者认定的事实，对一些有争议的或政治性语词进行解释。

说服性释义主要特点是"劝说"或"诱导"，而不是简单的解释或陈述，其目的是影响词典用户对相关问题的认识态度和感受（如拥护或反对），引导他们朝着编者意指的方向来理解被释义词的含义，并按释义的意图指向调整"偏离"的认识或行为。因此，它不刻意描述语词的内涵和外延，而是从用户接受心理角度来考虑措辞，以说服或引导他们接受某些价值观。例如,"资产阶级"(bourgeoisie)在马克思主义理论中被定义为在生产商品的社会中拥有生产资料,占有工人劳动的(剥削)阶级;但西方词典释义则用自己认定的"事实"来诱导用户,如《朗文当代英语词典》(*Longman Dictionary of Contemporary English*,简称LDOCE)把"bourgeoisie"释为"the people in a society who are rich, educated, own land, etc. according to Marxism"(根据马克思主义,社会上富有、受过教育、拥有土地的人)。显然,该释义是以马克思的名义来美化资产阶级。而《现代汉语词典》的释义则为"占有生产资料,剥削工人的剩余劳动、获取剩余价值的阶级"。这更符合事实和社会主义的认识观。

∽ 理论性释义

理论性释义(theoretical definition)是对被释义所指实体(entity)进行科学的理论描述,是科学研究、实验分析的理论升华或科学发现的概念化过程。

理论性释义是在相关的理论框架下揭示语词的理论意义,能为认识相关事物和进一步观察提供一种具有普遍性的推论和探索方法。释义的主旨是描述语词所蕴含的理论思想或观点,如果除去这些内容,释义就会变得毫无意义。

例如,对"正义"的释义并不是简单地指出"公正或正确的道理"的含义,而是尝试建立正义概念的理论思想:指个人按一定道德标准和法律法规对是非、善恶做出的肯定判断,集体或公权力对个人是否得到了应有权利、履行了应有义务做出有效保证。因此,理论释义大多与科学研究、哲学命题和理论方法的构建有着密切的关联,没有真假值区分,只能作成效大小和价值高低的评判。

在词典释义中,要尽可能地从复杂的语料中抽象出语词所蕴含的普遍科学思想,表述简练和简洁。例如,"ecosystem"(生态系统)的释义为"a biological community of interacting organisms and their physical environment"（相互作用的生物与其赖以生存的自然环境构成的生物群落）(《新牛津英语词典》)。

❃ 操作性释义

操作性释义（operational definition）是认知主体通过对某一行为或事件进行一系列观察、认识和识别，根据对观察结果的衡量和判断来描述其操作程序和过程。

概括地讲，就是由研究者通过对研究对象的观察及其结果的描述赋予语词的概念意义。例如，通过对"极谱分析仪"性能的了解和反复使用便会逐渐熟悉"极谱分析"的工作原理及其操作过程，对这个过程进行描述便形成了"极谱分析"的操作性释义。

释义所依据的操作过程必须明确、真实、有效，即不同的人在不同的时间按这个操作步骤来做都会得到相同的结果。这样，释义所反映的现象或数据才具有典型性和普遍意义，才具有词典学价值。操作性释义有以下特征：可观察性、程序性、有效性、可靠性、客观性和准确性。用"事实语言"表述，避免用华丽的辞藻或修辞手段。例如，"煸炒"：原料经刀工处理后，加入少量油入锅，中火不断翻炒，在汤汁将干时，加调料和辅料继续翻炒，把原料炒至干香而成菜。

操作性释义适用于名词和动词，特别适宜一些专业术语（terminology）的命名或释义，释义的内容往往具有百科性和知识性。

❃ 内涵性释义

内涵性释义（intensional definition）是通过阐明语词指称对象在主体映像中的属性——概念特征集来解释其含义。

内涵释义的关键是揭示并表述被释义词的概念特征，包括主观内涵（subjective intension）、客观内涵（objective intension）和约定内涵

（conventional intension）。主观内涵指个人对被释义词的理解，客观内涵是一类事物所共有的属性，约定内涵指语词经反复使用而约定俗成的公认属性。

在实践中，大多数采用实质性释义（substantial definition）和"属+种差"的结构，属词要么是已知的，要么是已有释义的，编者的主要任务就是揭示其"种差"。例如，"乱码"：计算机或通信系统中因出现某种错误而造成的内容、次序等混乱的编码或不能识别的字符。

内涵性释义对应的是外延性释义（extensional definition），指通过列举被释义词的所指对象或同一范畴的个体来表述词的意义。释文由抽象解释和个体事例两部分组成。例如，"素描"：单纯用线条描写、不加色彩的画，如铅笔画、木炭画、毛笔画等；"水具"：饮水的用具，如水杯、茶壶等。

此外，指物释义（ostensive definition）与外延释义有一些相似的地方；不过，它不是描述被释义词所指内容，而是直接通过"引例"来说明语词的属性。

✿ 词汇性释义

词汇性释义（lexical definition）是通过大量语言实例的分析，抽象出一个语言社团对语词的共同认知意义和使用方法，然后用适当的方法表述出来。一般语文词典（language dictionary）的主要目的就是提供词汇性释义。

相对于逻辑释义和百科释义，一方面，词汇释义是一种不完全的、非本质性的释义，其主要目的是通过揭示被释义词的显著特征（不一定是本质属性）使之能与同一范畴的其他词项区分开来；另一方面，词汇释义须较全面地描述语词的语言属性，包括典型的分布结构（distribution structure）和使用规则，有真假值的判断，符合真实语言事实者为真，否则为假。国内外词汇性释义方法很多，这里简要介绍较常用的几种：

（1）形态-语义释义，根据语词的结构形态分为若干意义单位（语素），只对未知单位进行解释，如法语"infanticide : meurtre d'un enfant"（杀害婴儿）。词头（headword）有"infant""cide"两个语素，只对后一个语素释义。

（2）实质性释义，是利用"属"加"种差"来阐释词义，是对"什么是xx"的直接回答。这种方法通常是先给出被释义词的属词，然后指出该词与属词之间的区别特征，从而达到释义的目的。例如，"A pen is a writing instrument."（钢笔是一种书写工具）。

（3）关系释义（relational definition），利用释义修饰成分与潜在修饰对象之间的关系来解释语义，适用于形容词和副词。例如，"étroit（狭窄的）: a peu de largeur"（宽度小的）；"inéluctable（不可抗拒的）: contre quoi on ne peut lutter"（人们无法抵抗的）等。

（4）解述性释义（paraphrastic definition），通过构造一个与被释义词意义相同的句子或短语来解释其词义。分上下义释义（definition by hyponymy）、迂回性释义（periphrastic definition）、分析性释义（analytical definition）、反义否定释义（definition by negation of antonym）和指物释义（ostensive definition）。

① 上下义释义，如"play: to amuse oneself with a game, using toys, running and jumping, etc."（玩耍：通过游戏，用玩具、跑、跳的形式自我娱乐）；

② 迂回性释义，如"angliciser: angliciser un mot, son mode de vie, etc., lui donner un aspect anglais"（使英国化：使一个词或一种生活方式英国化，就是赋予它英语或英国的特色）；

③ 分析性释义，如"sob: to cry while making short bursts of sound as one breathes in because of sadness, or fear"（抽噎：由于伤心或害怕而突然一吸一顿地哭泣）；

④ 反义否定释义，如"fail: to not to do what is expected, wanted or needed"（失败：没有达到预期的、希望的或需要的目标）；

⑤ 指物性释义，如 "buzz: to make the continuous sound that bees make"（发嗡嗡声：发出连续的、像蜜蜂飞行所产生的声音）。

（5）复合释义，对于一些义位跨度较大的词，单一释义无法完全覆盖其含义，需要借助多种方法组合起来释义。

① 并列式释义，如 "recompense: ~ sb. for sth. (*fml*), reward sb. (for his work, effort, etc.); compensate sb. (for his losses, etc.)"［酬报（某人的工作、辛劳等）；补偿（某人的损失等）］；

② 选择式释义，如 "mishandle: to handle or treat roughly, without skill or insensitively"（粗暴地操作或处理，不讲任何技巧或不顾别人感受）；

③ 交叉式释义，如 "resolve: to find a satisfactory way of dealing with (a difficulty); to settle"［找出满意的处理（困难）的方法；解决］；

④ 重叠式释义，如 "snog: (*infml*) to hold and kiss each other, especially for a period of time"（相互拥抱并亲吻，特指持续一段时间）。

（6）功能性释义，通过说明被释义词在某种语言中的分布位置及功能作用进行释义，一般适用于没有概念意义或指称意义的功能词和小品词（虚词）。例如，"if: ① introducing a conditional clause（引导条件从句）; ... ④ expressing a polite request（表示礼貌的请求）; ⑤ expressing an opinion（表达一种意见）"。"之"：〈书〉助 ① 用在定语和中心词之间，组成偏正词组；② 用在主谓结构之间，取消它的独立性，使之变成偏正结构。

与概念释义一样，对词汇的功能解释也需要真实语料的支持，只有通过大规模语料数据的分析和研究，才能正确揭示功能词的各种使用规则。

参考文献

章宜华. 2002. 语义学与词典释义. 上海：上海辞书出版社.

章宜华. 2015. 二语习得与学习词典释义研究. 北京：商务印书馆.

章宜华，雍和明. 2007. 当代词典学. 北京：商务印书馆.

Balgooyen, T. G. 1973. Toward a more operational definition of ecology. *Ecology*, *54*(6): 1199–1200.

Cullen, C. G. & Gale. K. J. 1965. A functional definition of the determinant. *The American Mathematical Monthly*, *72*(4): 403–406.

Kemerling, G. 2011. Definition and meaning. Retrieved Dec 19, 2024, from philosophypages website.

Kishimoto, H. 1961. An operational definition of religion. *Numen*, *8*(3): 236–240.

Palmieri, L. E. 1958. Intensional meaning and second-level predicates. *Philosophy and Phenomenological Research*, *19*(4): 532–535.

Pap, A. 1950. Ostensive definition and empirical certainty. *Mind* (New Series), *59*(236): 530–535.

Pap, A. 1964. Theory of definition. *Philosophy of Science*, *31*(1): 49–54.

Robinson, R. M. 1958. Restricted set-theoretical definitions in arithmetic. *Proceedings of the American Mathematical Society*, *9*(2): 238–242.

Stevenson, C. L. 1938. Persuasive definitions. *Mind* (New Series), *47*(187): 331–350.

Swartz, N. 1997. *Definitions, Dictionaries, and Meanings*. Retrieved Dec 19, 2024, from Department of Philosophy, Simon Fraser University.

Winnie, J. A. The implicit definition of theoretical terms. *The British Journal for the Philosophy of Science*, *18*(3): 223–229.

词典修订　DICTIONARY REVISION

　　词典修订（dictionary revision）指词典（dictionary）出版后对其信息进行修正、补足、求精和更新（updating）的过程，包括对词典在收词、释义、例证以及附录等方面不太完善的地方进行修改订正，以便推出新的版本。

☙ 词典修订的动因

词典有语言属性、文化属性和社会属性，而语言、文化和社会是不断发展的，这些发展的成果最后都会反映到词汇及词汇语义的变化上。有些流行词会随着时间的推移而退出语言交际，另一些则大量涌现出来，而词典应该与时俱进，不断修订才能保持其生命力。词典修订的动因主要有以下几个方面。

（1）语言文化的发展。语言是文化的载体，而词典又是语言的载体，这三者是紧密联系的社会文化现象。词典是语言文化得以记录、传承和传播的重要方式。词典记录最直接的对象是语言，但语言处在不断变化之中，特别是信息时代，网络语言大量进入日常交流，加快了词汇更新的速度。"新词来、旧词去，用则出现、不用则消失，有时就像一阵风。但无论语词的寿命多长、多短，都应该给予定义，让人理解和查询。"（*Dictionnaire Hachette Encyclopedique*，2022：2031）；词典的版本也要随着文化的变化不断修订。

（2）社会生活的发展。我们处在一个变革的社会，人们的衣食住行、社会交流、工作学习、网络通信、交通医疗、生活娱乐等都在不停地变化，而促进这种变化的是现代科学技术的发展。在知识经济时代，新技术、新事物层出不穷，几乎每天都有许多新产品问世、新事物出现、新概念形成、新物种被发现。据有关统计，每年发现的新物种有成千上万种，各种语言每年都新增几百到上千不等的普通词汇。如果词典长时间不修订，根本无法满足用户的真实需求。

（3）知识载体的发展。20世纪90年代以前，词典都是以纸媒形式出现的，词典修订周期长。20世纪90年代中后期开始，词典文本开始了电子化过程。最初是一些信息技术公司或软件开发公司参与电子辞书的出版，主要承载媒介是光盘，后来一些品牌辞书便配光盘版出售。电子载体的出现加快了词典更新的步伐，特别是网络辞书和近几年词典App的兴起，使词典的修订不再受篇幅和复杂传统编校、出版程序的限制，词典出版后的修订可以不间断地进行，如《牛津英语词典》（为 Oxford English Dictionary）网络版每个季度都能更新一次。

（4）词典自身的发展。一般来讲，品牌词典都讲求可持续发展，因此需要根据市场反应不断提高词典的质量，让用户能持续对词典保持关注。经常可以看到，一个新版本的词典刚推向市场时都卖得很好，但随着时间推移，市场销售会不断下降。一是因为用户逐渐发现有些新词在词典中查不到；二是因为词典中的一些编纂缺陷会慢慢暴露出来——大型词典往往编者众多，其语言水平和编写经验参差不齐，在词典质量和一致性方面会埋下一些隐患。词典编纂（dictionary making / dictionary compilation）中的疏忽、错漏，需要通过不断地修订来完善。

ೞ 词典修订的形式

当一个版本的词典出版一段时间后，修订便会提上日程。至于采用什么样的方法修订，需要对原词典做出客观、科学的综合评估，根据评价结果制定统一修订原则和修订体例格式，并在修订过程中始终如一地贯彻执行。词典修订的方式可以多种多样，但归纳起来主要有以下几种。

（1）整体型修订（overall revision），指按照原版本的体例结构，对词典宏观和微观信息做全面的修订。首先，要拟定修订标准和原则，决定修改的对象——哪些内容该修、哪些可以不修以及修改到什么程度等；然后，需确定什么情况下做修改、删减，什么情况下需替换和增加等。整体型修订原则上一般不改变原书的体例（format guideline）和编排，但也有少数情况会对体例和编排做一些必要的调整。有些修订本甚至更换原有的书名。

（2）附录型修订（appendix-type revision），指对出版的词典不做任何改动，只是将因修订而增加和改动的内容汇编在一起，附于原版之后的修订方法。通常情况下，在词典编纂后期出现的一些新词新义，由于来不及纳入编写，待词典出版后再经过进一步语料筛选，确定新增词目，然后再按原来体例结构进行编写。附录型版本往往是一种权宜之计，反映的是修订的阶段性成果，以后会纳入整体修订一起处理。

（3）补编型修订（supplement-type revision），指附录型修订的一种延伸，不同之处在于它更适合于中大型词典，包括单卷本和多卷本的词典。补编型修订涉及的修订范围更广，收录的条目较多，整体内容比较丰富，其篇幅足以独立汇编成册，单独印刷和发行。补编本原则上须沿用母版的体例结构和词典用语（dictionarese/lexicographese），这样作为母版的延伸便于用户接受，但有时也有例外，如《英汉大词典×补编》并没有按原词典的体例编写。

（4）挖补型修订（mending-type revision），指对词典做少量的局部修改，完全保留母本的体例、构架、版式和主要内容。挖补是为了纠正词典中的个别谬误，替换不合时宜的语证，且新内容与替换对象的字数或篇幅尽可能保持一致。挖补型修订有时可与附录型修订同时出现在同一本词典中，互为补充。例如，《新英汉词典》在1984版不仅对正文作了600多处的挖改，而且还增加了"补遗"等内容。

总之，词典的修订形式多种多样，采取何种形式需视词典的实际情况而定，可以是局部的、零星的，也可以是全面的、彻底的。但无论如何，传统纸媒词典的修订都是一项耗时费力的工作，如果有了综合性的词典数据库 [lexicographic(al) database]，修订会变得容易很多。

❀ 词典修订的方式

词典修订的方式指对词典内容进行修订所采用的方法和样式。词典的修订形式可以各异，但修订内容都不外乎对词典的宏观和微观信息项进行矫正（correction）、精练（refinement）、补遗（supplementation）和更新。

（1）词典信息矫正，指对词典中存在的差错和不真实、不准确的语言现象进行纠正，以保证词典的正确性、真实性和科学性，这是所有词典修订首先应考虑要做的事。文字工作是十分复杂和微妙的，尽管在编写过程中大家主观上都尽心尽力，做多次的审校，但仍免不了会有各种错漏，且会出现在词典编纂的各个环节，常见的有印刷错误、拼写错误、理解错误、表述错误、词序错位等。

（2）词典信息的精练，指通过全面梳理和分析，发现和去除词典中冗余、晦涩的表达，使内容变得简练明快。尽管简练是一切词典编纂始终不渝的追求，但词典编纂涉及的人员多、工作量大、时间有限，文字精练难以做到始终如一、系统且扎实。因此，词典修订前须对原版词典进行系统的审读，对一些重要信息进行重新审视和提炼，去伪存真，去粗取精，以保证词典信息的精练和准确。

（3）词典信息的补遗，指补充词典编纂中本应该有的但由于某种原因而疏漏的信息。这种疏漏可能是受时间、经费、组织和协调的限制，一些本应该收录或诠释的内容被遗漏了，或是因语言与社会的共变，新词新意不断产生，借词不断涌入，但尚未及时收录的词或概念。补遗就是要弥补词典设计或编纂过程中的疏漏，使词典能更好地反映语言的客观现实，尽可能地满足用户不断提升的需求。

（4）词典信息的更新，指通过添加新信息、去除过时的信息或调整体例来使词典更符合现代用户的使用需求。主要原因包括：① 社会发展使然，一些新现象出现，而另一些则被时代所遗忘；② 重大政策、运动，或政体、政权的更替使一个时代的流行词汇变得十分不合时宜，而另一些词成为社会主流；③ 人们关注热点和趋附心理的变化，使一个时期内的时髦词或流行语变得过时，又回归原状。

○ 词典修订的程序

词典的修订首先应该有一个大致的设想，然后要有相应的组织机构来实施这个设想。如果没有，首先就要组织修订团队，然后由团队来进行原作的审读和全面客观的评估，并结合用户的反馈和有关评论做必要的需求调查；在此基础上，拟定、修改和确定词典的修订方案。

（1）修订工作团队。人员是保证词典修订工作顺利进行的决定性要素，需有一个人员充足、语言素养高、词典学功底好的修订班子。有些大型辞书会常设一个专业修订队伍，如《中国大百科全书》和《英汉大词典》等就设有专业的修订队伍。词典修订需要在原文本中发现问题、消除问题，在某种程度上技术难度要超过词典编纂，因此对工作人员的业务素质要求更高。因为只有知识积淀深厚、责任心强才能发现编写缺陷，纠正错误，剔除过时内容，补充新的用法。

（2）词典原作评估。词典修订前要对词典原作内容做系统的评估，可从两个方面展开：一是广泛搜集词典出版以来的相关书评或论文的意见，或有计划地组织用户反馈座谈会，直接听取用户意见；二是组织专人做抽样调查和专项分类审读，纵向和横向对比分析不同编者之间的协调性、同一类型注释的一致性，以及不同信息项的分布特征、中观结构（mediostructure）中的相互联系等存在的各种问题，对发现的问题进行梳理、分类，供制定修订方案之用。

（3）使用需求调查。词典修订前的另一项重要工作是对用户的词典需求进行调查。词典出版后会形成特定的用户群，其需求反映可以作为修订方案制定的一项依据。热心的用户会主动与编者联系，通过书信或电子邮件等表明词典中哪些内容符合他们的需求，哪些内容不太适用，而另外又有哪些是他们希望得到的。此外，编者可有目的地设计调查问卷，在潜在用户群体中做系统调查。两方面信息综合分析便能形成比较全面的用户真实需求。

（4）修订方案确定。根据对人员配置、原作评估和需求调查的综合分析，制定一个周密的修订工作方案，包括可行的修订原则和修订方法。词典修订方案应包括修订形式和方法、修订内容、修订细则，以及人员分工和工作进度规划等。词典修订难在既要找出过时语言现象，又要寻觅新词、新义、新用法，删除的要适当弥补，新增的要不显突兀，工作繁杂且缺乏系统性，没有周密的计划方案和工作方法是难以按时、保质保量完成的。

词典修订要分工协作,统筹兼顾,要注意全书的同一类型不同条目、不同板块的相互照应。修订工作完成后,要有专人对全部内容进行统稿并进行全面细致地审读,确保修订体例全书一致,确保修订后的词典宏观上更加和谐匀整,微观上更加对称协调,使词典修订版在收词和释义的系统性、时效性和实用性方面比原作有实质性的提升。

参考文献

章宜华. 2013. 权威词典修订中的体例继承、规范与释义创新——以《现代汉语词典》第六版为例. 学术研究,(11): 145–150.

章宜华,雍和明. 2007. 当代词典学. 北京: 商务印书馆.

词典学 LEXICOGRAPHY

本词条也可参见【认知词典学】【词典史】【词典评论】。

词典学(lexicography)是关于词典(dictionary)、辞典(dictionary)、字典(dictionary of Chinese character)等辞书的理论和编纂,以及其使用、评论和历史等的学问,包含三方面的内容:词典的学科理论、词典的编纂实践、词典的数字化技术。

英语"lexicography"一词源于希腊文"lexicos"(词)和"graphy"(描写),就是有关词的学问。"lexicography"在刚引入国内学界时被译为"词典编纂法""辞典编纂法"或"辞书编纂法",相关研究侧重词典编纂经验的总结。随着词典学的发展,词典理论研究日益受到辞书学者的重视,有关研究成果逐渐增多。1978 年《语言学动态》第 6 期发表了《词典学论文文摘选译》一文,自此"词典学"作为"lexicography"的汉译名开始流行起来,成为"囊括一切字典、词典编纂实践与理论研究"的学科名称。

"lexicography"也常被译为"辞书学",而"辞书"泛指字典、词典、辞典等一切工具书,也就是这类工具书的总称。因此,辞书学指研究一切辞书类工具书的理论方法、科学性原则,以及辞书编纂、使用、评论和历史的学问。

❀ 学科源流、发展和现状

世界上最早的词典可追溯到公元前3000年—前2000年间,中东美索不达米亚地区的部落用苏美尔–阿卡得语(Sumerian–Akkadian)等编写的双语词表。约公元前1000年,古印度人搜集了《吠陀经》(*Veda*)中的一些难词,汇集成词表(glossary)用于传教。公元前200年前后,中国第一部按意义分类编排的辞书《尔雅》面世;公元100年—121年,许慎根据大量经典的材料,编纂了中国第一部系统说解汉字字形字义的字典《说文解字》。在清康熙年间,张玉书、陈廷敬等在《字汇》《正字通》等基础上编写的《康熙字典》面世,为中国近现代辞书的发展奠定了基础。

在欧洲,直到中世纪才出现了一些地方语–拉丁语的词表,最早以拉丁语"Dictionarium"命名的词典是1492—1495年间西班牙出版的《拉–西,西–拉词典》(*Dictionarium Latinum-Hispancum et Hispanicum-Latinum*)。"dictionary"一词约于1220年进入英语,1538年在埃利奥特(Thomas Elyot)编写的《综合拉丁语词典》(*Dictionarium Latinum*)中第一次得到实际运用,而第一部用"dictionary"命名的英语词典是1721年出版的《通用英语词源词典》(*An Universal Etymological English Dictionary*)。1539年,第一部以"Dictionnaire"命名的《法–拉词典》(*Dictionnaire Français-Latin*)问世,作者是艾斯蒂安(Robert Estienne),被视为法国第一部真正的词典;而第一部纯法语的词典《古代与现代法语宝典》(*Trésor de la Langue Française, tant Ancienne que Moderne*)于1606年出版。

在词典学理论方面,最早的研究始于对古代经典词集的整理和校勘,有关研究成果散见于序跋之类的文章,如《辞源》主编陆尔奎于1915年在书的前言《辞源说略》中,比较系统地阐述了现代辞书的类型问题、编纂原则和编纂方法等。但辞书研究论文则是由沈兼士发表在《新青年》1918年第2期上的《新文学与新字典》。西方国家第一篇词典学论文是由苏联科学院院士谢尔巴(Shcherba)发表在《科学院通讯》(*Izvestija Akademii Nauk*)(SSSR.1940, No.3)上的《词典编纂学一般理论初探》(Опыт общей еории лексикографии)。词典学理论研究的繁荣期始于20世纪70年代末、80年代初期,因为中国教育和研究经过十年停顿后逐渐恢复正常,一大批专家学者投入词典的编纂和研究中,加之英语学习热的兴起和英语学习词典的引入,词典的研究也逐渐从"经验之谈"转向系统的理论研究,从而也产生了一些新的词典学术语,如积极型词典(active dictionary)/消极型词典(passive dictionary)、宏观结构(macrostructure)、微观结构(microstructure)、用户视角研究(user's perspective study)和控制性释义词汇(controlled defining vocabulary)等。

ଔ 标志性事件、著作和代表人物

自20世纪50年代以来,随着社会对辞书需求的不断提高和词典种类的日益增加,系统的词典学理论和编纂实践的趋势逐渐形成。1950年,第一部词典学著作《现代词典编纂法引论》(*Introductión a la Lexicografía Moderna*)由西班牙词典学家卡萨雷斯(Julio Casares)撰写出版;1962年,联合国教科文组织提出编写一部词典学通论性专著的倡议,并指定由兹古斯塔(Ladislav Zgusta)主持撰写,于1971年以*Manual of Lexicography*(《词典学概论》或《词典编纂手册》等)的名称出版。

1989—1992年,豪斯曼(Franz Josef Hausmann)等四位学者合编的《国际词典学百科全书》(*An International Encyclopedia of Lexicography*)问世。该书收录了248位作者共337篇词典学文章,以英、法、德三种语言行文,分三卷出版;全书38章分议题描述世界诸语言词典编纂

（dictionary making / dictionary compilation）各个历史阶段的处理程序和方法，论述了词典类工具书的地位及作用，介绍了词典研究的各种理论和词典史（dictionary history），以及计算机在词典编纂中的运用等，提出将词典理论发展为一门完整统一的学科。该书的出版表明，词典学的研究逐渐走向成熟。

在中国，《辞书研究》在创刊号就刊出了《词典学试论》（杨祖希，1979）；接着又推出一系列涉及词典学理论的文章，如《法国词典学一瞥》（黄建华，1980）、《双语词典类型初议》（黄建华，1982）和《词典和语言规范化》（王力，1982）等。从1983年3月开始，《辞书研究》连载10多期推出了黄建华的《词典论》。此外，汉语界推出了《词典学概论》（胡明扬、谢自立等，1982）和《专科辞典学》（杨祖希、徐庆凯，1991）。

这些词典学著述拉开了系统的词典学理论建设的序幕。广东外语外贸大学、黑龙江大学、南京大学和厦门大学等先后组织人力展开了系统的词典学研究和词典编纂，成立了专门的辞书研究机构并开始招收词典学硕士和博士研究生。1992年10月，中国辞书学会在北京成立；接着，双语词典专业委员会于1993年在广州成立，亚洲辞书学会于1997年在中国香港成立，各级学会每年都会组织一些词典学的学术活动。

进入21世纪后，词典学基本形成了一门自成一体、相对独立的交叉学科，进而形成了集词典教学、科研、编纂、出版、学术交流为一体的全方位、系统化发展的学科体系。词典学研究由纯词典本体研究慢慢转向多学科交叉融合的研究，语言学、认知学、教育学、二语习得、翻译学，以及数字化和融媒体等在词典学中的应用受到越来越多的学者重视，这些理论的交叉融合直接推动了词典学理论的创新发展。《双语词典学导论》（黄建华、陈楚祥，2001）吸收和应用了国际学界的最新成果，阐释了双语词典（bilingual dictionary）的微观和宏观结构，以及双语词典学（bilingual lexicography）与国情学的关系；《语义学与词典释义》（章宜华，2002）率先把语言认知和语言哲学理论与词典释义 [dictionary definition / lexicographic(al) definition] 结合起来，提出了词典释义中的认知语言结构和多维释义（multidimensional definition）的设想；《语言·认知·释义》(章宜华，2009)阐释了认知语言学与词典释义的关系，以及意义驱动的多维释义模式；《当代词典学》(章宜华、雍和明，2007)把与国际语言学相关的前沿理论与中国词典学具体实际相结合，探讨了系统构建当代词典学理论体系和词典的科学编纂原则及理论方法等问题。《计算词典学》(章宜华，2004/2013)阐释了计算词典学（computational lexicography）的性质、任务及研究范围，提出了现代化数字技术与词典融合的新方法，描述了数字化辞书发展前景和趋势。《专科词典论》(徐庆凯，2011)对专科词典（specialized dictionary / subject dictionary）的类型和功能特征，以及专科词典的编纂方法做了系统阐述。《双语学习型词典设计特征研究》(魏向清等，2014)强调词典的文化产品属性，将产品设计学的核心思想融入词典学研究之中，提出将"技术特征"与"内容特征""结构特征"并列为词典产品设计特征三大要素。《二语习得与学习词典研究》(章宜华，2015)，阐释了二语习得和用户认知特点与词典编纂的关系，从认知语言学角度，提出学习词典（learner's dictionary）设计和编纂的新理念，全面、系统阐释了基于论元结构构式的多维释义原则、方法和新模式。

西方国家的一些学者并不是把词典学作为一种语言科学来研究，而是聚焦在词典本体及其编纂的艺术和方法上。代表性的专著有《词典编纂的艺术与技巧》(*Dictionaries: The Art and Craft of Lexicography*; Landau, 2001)、《词典编纂实践指南》(*A Practical Guide to Lexicography*; Sterkenburg, 2003)、《实用词典学》(*Practical Lexicography: A Reader*; Fontenelle, 2008)和《牛津词典编纂指南》(*The Oxford Guide to Practical Lexicography*; Atkins & Rundell, 2009)等，这些著作从书名到内容基本都是围绕词典编纂过程和使用方法进行阐述的，其特点是十分重视语料库和计算机辅助编写平台、词典预处理数据库在词典编纂中的应用。不过，有不少词典学家也很重视语言学等理论对辞书编纂的作用，重视用户视角（user's perspective）的研究，开辟一些章节专门谈语言学与词典学的关系，强调语言学理论有助于词典编纂者更有效、更自信地做好编写工作。另外，西方还推出了一种理论研究型词典（theoretical dictionary），在词典中全面引入语言学等相关理论，从根本上改变词典释义的结构语义表现形式，强调语义表述要全面、忠实地反映作为词典理论依据的词汇理论和语言学理论。代表人物是梅尔苏克（Igor A. Mel'čuk），他运用系统的"意义—文本"理论（Meaning-Text Theory）研究和编写词典，建立了近10条释义规则，强调释义内容的全面性和准确性，代表性词典是《当代法语详解组配词典》（*Dictionnaire Explicative et Combinatoire du Français Contemporain*，1984，1988，1992，1999），号称是为法语二语学习者重新定制的词典（un dictionnaire de reformulation pour les apprenants du français langue seconde）。

✿ 主要任务和基本内容

词典学4 000多年的发展历史可分为五个阶段，即词典前时期、词典初期、词典成长期、词典成熟期和词典繁荣期，各个时期的主要任务和内容是不一样的。① 词典前时期，主要是通过对经典和经文字里行间或页面边角的注解进行搜集整理，汇编成"词集"，其形式只是一种词表（glossary），主要任务是对语词的翻译和难词的注解。② 词典初期，词典开始有了基本结构和构成要素，主要任务是解决不同民族间的语言交流和民族语言的记录和难词解释。③ 词典成长期，是词典的收词（字）、释义和配例逐渐形成和完善的过程，主要任务是不断规范词典的体例结构和释义方法。④ 词典成熟期，词典的功能类型已经比较全面，收词、体例结构和编纂过程都有一定的"规范"，主要任务就是各种语言发音、书写和语义的统一。⑤ 词典繁荣期，词典完善的收词、体例结构和释义方法因不断吸收语言学等相关学科的研究成果而不断改进、不断完善，词典类型（dictionary type）因学科的细分而不断增多，词典的数量和形式随着现代社会需求增加而不断提升和改变，词典的学术研究和现代技术成为词典学的重要组成部分。关于词典断代的明确时间，由于各个国家发展阶段的差异和学者不同的观点，众说纷纭，难以统一。但可以肯定的是，真正的词典学理论始于20世纪初期，而把词典学作为一种学科来建设也只有几十年的历史。

在现在的学科设置中，词典学是应用语言学的一个分支，但许多词典学家认为词典学远远超出了应用语言学的范畴，已形成一门相对独立的、具有自身特色和理论框架的交叉学科。无论如何,词典学的主要任务涉及词典编纂——应用词典学、理论研究——理论词典学、词典数字化——计算词典学三个方面,也由此形成了词典学的三大分支。应用词典学涉及词典语言资源的调查、用户需求调查、词典的设计、编写队伍分工与组织、词典条目(entry / lexical entry)信息项的构造、词典数据库 [lexicographic(al) database] 的数据编制、编写过程管理和编写质量控制等。理论词典学的任务,就是通过一系列的调查和理论研究,从形式和内容上系统地构建词典学的理论框架,包括词典类型、词典结构(structure of dictionaries)、词典编纂方法论和词典史。计算词典学涉及词典语言资源的采集、词典语料库 [lexicographic(al) corpus] 和数据库平台的编制、数字化和媒体融合技术在词典学研究和词典编纂全过程的应用,以及计算机辅助词典编写系统和新媒体出版等。

简言之,当代词典学是一门集语言学、社会学、翻译学、文化人类学、教育学、认知学和数字技术于一体的交叉性学科。它需要把这些知识有机融合,以数字化技术(digitization technology)为途径,以日常社会的言语活动为背景,以真实语料为依据,构建和丰富词典学的理论体系,拟定词典的编纂原则和科学实用的词典释义、分类、评价和使用方法等,使词典能更好地服务于社会和各类用户。最终,实现词典语料结构化、词典信息数据化、词典编纂模块化、词典释义多模态化、词典信息碎片化、词典检索智能化、词典出版数字化和词典使用全媒体化。

☙ 词典学的基本理论和方法

自卡萨雷斯(Julio Casares)《现代词典编纂法引论》(1950)出版至今的 70 多年间,词典学以前所未有的速度稳步发展,特别是学习词典的普及和用户视角研究的兴起,词典学三大分支的特点和作用逐渐显现出来,词典学作为一门相对独立的学科显示出空前的活力,衍生出诸多的研究方向,拓展了很多新的研究领域和研究方法。从词典学现实研究所涉及的理论方法来看,可以归纳为比较法、语篇法、交际法、认知法、习得法、数字法等,具体如下:

（1）比较法。用比较语言学的方法来研究词典以及词典反映的语言和社会文化特征，有横向比较和纵向比较两种。前者指对本族语或不同语言文化同类词典的比较，后者指对同一词典不同版本或同一语言文化不同时期的词典进行对比研究，探索各自的特征或差异，揭示其规律，以提供借鉴和参考。

（2）语篇法。在语篇语言学（text linguistics）的框架内对词典进行研究，它突破了"条目独立自主"的传统观点，把词典正文的所有词条（entry）和前后置材料等都看成是一个语篇，词典的条目就是语篇的组成部分或段落，各段落以一定的形式组织起来，并发生各种关联，共同来解释语言。

（3）交际法。把词典编纂过程看作是一种交际行为，以交际学中的过程派观点作为其基本框架，将词典看作是编者与用户之间相互作用的信息交流系统，从而建构一个完整的、连贯的、符合词典本质属性的、反映词典交际运作流程的词典理论构架。

（4）认知法。以语言认知和用户视角对词典的编纂和使用进行研究，从用户语言认知特点和规律出发来研究词典编纂和释义方法，以满足用户在各种语言活动中的查阅需求；故词典需要从形态、构式、概念和分布结构（distribution structure）以及语用限制等层面来描写被释义词，以方便用户准确、快捷地理解词典传递的信息。

（5）习得法。运用二语习得和中介语理论来研究学习词典的编纂和使用，从认知的角度研究学习者语言识解的加工机制，探讨学习者二语语言能力构成的要素和语言习得输入（input）和输出（output）的内容需求，结合二语学习者语言偏误的调查和国别需求特点，确定词典学研究和编纂的方向和方法。

（6）数字法。运用计算机信息处理技术和融媒体技术来研究词典的语料库、数据库和编写平台，实现词典编纂、编排、编辑出版和修订的数字化转型，其实质就是文字处理与传输的全媒体化、智能化和信息化。这涉及语料抓取、数据挖掘、数据索引、融媒体、网络安全、语料标注、数据库结构等技术。

根据研究方向和词典编纂的目的不同，除本篇所述的词典学的三大分支外，还有一些常见的分支学科，它们又有各自的理论方法，如普通词典学、教学词典学（pedagogical lexicography）（学习词典学）、比较词典学（comparative lexicography）、单语词典学（monolingual lexicography）、双语词典学（bilingual lexicography）、电子词典学（electronic lexicography）、语料库词典学（corpus lexicography）、交际词典学（communicative lexicography）、语篇词典学（textual lexicography / dictionary as text）、认知词典学（cognitive lexicography）、词典考古学 [dictionary archaeology / lexicographic(al) archaeology]、词典类型学（dictionary typology）等。

参考文献

黄建华，陈楚祥. 2001. 双语词典学导论（修订本）. 北京：商务印书馆.

章宜华. 2009a. 国外词典学的发展对我国词典编纂的启示. 商务印书馆辞书研究中心编.《现代汉语词典》学术研讨会论文集，46–60.

章宜华. 2009b. 新时期词典学研究应具备的理论特色. 辞书研究，（3）：1–12.

章宜华. 2010a. 新一代英语学习词典的理论构想——基于二语习得理论的研究. 现代外语，（3）：240–248，328.

章宜华. 2010b.《辞书研究》与新时期词典学理论和编纂方法的创新. 辞书研究，（1）：57–69.

章宜华. 2015. 二语习得与学习词典研究. 北京：商务印书馆.

章宜华. 2019. 认知词典学刍论. 外国语文，（2）：1–10.

章宜华，黄建华. 2000. 语言学理论对词典释义的影响. 现代外语，（1）：67–76.

章宜华，雍和明. 2007. 当代词典学. 北京：商务印书馆.

Atkins, B. T. S. & Rundell, M. 2008. *The Oxford Guide to Practical Lexicography*. Oxford: Oxford University Press.

Landau, S. I. 2001. *Dictionaries: The Art and Craft of Lexicography* (2nd ed.). Cambridge: Cambridge University Press.

Temple, M. 1996. *Pour une Sémantique des Mots Construits*. Lille: Presses Universitaires du Septentrion.

Zgusta, L. 1971. *Manual of Lexicography*. Prague: Academia.

词典语料库 LEXICOGRAPHIC(AL) CORPUS

本词条也可参见【语料库词典学】【计算词典学】。

词典语料库 [lexicographic(al) corpus] 指根据词典学研究和词典编纂（dictionary making / dictionary compilation）的需求而设计和开发的语料库。

语料库是对真实语言文本广泛搜集、科学取样和整理加工而成的大型文本资源库，反映一般或特定语言现象以及语言变体等用法特征，所以可作词典研究和编纂的主要语证。

✂ 语料库的历史起源

语料库是伴随词典编纂而生的，最早的"语料库"建设和使用者也是词典编纂者，因为他们最早注意到语料的使用价值——词典（dictionary）是在对语言证据梳理、抽象、归纳后形成的有条理的词汇知识。不过那时候的语料库并不是现在的样子，如4 000—5 000多年前苏美尔人创造的楔形文字语料是记录在黏土板上，少数写于石头、金属或蜡板上；汉字则是记录在龟甲、兽骨和后来的竹片上。在公元纪年前后，中国人发明了纸，纸和卡片便成了语料的重要载体。

早在公元前，学者们就有阅读时在字里行间或页边对一些难词做注解的习惯。这种注解或是对文中某些难词的理解，或是对某些特殊用法的标注，或是对词所反映的某种概念或某些观点的评论等。正是这类"词汇注解"充当了古代辞书编纂的语料。《尔雅》和《说文解字》的编纂都是广征博引，想必也有大量的语料来源（source of material），如有文献记载，《说文解字》的作者许慎在长期的学习和研究中，搜集到大量的小篆、古文、籀文等资料，作为编写的第一手语料。第一个有记录的大型现代语料库是桑代克（Edward Lee Thorndike）于1921—1944年间为编写《教师词汇手册》（*Teacher's Word Book*）而"建"的新文献库（据手册前言），他分析了230余种、约500万词的语料，编成了系列"词汇手册"；后来经过长年不断扩充发展成为一个拥有1 800万条词的语料库，编纂出版了"桑代克世纪词典"系列。另一个规模可观的早期纸质语料库是霍恩（Ernest Horn）为编写《基础写作词汇：最常用的一万写作词语》（*A Basic Writing Vocabulary: 10,000 Words Most Commonly Used in Writing*, 1926）而"建"的。语料的来源是公开或未公开的书信以及其他多种专业的文献资料（documentation）。1959年，英国伦敦大学的夸克（Randolph Quirk）主持建立了英语使用方法调查语料库（Survey of English Usage），收录了200个口语和书面语文本，共计100万词。另外，《牛津英语词典》（*Oxford English Dictionary*, 1928）在编纂初期就建立了大型的纸质语料库，语料以卡片的形式记录组合在一起，按字母顺序安放在一排排卡片柜中供检索，查阅比较费时费力。

进入20世纪60年代，随着计算技术的发展，国际上兴起了自然语言处理和机器翻译研究，机读电子语料库开始萌芽。1961—1964年，美国布朗大学的弗朗西斯（Nelson Francis）和库塞拉（Henry Kučera）建成了第一个百万级的电子版语料库（Brown Corpus），在20世纪70年代初由英国兰卡斯特大学的利奇（Geoffrey Leech）倡议，由挪威奥斯陆大学的约翰逊（Stig Johansson）主持建立另一个百万级LOB语料库（The Lancaster-Oslo/Bergen Corpus）。这两个百万级语料库的建立标志着语料库研究和建设进入电子化、机读化时代。

❧ 词典语料库的发展

国际上最早应用电子语料库数据来辅助词典编纂的是20世纪60年代末期的《美国传统词典》(American Heritage Dictionary, 1969), 编者借助计算机语料库来计算词频, 并根据每个词的上下文分布来确定它们的语域类型和语义。到了20世纪80年代, 语料库的建设进入了快速发展期, 建成一批第二代千万级语料库, 其中部分已升级为第三代, 成为具有国际影响的词典辅助编纂的工具。例如:

（1）COBUILD 语料库（Bank of English）, 最初命名为"伯明翰英语文汇"（The Birmingham Collection of English Texts）, 于1982年建成, 收词量为230万。1991年, 柯林斯和伯明翰大学组建了专门部门——柯林斯伯明翰大学国际语料库（Collins Birmingham University International Language Database, 简称COBUILD）把该语料库扩展到2亿词, 并改名为"英语文库"（Bank of English）。到2005年语料库收词已达5.25亿词, 但建设团队解散了。

（2）朗文语料库网络（Longman Corpus Network）, 在20世纪80年代末建成, 收词1.55亿词, 内含英语学习者语料库（The Longman Learner's Corpus）、英国国家口语语料库（The BNC Spoken Corpus）、朗文美国书面语语料库（The Longman Written American Corpus）、朗文美国口语语料库（The Longman Spoken American Corpus）和朗文–兰卡斯特英语语料库（Longman-Lancaster English Language Corpus）等。截至2021年夏已经达到3.3亿词, 所有朗文词典均使用该语料库网络进行编写。

（3）英国国家语料库（British National Corpus, 简称BNC）于1991—1994年建成。由牛津大学出版社、朗文出版公司、兰卡斯特大学等共同承建, 共1亿词。语料来源广泛, 是书面语（90%）与口语（10%）并重的现代英语平衡语料库。书面语语料包括英国国家和地方的报纸、各种专业期刊, 还有学术书籍、大学学术论文、公开或未公开的信件和备忘录, 以及大众小说等; 口语语料大部分是来自各个地区志愿者的非正式对话。该语料库广泛用于词典编纂、人工智能和语言研究。

（4）美国当代英语语料库（Corpus of Contemporary American English，简称COCA），由美国杨百翰大学（Brigham Young University）语言学教授戴维斯（Mark Davies）主持开发，于2008年建成，容量达4.5亿词。该语料库每年至少更新两次，新增2 000万词，已经成为当今世界上最大的英语平衡语料库，库容总量已达10亿多词。COCA的最大特点是在SWECCL词类赋码的基础上设计了150多种标签，对全部语料进行了逐条标注，并根据用户查询需要设计出一套索引句法来满足"智能化"检索。

我国的语料库研究起步较晚。20世纪70年代末至80年代初，西方语料库已经从第一代语料库向第二代语料库过渡，而国内的建设刚刚起步，但发展迅速，很快就相继建成了一批语料库，如汉语现代文学作品语料库（572万字，武汉大学）、JDEST学术英语语料库（100万词，上海交通大学）、中学语文教材语料库（106万字，北京师范大学）、现代汉语语料库（2 000万字，北京航空航天大学）等。这些"初级"语料库在建库时，语料采集缺乏规范，大多是采用手工键入，因此规模较小、应用功能性差。另外，受当时条件的限制，库结构不合理、功能单一、处理速度慢，语料来源信息不全、可信度较差等，特别是没有统一的软件系统或支持平台，难以做到共享。

☙ 语料库的建设类别

在20世纪90年代，建立大规模、多功能、高质量语料库受到学界的高度重视。政府也及时调整发展战略，把建立汉语语料库列入《国家语言文字工作十年规划和"八五"计划纲要》。我国陆续建成了一批种类多样的大型语料库，归纳起来有以下几种。

1）通用语料库

我国的通用语料库（general corpus）较多，但规模都不是很大，大多没有投入商业应用。下面重点介绍几个具有代表性的语料库：

（1）语委现代汉语语料库。由国家语言文字工作委员会主持，于

1990—2001年建立的大型国家级平衡语料库，库容为1亿字，其中有7 000万字为标注语料。语料来源为人文与社会科学、自然科学及综合三个大类，约40个小类，包括政法、历史、社会、经济、艺术、数理、生化、农林、医药卫生，以及行政公文、商业文告、礼仪辞令和实用文书等。查询方式灵活多变，可用特定符号组合多种查询表达式，如距离限制、共现或不共现、简单表达和复合表达等。

（2）北大现代汉语语料库。由北京大学主持建设，库容在2024年达58.4亿字符。语料来源有现代汉语口语、史传、应用文、报刊（《人民日报》《作家文摘》《市场报》《故事会》《读者》《读书》《青年文摘》等）、当代文学、电视电影、网络文本、翻译作品（文学、应用文等）、戏剧和现代文学等。检索途径有普通查询、高级查询、批量查询和模式查询。后者指可用该规定的字符变量与中心词组成一个模式，查找相关句型结构。

（3）北语现代汉语语料库。由北京语言大学开发，总库容高达150亿字，语料来源包括报刊（20亿字）、文学（30亿字）、微博（30亿字）、科技（30亿字）、综合（10亿字）和古汉语（20亿字），全面覆盖社会生活语言的各个领域。其特点是语料深度加工，着重语词切分和歧义、词类、句型的标注等。设计了一整套的"检索式"，既可简单组配做词类限制检索，也可使用"操作符"组合成高级模式进行句型检索。

（4）人民日报标注语料库。由北京大学主持开发，于2002年建成，容量为2 700万字，2003年扩充至3 500万字。语料来源是1998年全年的纯文本《人民日报》，是我国第一个大型的现代汉语深加工语料库。在完成全库语词切分的基础上进行了词类标注、专用名词（人名、地名、团体机构名称等）标注、多音词注音，以及语素子类标注、动词、形容词的特殊用法标注等。具有词语、词语类型、词频、短语、短语类型等索引功能。

2）专门用途语料库

（1）HSK动态作文语料库。由北京语言大学于2006年建成1.0版，2008年对语料库做了补充后推出1.1版。语料来自非本族语汉语学习者参加高等汉语水平考试的作文答卷，收录了1992—2007年间的部分外国考生的作文；1.1版共计收录作文11 569篇，约420余万字，对所有语料都做了详尽的标注。2018年推出了升级版（2.0版），新版保留了原版的全部语料，但增加了"偏误标注内容"和"特定条件"检索，如特殊句式、固定与半固定结构、复句、离合词等。

（2）汉语普通话语音合成语料库。由清华大学于2000年建成，是国家高新技术研究发展计划项目。语料源自时事新闻男女声普通话朗读语句，约20 000条，包括陈述句、感叹句、疑问句，语句长度一般为5—25个音节，涉及情景对话语篇52个场景。语料库由四个部分组成：TTS（Text To Speech）系统建库用语句、TTS系统测试用语句、特殊语调语句和特殊音节组。该语料库可作为语音合成的原始数据，也可以用于语音分析、韵律建模的研究。

（3）古代汉语语料库。由国家语委领衔建成，库容为7 000万字，语料来源分布为周代至清代的文献经典，含四库全书中的大部分古籍资料。内容包括：《诗经》《尚书》《周易》《老子》《论语》《孟子》《左传》《楚辞》《礼记》《大学》《中庸》《吕氏春秋》《尔雅》《淮南子》《史记》《战国策》《三国志》《世说新语》《文心雕龙》《全唐诗》《朱子语类》《封神演义》《三国演义》《水浒传》《西游记》《红楼梦》《儒林外史》等。该语料库没有标注，采用全文索引方式进行检索。

（4）古代汉语语料库。由北京大学建成，截至2024年11月总库容达到10.9亿字符。语料来源分布为周代至民国前期的文献经典，具体内容包括：二十五史、全元曲、全唐诗、全宋词、十三经注疏、大藏经、（史学）笔记、蒙学读物、诸子百家、辞书、道藏等。在历史轴线上有西周、东周、春秋、战国、西汉、东汉、六朝、隋唐五代、南北宋、元明清至民国。既能综合检索，又可分类、分时段选择查询。

3）外语和双语语料库

外语和双语语料库（foreign and bilingual corpora）主要是由一些科研机构和大学为了某种科研目的而建立的，种类很多，规模普遍不大。

这里仅介绍两个在学界比较有影响和使用广泛的语料库。

（1）中国学习者英语语料库：由广东外语外贸大学和上海交通大学合作建成，库容量为 107 万词（567.27 万字符）。语料来源为国内的英语学习者从高中到大学四年级的英语作文，分为五个级别：ST2（高中）、ST3（大学英语四级）、ST4（大学英语六级）、ST5（英语专业 1—2 年级）和 ST6（英语专业 3—4 年级）。语料对学生易犯的 61 种错误进行了标注，可以借助索引软件进行各类英语中介语偏误的查询。

（2）CCL 汉英双语语料库：由北京大学建成，库容为 1 011 万词，其中汉语字数为 617.65 万，英文词数为 393.46 万；口语语料为 252.76 万词，书面语为 758.35 万词。语料文本类型有应用文、文学和新闻，具体来源分布如下：政治、科技、体育、社会文化、工商、艺术、电影。语料进行了切分和对齐加工，设计对齐文件 2 374 个，其中汉译英 747 个，英译汉 1 627 个。只设置简单查询和高级查询，前者只需输入汉语或英语关键词即可获得相应的关键词索引行；后者可在作者、类型、路径、篇名等中选择组合，进行高级查询。

参考文献

李德俊. 2015. 语料库词典学：理论与方法探索. 南京：译林出版社.

章宜华. 2004. 计算词典学与新型词典研究. 上海：上海辞书出版社.

章宜华. 2012. 国际辞书现代化技术的新理念：辞书语料数据化. 辞书研究，(2)：1–9，93.

章宜华. 2013. 计算词典学. 上海：上海辞书出版社.

章宜华. 2015. 语料库数据化发展趋势及词典学意义——兼谈美国当代英语语料库的数据化特征. 辞书研究，(5)：1–8，93.

核心概念篇

多模态词典　MULTIMODAL DICTIONARY

本词条也可参见【融媒词典】【融媒词典学】【多模态释义】。

多模态词典（multimodal dictionary）指用多模态融合和多模态互动形式对被释义词的相关语言属性进行注释和释义的词典（dictionary）。

多模态词典的关键要素是多模态文本，意指改变传统词典那种只靠视觉模态形成线性平面文本的模式，以多种模态交互融合的方式构建多模态语义表征，使词典文本变成能同时反映被释义词语义结构和使用情景（含音频和视频流）的碎片化数据，从多层面、多视角呈现词头（headword）的句法—语义—语用界面。

ᛞ 多模态词典的源流

1）多模态的来源及内涵

要知道什么是多模态，就需要先了解什么是模态。模态译自英语"modality"，或准确地说是"信息表征的模式"（mode of information representation）。模态本来是德国生物学家赫尔姆霍茨（Hermann von Helmholtz）提出的一个生物学概念，指生物凭借感官感知和经验接受信息的通道，在语言学中表示人类通过感官（如视觉、听觉和触觉等）跟外部世界互动的方式。用单个感官感知信息叫单模态，用两个模态融合叫双模态，三个及以上模态融合就叫多模态（也有观点认为两种以上就叫多模态），即多个认知感官的信息认知神经元及其感知的产物。比如人类有视觉模态、听觉模态、触觉模态、嗅觉模态、味觉模态和本体觉模态等，而人机交互词典至少涉其中三种模态。

2）多模态与语言的关系

多模态是指将多种感官进行交互、融合感知，即人们与外界互动会通过各种感官感知信息，通过感官传感器映射到大脑形成心理映像，这些图像需要经过一系列思维加工，概念化后才能触发心理词库的联想，并与逻辑模态（文字、图片、音频、视频）进行融合后才能记忆和表达出来。多个单模态融合在一起就形成了多模态，系列的感知就会不断地融合形成多模态文本，然后通过物理媒介，如声波、电波、纸张和各种电子媒体进行存储和传播，便可实现语言与文字交流。多模态文本或多模态表达能触发受众的多个感知通道及模态之间的转换，强化认知体验，能促进信息的交互或交际双方的相互理解。

3）多模态与词典的关系

人们日常的交际都发生在多模态语境中，因此意义的构建和传递原本就是多模态的。显然，多模态语境有利于交际双方的相互理解，但传统词典大多是单模态形式，不能触发用户大脑的模态交互，对记忆神经元的刺激有限。自从电子词典（electronic dictionary）出现，人们开始把发音、朗读、插图等这种听觉模态和视觉模态放到词典中，但它们之间并没有融合，只能算作多媒体词典（multimedia dictionary）。随着融媒体时代的到来，多模态人机交互有了强有力的技术保障，学界便开始研究和编写多模态—融媒词典。多模态可以让用户通过声音、肢体语言、信息载体（文字、图片、音频、视频）、环境等各种通道与词典进行交流，模拟人与人之间的交互方式。

❀ 多模态词典的发展与现状

从辞书实践上讲，电子词典是多媒体词典的基础，多媒体词典是多模态词典的基础，多模态表征是融媒词典（media converged dictionary）的基础。自 20 世纪 90 年代起，计算机已从单纯的文字操作发展到多种媒体的综合处理，一些电子化的词典开始在词典中加入了词目词（entry word）发音、例句朗读和一些彩色的图片，从而催生了多媒体词典。多媒体化是指综合运用文字、图形、声音、光电等形式，多方位地展示并传播词典内容；而多媒体出版是把同一种内容通过多种媒体同步传播，包括互联网、手机、移动终端等新兴媒体，其特点是用户界面具有友好性、多样性、方便性。在多媒体词典中，媒介承载和传播的内容虽然是各种模态,但它们之间并没有融合,各种模态之间是平行关系,譬如,听声音和看文字是交替进行,不能同时作用于用户的认知感官,无法引起模态之间的交融和互动,对用户理解词典释义 [dictionary definition / lexicographic(al) definition] 的作用有限。2010 年有学者提出,要从多模态的角度来考查词典文本,以便在词典编纂(dictionary making / dictionary compilation)中整合各种形态的符号系统,因为意义是由多种模态整合来实现的。多模态词典的国内研究还不是很多,研究内容主要涉及双语词典(bilingual dictionary)的多模态趋势,或从词典的图文关系入手探讨释义,或从界面的设置来谈多模态电子词典的功能。2019 年开始,辞书学界又开始了融媒词典的研究,基于融媒框架的多模态词典数据库又成为融媒词典的基础条件。这样,模态与词典的关系就变得更加紧密了,模态对词典释义的作用变得越来越大了。

在多媒体词典的编纂和出版方面,牛津、朗文、剑桥、柯林斯 COBUILD、麦克米伦、韦伯斯特、拉鲁斯和罗伯特等出版社相继推出了同类纸质辞书的 CD 和 DVD 电子词典系列。在 20 世纪 90 年代中后期,上述出版社又开始推出网络版多媒体词典,此外还出现了一些专门的辞书网站。在国内,早期(20 世纪 90 年代)的电子词典一直是由非辞书出版机构编制的,多模态特征不强。例如,即时通英汉汉英双向词典、朗道电脑字典和金山词霸等。进入 21 世纪后多媒体词典的数量快速增加,有道、辞海、必应、百度百科等先后占据了在线词典的主要市场份额,但这些词典的模态特征都比较弱。智能手机普及后,各种词典 App 兴起,词典专业出版机构开始介入多媒体词典的出版。在 2015 年后,词典 App 发展迅速,各模态信息在词典中的应用不断加强。例如,DK 双语视觉词典配套音频(DK Bilingual Visual Dictionary Audio)的音频和视频信息不但可以在线运行,而且在下载后可以离线使用。WordWeb Dictionary 共置入了 700 000 个词汇发音文件,85 000 个文本语音文件;Farsi Dictionary Akinator 所有收词均带有高质量图片和双语音频;"单词神灯"还可以结合电影场景去学习单词,构建视觉单词库;3D Dictionary 结合了 AR 查词和 3D 呈现,用户不但可以查询传统的语义、翻译、语音等信息,还可以获取词语的 3D 效果图。

❧ 多模态词典的理论基础与特征

多模态词典首先要实现词典文本的多模态化，其次多模态文本中的文字与声音、图像、图形、色彩及其他知识可视化表征等要进行模态融合，最后实现人机在词典界面的交流互动。由于自然语言交际发生于多模态情景中，因此多模态常用于系统功能语言学中的语篇分析，有一套自己的理论基础。

1）理论基础

（1）多模态符号学（multimodal semiotics），指社会符号学视角下的多模态研究，运用系统功能语言学的框架和研究方法，把语言研究扩展到所有用来构建意义的符号资源，包括语音、文字、图像、图表、色彩、动态影像等。在多模态符号学的视角下，任何语篇的意义都是由多重符号模态表达的。每种模态都是表义符号资源，各种模态通过适当的方法相互融合构成不同的语义表征形式，并形成互相连接、可供选择的模态网络，所有模态间的互动或融合（convergence）都能够表达意义潜势，都对意义的构建起作用。

（2）视觉语法（visual grammar）：非语言模态的视觉符号语法是多模态符号研究的一种基本途径。各类符号既有表义的共性，又有不同的表现形式和规则。与其他文本分析一样，多模态话语分析亦需借助语义单位来分析符号的特点。尽管多模态交际手段有不同的表征特点和实现手段，但在特定的语言中，同样的意义通常可由不同的符号来表达，语言、非语言模态具有共同的意义潜势。特别是视觉符号能表达丰富多彩的意义，图像具有再现意义、互动意义和构图意义，分别对应于话语的概念功能、人际功能和语篇功能。

（3）知识可视化（knowledge visualization）是建立在计算可视化、数据可视化和信息可视化基础上的，它运用视觉的表征手段，促进群体知识的创造和传递。可视化表征形式有认知地图（cognitive map）、思维导图（mind map）、思维地图（thinking map）、概念图（concept map）、矩阵图、流程图、示意图，以及词汇—语义网络等，特别是思维导图能将多义词繁杂的词汇语义关系有条理地组织成可视的发散性网络，能很好体现词汇的核心内容，突出语义要点，激发用户发散性思维和学习语言的兴趣。

2）模态元素

多模态元素指词典释义所涉及的各种模态表征形式，也是将来融媒词典的融合对象。从信息处理角度讲，模态共四类67种（Bernsen，2008）；从多元识读的角度讲，模态是能够产生意义的任何符号资源，如文字、图像、颜色、版式、手势、音乐、动漫画等（Kress，2009，2010）；从词典编纂的角度讲，有文字模态、语音模态和非文字模态。非文字模态又分为非语言音频、插图、图像、图形和视频片段（Lew，2010）。国内的研究主要集中在对现有词典所用媒体的分析上，如"面对面"学习，练习听力、发音和语音语调等。从词典释义的角度讲，表义所涉及的基本模态有视觉、听觉和（视）触觉等模态元素，但基本模态可各自衍生出若干次模态，加之模态经常是以交互融合的方式出现，因此能用于词典释义的模态是很丰富的。例如，视角模态包括文字、符号、动/静态图形、动/静态图像，以及姿势、动作、颜色、结构等；听觉模态包括语音、静/动态声音、声音符号等；触觉或视触觉上包括静/动态触觉、视触觉，还有性状、温度、质感等其他通过肢体和视线接触感知或体验到的各种事物。

3）词典特征

（1）性质特征：在多模态词典文本中，声音、图片、视频、音频、结构、动图等对词典不同层面的知识具有表达力，其功能不同于传统的纸质词典，它们不再是释义和注释的附加信息起点缀之用，而是融于释义或相互融合直接表征语义或/和用法特征，是词典释义的重要构成元素。需要指出的是，从当前词典发展的状况来讲，文字释义在较长一段时间内仍然是释义的主要内容，但多模态元素的内涵和功能会逐渐被发掘出来，在词典编纂中得到应用，在使用中发挥越来越重要的作用。很可能在将来某一天，现在的图解词典会演化成以非文字模态为主的多模态词典，甚至以文字释义为主的词典，某些类型的词完全变成多模态释义（multimodal definition），尤其是多模态与虚拟化技术（virtualization technology）的融合可能会慢慢"削弱"文字释义的作用，成为释义的重要元素。

（2）结构特征：多模态指通过人的多重感官来进行文本信息的交互。具体到词典，就是通过文字、语音、视觉、动作、环境等多种方式进行人机交互或交流，使词典从静态文本变成动态情景话语载体。词典的基本编写单位不再是完整的词条（entry），而是词典微观信息项中的某一项或几项数据内容，如形态变化、语音及其变体、语法和句法注释、义项（sense）与注释、释义、配例及例句翻译，多模态信息和各种附加信息等都是相对独立的数据资源，但各项信息都可按用户在互动界面上的设置相互融合，或与多模态信息融合形成复合语义表征。多模态一般要与融媒体技术相结合，通过媒体的融合机制把上述各种媒介、媒体、模态整合为一体。当多种模态参与语义的构建或解读时，就会产生感官互通的现象，用户接受信息时调动的感官越多，心智对事物的意象就更趋于真实，对词典知识的理解就会更加深透。

参考文献

麦志强. 1994. 多媒体技术与辞书编纂. 辞书研究，（6）：121–128.

钱亦斐. 2016. 现代学习型词典的"多模态化"与符际模态配置研究. 辞书研究，（6）：26–36，93.

张春燕，陈思一叶. 2016. 多模态电子词典的互动意义构建——以 IOS 版《朗文当代高级英语词典（第5版）+》为例. 北京科技大学学报（社会科学版），（3）：15–20.

章宜华. 2021a. 融媒体视角下多模态词典文本的设计构想. 辞书研究，（2）：20–32，125.

章宜华. 2021b. 融媒体英语学习词典的设计理念与编纂研究. 外语电化教学，（3）：16，102–108.

章宜华. 2022. 略论融媒体辞书的技术创新和理论方法. 语言文字应用，（1）：9–16.

Bernsen, N. O. 2008. Multimodality theory. In Tzovaras, D. (Ed.), *Multimodal User Interfaces: From Signals to Interaction*. Berlin: Springer, 5–29.

Kress, G. R. 2009. What is a mode? In Jewitt, C. (Ed.), *The Routledge Handbook of Multimodal Analysis*. London: Routledge, 54–67.

Kress, G. R. 2010. *Multimodality: A Social Semiotic Approach to Contemporary Communication*. London: Routledge.

Lew, R. 2010. Multimodal lexicography: The representation of meaning in electronic dictionaries. *Lexikos*, (20): 290–306.

Liu, X. 2015. Multimodal definition: The multiplication of meaning in electronic dictionaries. *Lexikos*, (25): 210–232.

多维释义理论
MULTIDIMENSIONAL DEFINITION THEORY

本词条也可参见【词典释义方法】【词典释义原则】。

多维释义理论（multidimensional definition theory）又称"意义驱动多维释义理论"（meaning driven multidimensional definition theory），指从语言事件和语词分布特征出发，多角度、多层面综合揭示语词综合语义表征和使用情景的释义理论。

该理论主要是研究学习词典（learner's dictionary）的释义问题，具体是在认知语言学的框架下结合二语习得的语言认知规律和中介语特点来研究词典释义 [dictionary definition / lexicographic(al) definition]，旨在建立一种基于论元结构构式的意义驱动多维释义模式。

☯ 多维释义理论的背景

传统语文词典释义中的很大一部分都是对释式释义（definition with synonym or antonym），用同义词、近义词或类似短语释义，会造成释义模糊、歧义和循环释义等问题。学习词典的主要用户是非母语的语言学习者，这类释义很容易对他们起误导作用，因此，普遍采用短语释义方法，尽量避免用纯粹的同义词或近义词释义。在难以避免的时候，则采用重叠释义法（同义词+解释性短语）或附加限制性注释的方法，以减少歧义和误解的可能。后来，为了在释义中提供必要的词汇用法和使用语境，词典学家们开始在释义中加入了释义的语法条件和附加语义成分注释，包括潜在的搭配项、选择信息、细微语义，以及使用方式、时间、目的、情景等。这就构成了学习词典释义的三个特征：替换原则、三分结构和离散型解述，即为了保证替换性原则，语法信息、概念意义和附加语义注释相互独立，语义与词汇的形态、语法、句法被割裂开来；释义大多只能由一个或多个同义或近义的结构短语或解释性短语构成，释文前后或中间插入若干个括注，把释文切割得支离破碎。许多时候注释内容要比概念解释的篇幅更长、更复杂，造成学习者用户理解和查阅困难。

尽管词典学家们认识到使用方法和使用语境对学习词典的重要性，但这种解决方法显然存在一些问题。有鉴于此，有些学者尝试一种更直观、可读性强的释义模式——自然语句释义，并在20世纪80年代中后期开始把这种方法用于学习词典，如《柯林斯COBUILD英语词典》(*Collins COBUILD English Dictionary*)、《BBC英语词典》(*BBC English Dictionary*) 和《钱伯斯基础英语词典》(*Chambers English Dictionary for Learners*) 等。这种释义放弃了"替换性原则"，释文是一个带条件（if）和时间（when）小句的完整的句子，被释义词的语义、语法和使用规则，包括搭配成分和选择限制都直接融入这一个句子中，即把原来需要括注的附加内容都放在释义正文中了。这种释义的出现引起了学界高度重视，不乏有很多赞美的好评；但似乎不能为词典用户广泛接受，结果是《柯林斯COBUILD英语词典》的市场占有率一直处在较低的水平。

调查显示，句子释义的可理解性的确有很大改观，但由于其释义中明确指出了主语和宾语，这实际是一种过度限制，因为在释义中"规定"某种搭配成分就会自动地排斥其他成分，用户无法从词典中获得语词真实和全面的意义。另外，由于完全取消了各类附加注释，使释义同时存在"搭配选择限制不足""句法结构不完整""内涵义表述不足""缺少优先选择提示"等问题。这些问题对学习者用户是十分不友好的，也是用户不肯接受的重要原因之一。针对上述这些问题，建立在原型理论上的多维释义（multidimensional definition）构想便被提出来了（章宜华，1997）。该理论认为概念义只是释义的一部分，语义还包括语法义、搭配义和语境义，以及各种附加语义成分，如内涵义、联想义和情感义等，因此释文要多角度、多层面地解释语义。

༃ 多维释义理论的发展

最初，多维释义理论受语言哲学（指称论、观念论、行为论和使用论等）、语言认知和原型范畴理论的启示，也受卡茨（Jerrold J. Katz）和福多尔（Jerry A. Fodor）语义分解理论、杰肯道夫（Ray Jackendoff）的概念结构理论的影响，认为指称义、概念义是释义的基础，不是意义的全部；词典释义不仅要反映"静态"的语义成分，而且要注意揭示客观实体在大脑中的观念，研究语词在使用中的动态语义。此外，还需考虑概念意义之外的其他意义成分，包括各种聚合、组合以及语法和语用规则。

多维释义理论的构建依据两个原则，即"语境关系"和"系统关系"原则。前者指在句法模式下构建的语境，在释义中表现为各种词汇搭配关系（共七种），这关系到撰写释义时为搭配项提供什么样的选择限制条件，以避免释义限制过度的问题。例如，对于固有搭配和特别搭配，搭配成分直接在释义的语法条件中表述出来（**s'évaporer: Nch.N.** *Quand **un liquide** s'évapore,* il se transforme en vapeur parce qu'il absorbe de la chaleur）；如果是期望搭配、可能搭配、优先搭配和排斥性搭配，搭配成分在释义的语法条件中用括注标出 [**s'aigrir: Nch.V.** *Si qch* (*un aliment, un vin*) *s'aigrit,* il est devenu aigre; **commander**: np.v. Si qn **commande** (sans compl.), il exerce l'autorité]。自由搭配则不提供具体的限制性搭配成分。另外,词与词之间无论在形式还是在内容上都存在着错综复杂关系,而语义在很大程度上会受到这种关系的影响。多维释义要考虑词汇蕴涵的关系特征对释义和学习者理解词义的影响,要通过释义和注释的形式来体现这种关系。例如,原型特征、上下义关系可在释文和辨析中表现出来,同义/反义关系、同族/派生关系可以用注释或内词目的方法表现出来;此外,参见和说明等方法也可以用来说明各关系。

21 世纪初期,多维释义理论又吸收了梅尔苏克(Igor A. Mel'čuk)意义—文本理论的一些观点,如"最大结构系""最小结构系""词汇详解组配"和认知语言学的相关理论方法,提出语言话语的结构组织是意义驱动产生的,知识的传递、思想的交流、语言的习得和学习也是由意义驱动的,因此释义的全部活动必须以意义为中心,语词的形态、语法和句法都是意义的表征形式,要抓住意义这个轴线,用认知的方法建立意义驱动的多维释义模式。该模式主张词典释义应该以"概念命题"、注释和专栏的方法提供词汇一切可能的组合关系和组合元素,以及词汇—语义关系。随着国际词典学的发展,用户视角(user's perspective)及用户需求研究越来越受到学者的重视,语言习得理论慢慢被应用到学习词典研究,中国辞书学会双语词典专业委员会也发起了两年一次的"学习词典与二语教学国际研讨会",探讨二语习得与学习词典之间的关系。在这种学术背景下,多维释义理论又得到进一步的完善,以顺应二语习得的认知规律和满足学习者解决中介语偏误的真实需要为主要任务,把构式理论和句法—语义界面的研究成果应用于释义,发展成了"基于论元结构构式的意义驱动多维释义"理论。

⌘ 多维释义的性质特点

多维释义的提出旨在解决传统的词典释义方法(lexicographical definition method)难以满足二语学习者查阅需求的问题。传统学习词典把语义与词汇的形态、语法、句法割裂开来,分别独立解释,释文仅是概念意义的部分描述;信息组织方式往往以语法为核心,把词汇看作是填充语法空位的单位,与语义识解缺乏关联,难以触发用户的系统语义认知联想,无法有效地帮助学习者理解其真实意义,掌握其用法,帮助消除其中介语偏误。因此,必须从理论方法上入手,用认知语言学的方法,在单一表达平台上把语言的各个层面,以及形式、内容和规则等表征出来,向用户呈现出系统、完整的语义框架。

意义驱动理论的总体思路是:意义表征是语言认知的各种形象化图式的集合。语法形式是语义的象征结构,表现为语言图式;语义内容是认知的知识结构,表现为概念图式。语法形式的各表征层面的图式,包括语音、形态和句法等都是意义的表征手段,语用规则和各种选择限制规则是概念化过程中语义投射为正确句法结构和句法功能的保证条件。对心智认知机理的认识、对语言图式和概念图式形成的动因及其相互关系的认识是意义理解和表述(presentation)的最基本信息来源,对意义的把握是理解话语信息、实现社会交际的关键所在。

多维释义理论认为,自然语义具有三组特性,即层次性和多维性、纽带性和驱动性、结构性和系统性,学习词典要根据这些语义特点用释义的形式重现这些特性,构建近似一语习得的二语学习环境,使学生能够通过查阅词典获得足够的课堂上无法得到的可理解输入,促使学生的二语学习向二语习得转化。首先,要在总体构思的基础上,拟定学习词典多维释义原则、理论特征和结构方法。

1)多维释义原则

学习词典的释义要根据语义潜势(meaning potential)的表征形式和学习者的语言认知特点,按以下原则有选择地凸显符合用户需求的语义成分,全面、准确地描写被释义词的复合语义表征。

(1)释义的国别原则(country principle of definition)。二语习得的认知特点、语言迁移(language transfer)和中介语偏误都有显著的国别特点。而现在主流英语学习词典的释义并无国别考虑,学习者无法通过查阅词典来预防母语负迁移(negative transfer)的出现。因此,释义方式必须能适应中国外语学习者的国别需求，一切围绕用户二语认知特点、减轻其查阅词典的认知负担、提高词典查得率和使用效果等方面来进行。

（2）释义的构式原则（construction principle of definition）。语言中存在大量有规律的预制语块或构式，学习者必须不断掌握构式才能提高理解和产出的正确性及流利度。语法是由构式组成的，而构式就是形式与意义密切结合，是一种呈现句法—语义界面、全面解释意义的有效途径，因此借助构式的方法进行词典释义就能更好地解释词汇—语义关系。

（3）释义的百科原则（encyclopedic principle of definition）。语义认知具有多域性和百科性，即语义源于人们对语言符号指称对象的认识，包括事物的性质、结构、外表特征和功能等，反映为指物或事件的一些表象。百科性就是不同认知域在人们心智中的映像，例如，disperse v. [I/ T]①（使）疏 [消, 驱, 解, 冲, 扩] 散；② 散布 [播, 落, 开, 射]、传播 [布, 流, 扬, 颂]；③〈物〉（使光线）分 [弥, 漫, 柔] 散等。

（4）释义的多维原则（multidimensional principle of definition）。语义是语言图式（形式）和知识图式（内容）的统一体，语义表征的形式层面集中反映为语词的多维意象，含形态、句法和语用选择限制。语义表征的内容层面包含语法义、搭配义、构式义、词汇义，以及情感义、情景义、联想义和象征义等，释义必须根据语证实际从多视角、多层面来揭示语词的复合语义表征。

（5）释义的整体原则（holistic principle of definition）。要解释一个词就需要把这个词放在一个整体框架中，在整体框架和框架成分关系中来认识和解释个体，通过框架成分之间的各种关系多维度地凸显其意义表征。既要考虑被释义词本身的语义框架，还要注意上位主框架下的各关联成分间的协调一致，明确每一个被释义词的概念或框架范畴，指出其范畴地位以及它与其他范畴成员之间的关系。

2）多维释义理论特征

多维释义理论认为，孤立的词是没有明确意义的，它只是有一些意义潜势，这种潜势只有把词项放在一定共现结构中才能被激活，从而产生现实意义。学习词典释义的实质是揭示被释义词的意义潜势，而基于语言使用的构式及其论元结构是揭示语词意义潜势的有效方法，而论元结构是基于使用或语言事件生成的习语性交际模式，因此大量的语言使用实例才是多维释义建立的基础。具体表现在：语义潜势是通过意义表征表现出来，后者是语言认知的各个层次、结构和维度形象化图式的系统集合。语法形式是语义的象征结构，表现为语言图式；语义内容是认知的知识结构，表现为概念图式。

（1）通过语言使用与认知的各个层次，由事件结构 → 题元结构 → 论元结构的层层映射综合揭示语词各个层面的意义；不但提供语词的潜在语境和分布特征，而且通过阐明语词在实际运用中的形态结构以及原型搭配成分、句法模式和语用规则，才能满足用户的实际使用需求。

（2）释义依据的是从事件结构逐级抽象出的完整的论元结构构式，它反映出被释义词特定义位的潜在典型句型结构、搭配成分和搭配关系，有利于激活和培养学习者的语感、促使他们抽象出语词的正确使用规则，有利于学习者自主学习和综合运用语言能力的发展。

（3）通过释义、配例注释和参见、提示、内词目等的相互关联，能在词典中建构反映自然语言词汇—语义网络的中观结构（mediostructure），既能利用语词的系统关系辅助释义，又能通过关联语词的比较增加对语词的深层理解、扩展词汇知识，使词典释文变得简单、易懂、实用。

3）释义的结构和方法

把构式理论引入词典释义，以构式论元结构的方式反映被释义词的分布特征和语义角色，符合语言习得的特点和认知规律。

（1）通过对真实语言实例——反复出现的话语事件的分析，可提取出三个层面的内容：参与者角色、题元角色和论元角色，参与角色与事件框架角色相关联，题元角色与谓词的句法角色相关联（如施事、受事／客体、工具、目标等），而论元角色是被题元角色赋值的名词短语。

（2）事件、题元和论元三个层次的角色根据其与话语构式中谓词之间的语法关系分别形成事件结构、题元结构和论元结构。事件结构反映的是事件要素层面的角色互动，题元结构是句法层面的关系，而论元结构则表现的是"句法—语义"界面，是形式与意义的整合。

（3）基于构式的多维释义由两个部分构成，一部分以构式的形式表述被释义词的结构模式和共现成分，另一部分表述被释义词在这一构式中的意义。例如，英语单词 deliver 的释义可写为"*sb. delivers a statement such as a talk, address or speech, or a presentation, paper, lecture,* they give a formal or special account on a particular topic in public, or to a group of people. Synonym: declare, announce, state"。

在这种释义模式中，动词的形态变化、事件情景、参与者角色和论元结构都尽显其中。释义既解释了整体构式语义，又凸显了被释义词，提高了释义的效果。从理论角度讲，多维释义理论克服了传统释义把语法与语义割裂，从单一层面和维度描述词汇概念的缺陷，能多维度呈现复合语义表征，再现自然语言中复杂的词汇—语义关系。这种释义既接近真实话语的结构特征，又有一定的抽象性和概括性；既阐释了动词中心论无法解释的语言现象，又避免了句子释义的"八股"腔和过度限制以及短语释义输入信息不足等问题。

参考文献

章宜华. 1997a. 积极型词典：词汇语义与词典多维释义. 广州：广东外语外贸大学博士学位论文.

章宜华. 1997b. 言语的双向与意义的多维性. 语言学论集（第4集）. 广州：华南理工大学出版社，126–136.

章宜华. 1998a. 内向型汉外学习词典如何全面反映词义信息. 辞书研究，（1）：54–62.

章宜华. 1998b. 自然语言的心理表征与词典释义. 现代外语,（3）: 46–61.

章宜华. 1999. 学习词典释义结构与释义方法初探——英、法、汉语学习词典的对比研究. 外国语,（3）: 73–78.

章宜华. 2002. 语义·认知·释义. 上海：上海外语教育出版社.

章宜华. 2006. 认知语义结构与意义驱动释义模式的构建——兼谈外汉双语词典的释义性质与释义结构. 现代外语,（4）: 362–370, 437.

章宜华. 2008. 对外汉语词典多维释义的概念结构探讨——对外汉语词典与《现代汉语词典》的对比研究. 学术研究,（5）: 142–147, 160.

章宜华. 2010. 认知语义学与新一代双语/双解学习词典的多维释义. 外语教学与研究,（5）: 374–379, 401.

章宜华. 2011. 基于用户认知视角的对外汉语词典释义研究. 北京：商务印书馆.

章宜华. 2013. 基于二语认知视角的词典需求分析与多维释义. 外语界,（6）: 39–48.

章宜华. 2015a. 二语习得与学习词典研究. 北京：商务印书馆.

章宜华. 2015b. 基于论元结构构式的多维释义探讨, 现代外语,（5）: 624–635, 729–730.

章宜华. 2017. 基于范畴图式—示例关系的释同与解异探析——英语学习词典范畴化释义研究. 外语教学与研究,（2）: 240–253, 320–321.

章宜华, 黄建华. 2000. 语言学理论对词典释义的影响. 现代外语,（1）: 67–76.

Lew, R. 2010. Multimodal lexicography: The representation of meaning in electronic dictionaries. *Lexikos,* (20) : 290–306.

计算词典学 COMPUTATIONAL LEXICOGRAPHY

本词条也可参见【语料库词典学】。

计算词典学（computational lexicography）是词典学（lexicography）

分支之一，指把计算机原理和技术运用于词典学研究和辅助词典编纂（dictionary making / dictionary compilation）及出版的学问。通俗地讲，就是计算机技术与词典学的结合，是词典学理论实践方法论的重大创新。

从实际情况来看，计算机为词典编纂的语料库建设，数据录入、存储、提取、分析、传输和交换，以及编辑出版等方面创造了非常好的条件。

✑ 计算词典学的起源与发展

计算词典学是计算机技术与词典学结合的产物，其基本标志是电子词典（electronic dictionary）的出现。词典（dictionary）与计算机最早且最直接的结合可以追溯到 20 世纪 40 年代后期，始于英国工程师布斯（Andrew D. Booth）和美国科学家韦弗（Warren Weaver）对机器翻译（machine translation，简称 MT）或自然语言处理（natural language processing，简称 NLP）的研究，因为机器翻译系统（machine translation system，简称 MTS）的核心要素之一是双语电子词典，机器翻译的基本信息来自机器词典（machine dictionary，简称 MD）。由于计算技术发展的限制，计算词典学的发展很长一段时间没有大的进展。20 世纪 70 年代末期，计算机硬件和软件有了较大发展，国际上便开始了计算词典学的理论研究；到 20 世纪 80—90 年代，其理论框架和研究范围渐渐趋于明朗。德国《词典学年刊》（Lexicographica）在 1988 年出了《计算词典学和计算语言学专辑》；英国波古拉夫（Bran Boguraev）和布里斯克（Erica J. Briscoe）等人在 1989 年出版了《自然语言处理中的计算词典学》（Computational Lexicography for Natural Language Processing）一书；苏联安德留申科（B. M. Andriushchenko）的《计算词典学的潜力和前景》（王德春译）于 1990 年在《辞书研究》上发表。英国辛克莱尔（John Sinclair）的《语料库、检索与搭配》（Corpus, Concordance, Collocation，1991）、英国阿特金斯（B. T. Sue Atkins）等人的《计算机词库》（Computational Approaches to the Lexicon，1994）和新加坡魏伊（Vincent B. Y. Ooi）的《计算机语料库词典学》（Computer

Corpus Lexicography，1998），比利时艾恩德（Frank Van Eynde）和吉本（Dafydd Gibbon）等人的《话语和语言处理词库的开发》(*Lexicon Development for Speech and Language Processing*，1998）等都对计算词典学作出了贡献。在中国，章宜华于2004年出版了《计算词典学与新型词典》，明确了计算词典学的学科范围、研究方向和研究任务。

与此同时，自20世纪70—80年代开始，欧美一些学术团体成立了一些计算词典学的组织，召开了系列的计算词典学的国际研讨会，也极大地促进了计算词典学的形成和发展。例如，英国计算语言学研究者论坛下设了一个计算词典学论坛（Computational LEXicography，简称COLEX），目的是把词典编纂出版与计算语言学两个领域的学者聚在一起，为双方进行技术和数据交流提供一个平台。匈牙利科学院语言学研究所发起了计算词典学和语料库建设的国际学术年会，命名为COMPutational LEXicography（COMPLEX），每两年召开一次会议（21世纪早期停办）。美国的计算语言学协会（Association for Computational Linguistics，简称ACL）旗下有一个专门从事计算机词库研究的特别小组，名为SIGLEX（Special Interest Group on the Lexicon），负责有关计算词典学的学术活动，范围包括词典编纂理论、网络词典（web dictionary / network dictionary / online dictionary）的使用以及计算词汇语义学。

☙ 纸质词典的电子化和数字化发展

计算词典学的一个重要标志是电子词典，最开始出现的是用于自然语言处理的机器词典，后来是供人用的机读词典和纸质词典的电子化。前两种一般出自科技公司和软件开发公司，后者才与辞书专业出版机构相关。在机器翻译研究的初期，由于计算机硬件和应用软件的限制，机器词典经历了长期艰难探索。直到20世纪70年代末，加拿大和彼时的欧洲共同体才分别推出了Weinder和EURPOTRA翻译系统。从20世纪80年代中后期到90年代初，机器词典发展迅速，其中一些转化成了供人使用的电子词典，在市场上广泛流传多年。现代电子词典在一定程度上起源于对 MT 或 NLP 的研发。所以，最初的电子词典大多是非专业辞书机构推向市场的。例如，20 世纪 90 年代初率先进入中国的国外电子词典有《IBM 智能词典》《微软书架系列词典》(Microsoft Bookshelf)等。在中国大陆地区，有郑州军工民品科研所等制作的《即时通英汉汉英双向词典》、郑州经纬软件工作室的《在线英汉词典》、上海朗道科技发展有限公司的《朗道电脑字典》；在中国台湾地区，有中国台湾微系电脑公司的《译典灵人声语言英汉辞典》和《21 世纪多媒体英汉双向辞典》、中国台湾矽谷光碟公司和艾思得公司的《莱思康综合有声词典》、中国台湾艾思得公司和皇统光碟公司的《超级莱思康光碟字典》等。这些是中国市场上出现的第一代本地电子词典，其界面和内容都比较简单。后来先后出现不少其他版本，其中最具代表性的是《即时通英汉汉英双向词典》《朗道电脑字典》《汉神电子词典》《惠丰有声英汉双向词典》《华建双向电子词典》《新世纪汉英科技大词典》《地球村》《金山词霸》《着迷词王》《东方大典》和《译典通》等。有些还兼顾翻译功能，如《即时通汉化专家》《译林专家翻译》《东方快车》《东方网译》等。

　　电子词典发展的另一重要领域就是专业出版机构的纸质词典向电子词典的转换。由于人用词典与 MD 词典之间存在很大的共性，因此就可以利用传统纸质词典来制作机读词典，既可服务于机器翻译，又可以供人使用。20 世纪 80 年代初以来，主要的英语学习者词典，如《牛津高级英语学习词典》(Oxford Advanced Learner's Dictionary，简称 OALD)和《朗文当代英语词典》(Longman Dictionary of Contemporary English，简称 LDOCE)已被转化为用于 NLP 的机器词典。反之，也有不少机器词典成功转化为人用的电子词典，如上述的《华建双向电子词典》和许多具有翻译功能的词典，"牛津""朗文"词典也同时以光盘形式出版供英语学习者使用。在 20 世纪 80 年代中期，《柯林斯 COBUILD 英语词典》(Collins COBUILD English Dictionary)运用大型真实语言语料库直接在专用词典(dictionary for special purpose)编写平台编写，在出纸质版的同时也出电子版。接着，许多欧美品牌词典很快加入了纸质词典电子化的行列，在 20 世纪 90 年代中后期开始推出各种电子版词典。例如，《韦氏新大学词典(第 7 版)》(Webster's Seventh New Collegiate Dictionary)、《韦氏新世界光盘词典》(Webster's New World Dictionary on Power CD)、

《兰登书屋足本电子词典》(*Random House Unabridged Electronic Dictionary*)、《牛津英语词典》(*Oxford English Dictionary*)、《梅里亚姆–韦伯斯特大学词典》(*Merriam-Webster's Collegiate Dictionary*)、《朗文当代英语词典》《牛津高级英语学习词典》《柯林斯 COBUILD 高级英语学习词典》(*Collins COBUILD Advanced Learner's English Dictionary*)、《麦克米伦高级英语学习词典》(*Macmillan English Dictionary for Advanced Learners*)、《剑桥高级英语学习词典》(*Cambridge Advanced Learner's Dictionary*)等。几乎在同一时间,市场推出很多基于微芯片的手持式电子词典,发展商主要是相关的技术公司,他们先是用自编词典,后来通过购买版权的形式大量植入国内外专业辞书出版社的品牌词典。

中国内地最早推出电子词典的是由汉语大词典出版社和中国香港商务印书馆联合推出的《汉语大词典》光盘版(1998),接着《中国大百科全书》的简明版也配置了光盘出售(2000),但在之后的十多年中辞书机构推出的电子词典屈指可数。从 20 世纪 90 年代末期开始,网络或在线词典开始兴起,慢慢取代了光盘词典;在 21 世纪初期,随着智能手机和移动通信的快速发展,以及数字技术在计算词典学中的应用,词典 App 慢慢占据了电子辞书市场的主导地位。新媒体词典大大改变了人们使用词典的习惯、突破了词典用户群的界限,传统的词典形态已经无法满足当代用户"碎片化"的词典查阅需求;因此,词典的数据化和融媒体化便被提上了发展日程。

☙ 计算词典学的任务和发展方向

1)任务

从计算词典学形成历史——计算机辅助词典编纂(computer-assisted dictionary compilation)和电子词典的发展路径来看,计算词典学的任务主要集中在以下几点:① 解决机器翻译、智能索引等自然语言处理所需的机读词典问题,即词典信息电子化的问题;② 解决人类使用和查阅词典的电子化问题,即海量纸质词典机读性问题;③ 研究和建设词典语料库 [lexicographic(al) corpus] 和词典数据库 [lexicographic(al) database]，解决语言和词典数据的统计分析、自动存取、自动识别、自动转换成各类词典的问题；④ 解决计算机辅助词典的编纂、编辑和修订的问题，研究如何在近期及远期实现词典编纂和修订半自动化或自动化的目标，最终向基本自动化的方向发展；⑤ 解决现有的大型商业词典的电子化和数字化改造，实现大型词典的发行无纸化，或设计编纂专门供人阅读的大型综合融媒词典数据。

在词典数据处理和编纂数字化方面，除众所周知的计算机辅助词典编纂平台之外，还有对海量真实连续文本的分析、语料库索引行提取和词汇模式分析。通过索引和模式分析可以获得有关语词在自然话语中的分布特征和分布结构（distribution structure），用于考查和提取语词的语法、句法、语义和语用等特征，把握词项的功能和用法环境，同时也能获得被释义词的义项分布，为义项划分（sense division）提供根据。当然，语料库模式分析（corpus pattern analysis）和索引行提取也是词典配例（lexicographical instantiation）的重要资源。目前，有学者尝试利用深加工语料库建立词典数据库，再根据微观数据结构模式生成词典。也有学者尝试借助媒体融合技术，将丰富的存量纸媒词典和电子词典进行数据化改造，然后筛选、去重、梳理，最后整合成大型、综合性融媒词典。

总体而言，计算词典学研究的主要内容是：语料的搜集与处理、语证的索引与提取、收词和义项划分的数据支持（词频统计、语义统计、语词分布结构统计）、综合语义分析、例证提取、辅助词典编纂、词典数据库及其标引、语料库和数据库管理、语料资源统计、词典数据统计、词典编纂管理、词典文本导出接口等。可以讲，计算词典学是一个增长十分迅速的交叉学科，与相关领域都会产生关联，除词典编纂外，还包括理论语言学、应用语言学、认知科学和人工智能等。

2）发展方向

计算词典学的发展方向与其研究任务有着密切关系，任务决定发展方向，发展方向是任务实施的保证。结合词典发展的历史和发展现状，计算词典学的主要发展方向可概括为以下几点。

（1）语料库词典学（corpus lexicography），指基于语料库的词典学理论研究和词典编纂。语料库词典学的基础是语料库语言学，是语料库与词典学的有机结合。语料库语言学提出了以计算机语料库为基础的语言学研究及自然语言处理的新思路，为当代学习词典以及大型理解型词典的编纂提供了新的途径，能满足当代词典用户的需求。其研究焦点是：语言运用、语言描述、语言的定量和定性模型等。这主要涉及：① 运用计算机技术对语证的搜集、处理、存储和使用；② 通过语料库模式分析对词汇属性的描述；③ 通过对词汇类频（type frequency）的统计分析抽象出词汇的各种模式和意义；④ 通过对语料的精加工和标注对语料库的语证提取和应用做数据化处理。

（2）电子词典学，研究电子词典的设计、编纂和使用，包括此过程中电子技术的运用。在广义上，有些学者主张电子词典学等同于计算词典学，但随着研究的发展，人们逐渐意识到，电子词典学应该聚焦于词典的编纂和使用的电子化。尽管电子词典的编纂涉及语料提取、词义辨别、文本输入、印刷技术使用等，但这是所有词典编纂的共性，不是电子词典的专有属性。电子词典学的研究应集中在以下几个方面：① 词典的电子化编写（含纸质词典的电子化）；② 电子词典的类型；③ 电子词典的内部和外部结构；④ 电子词典的界面及其功能设置。

（3）词典数据库研究，研究如何按数据结构来组织、存储和管理的词典宏观和微观信息，是对词典文本进行结构化和数据库化的过程。在词典数据库中，词典微观结构信息项是以"字段"（field）、"记录"（record）、"文件"（file）和"数据表"（table）的形式存储和记录的，以结构化查询语言（Structured Query Language，简称SQL）进行索引的。需要研究词典信息结构与数据库结构的融合，可扩展标记语言（Extensible Markup Language，简称XML）结构与结构化查询语言结构的结合。数据库中词典的各种信息，包括文字、声音、图片和视频等都呈现为不同的数据元阵列，不存在固定、连贯的词典形态。数据之间的关联、组合都需要对各信息项标注，故需要研究词典信息项的切分粒度和显示度，以便按需调取信息。

（4）词典的现代技术，指词典从语料、编纂到出版发行中所用到的所有现代信息处理技术，包括借助计算机技术和电信技术的结合而形成的手段，如对词典中文字、声音、图像、动画等的获取、加工、处理、储存和传播。归纳起来有索引技术、语料库技术、数据库技术和计算机辅助编写平台技术等。计算词典学就是要研究如何运用这些技术实现词典语言资源搜集和语料处理电子化、语料模式分析和数据提取批量化、词典编纂半自动化或自动化、词典信息组织和编排模块化、词典文本数字化和词典查询智能化，以及词典信息呈现的多媒体化或多模态化。

参考文献

傅爱平，吴杰，张弘，李芸. 2013. 人机交互式的汉语辞书编纂系统. 辞书研究，(6): 1–12, 93.

华烨，李亮. 2012. 国际计算机辅助词典编纂系统管窥. 辞书研究，(5): 81–90, 110.

张永伟. 2020. 辞书编纂系统的汉字处理：挑战与解决方案. 辞书研究，(1): 77–87, 126.

张永伟，顾曰国，胡钦谙，曹新龙. 2021. 面向语料库机助辞书编纂系统的设计与实现. 辞书研究，(4): 32–44, 126.

章宜华. 2001. 电子词典的界面结构及功能设置. 现代计算机（专业版），(9): 6–11.

章宜华. 2003. 电子词典的功能结构及系统设置. 广东外语外贸大学学报，(3): 21–24.

章宜华. 2004. 计算词典学与新型词典. 上海：上海辞书出版社..

章宜华. 2006. 认知语义结构与意义驱动释义模式的构建——兼谈外汉双语词典的释义性质与释义结构. 现代外语，(4): 362–370, 437.

章宜华. 2007a. 对我国电子词典发展策略的几点思考. 辞书研究，(2): 1–11, 61.

章宜华. 2007b. 关于计算词典学理论框架的探讨. 辞书研究，(6): 1–13.

章宜华. 2012. 国际辞书现代化技术的新理念：辞书语料数据化. 辞书研究，(2): 1–9, 93.

章宜华. 2013. 计算词典学. 上海：上海辞书出版社.

章宜华. 2015. 语料库数据化发展趋势及词典学意义——兼谈美国当代英语语料库的数据化特征. 辞书研究,（5）: 1–8，93.

章宜华，黄建华. 1996. 电子词典的现状与发展趋势. 辞书研究,（6）: 67–82.

郑恩培，陆汝占. 1999. 汉语词典编纂计算机化的若干问题. 语言文字应用,（2）: 94–98.

Ooi, V. B. Y. 1998. *Computer Corpus Lexicography*. Edinburgh: Edinburgh University Press.

Sinclair, J. 1991. *Corpus, Concordance, Collocation*. Oxford: Oxford University Press.

教学词典学 PEDAGOGICAL LEXICOGRAPHY

教学词典学（pedagogical lexicography）是词典学（lexicography）的一个重要分支，指有关语言教学和学习的词典理论方法，以及词典设计、编纂、使用和评价研究的学问。教学词典学的研究涉及两大方向：研究为母语用户编写的学生词典（student dictionary / school dictionary）或大学词典，研究为非母语用户编写的外语或二语词典——通常叫作"学习词典学"（learners' lexicography）。

教学词典学的研究范围比较宽，有些内容已经超出了传统词典学的范畴，除词典编纂（dictionary making / dictionary compilation）的理论和实践外，还涉及语言教学、二语习得、语言认识，以及词汇计量分析和用户使用词典的心理分析等，是词典学中最为复杂，但又与社会文化密切相关的研究方法之一。

☙ 教学词典学的起源

教学词典（pedagogical dictionary / didactic dictionary）可以追

词典学
100 核心概念与关键术语

溯到公元前 8 世纪中国古代的字书,早期欧美的部分词典或多或少也有一些规范语言的"教学"尝试。1798 年,一位叫约翰逊(Samuel Johnson)的教师出版了美国历史上第一部英语词典《学生词典》(*A School Dictionary*),美国《韦氏大学词典》(*Merriam-Webster's Collegiate Dictionary*)也在 1898 年问世。尽管 1755 年约翰逊在《英语词典》(*A Dictionary of the English Language*)中就提出了释义词汇控制和注意语法解释等理念,但真正从语言教学和用户学习视角研究词汇控制的是美国的教育心理学家桑代克(Edward Lee Thorndike)。他通过对学生进行一系列"刺激—反应"实验和训练,归纳出一些学习规律和原则,即准备律、练习律、效果律和多重反应原则、心向制约原则、选择反应原则、类化原则和联想交替原则等,并把这些理论应用到相关词表(glossary)和词典的编纂中。他应用这些原则对语言教学与词汇控制关系进行了研究,通过搜集、整理、统计分析了 500 万字左右的语料,发现词汇使用频率与语言教学关系密切,基于使用频率的教学效果十分明显。于是,他应用心理学原则,在 1921—1944 年间编写了系列《教师词汇手册》(*Teacher's Word Book*),收词数量从 10 000 到 30 000 词。在这些收词中充分凸显了词汇使用频率在教学中的重要作用,这也促使他后来编纂出版了面向母语用户的桑代克系列世纪词典。

有关非母语用户使用的学习词典(learner's dictionary),其理论研究始于 20 世纪 20—30 年代英国在海外的英语教学。奥格登(Charles Kay Ogden)早在 20 世纪 20 年代就预见到了英语会成为国际通用语言,他认为要让非母语者接受英语的最好办法是使英语学习简单化,以便他们广泛理解和熟练使用。为此,奥格登提出了一些简化标准:词汇受控性、词汇同构性、标准化(如建立语言的使用通用规则)、形态句法规则等,认为构词的分析性结构要优于综合性结构,因为它更具通用性。在相关研究的基础上,他编制了奥格登系列词表,如基础英语 850 核心词表(Ogden's Basic English)、国际词汇 350 词(International Words)、1 500 词的常用词表(Ogden's Basic English Next Steps)和 3 500 词的综合词表(Ogden's Basic English Combined Word Lists)等。1935 年,在印度从事英语教学的英国学者韦斯特(Michael Philip West)也意识到词汇控制和渐进式词汇教学对二语学习的重要性,他与恩迪科特（James G. Endicott）合作尝试用 1 490 个释义词汇为 24 000 个词进行释义，编写出《新方法英语词典》(*The New Method English Dictionary*)。这部词典由朗文出版，成为英国的第一部面向 EFL (English as a Foreign Language) 学习的词典。韦斯特认为外语教学最主要的任务就是培养学生的阅读能力，运用控制性词汇释义可以最大限度地减轻学生的阅读和理解负担。可见，第一部英语学习词典是一种"消极型"词典，其释义简洁、配例不多，词典收词两万多条，只有 300 页。所以说，最初的学习词典是解决学生的词汇学习和理解问题，而不是词的使用。

1938 年，长期在日本从事语言教学研究的帕尔默（Harold E. Palmer）认识到语法对 EFL 教学和学生词汇应用能力培养十分重要，他按词典的体例结构把自己积累的资料编写成《英语词汇语法》(*A Grammar of English Words*)，并应用于语言教学。该书中的语法注释、词形变化、动词搭配结构为后来的积极型教学词典学的发展奠定了基础。

☙ 教学词典学的发展

教学词典学发轫于英语语言教学，特别是海外英语教学，其初衷是把词汇"控制性"包括英语的"简单化"和词汇教学的"渐进性"贯彻到语言教学中。当词汇控制的研究比较成熟后，学习词典的需求就突显出来了，参加这些研究的学者都先后组织编纂了相应的英语学习词典。美国在本族语教学词典方面比较全面，从小学、中学到大学都有一些代表作，而英国在非本族语学习词典方面比较强，种类繁多，面向各个语言层次和各种学习需求的都有。中国的汉语教学词典也有面向母语学习的学生词典和面向外语学习的对外汉语词典，种类也很多，但学习词典的元素并不是十分明显。下面就这几方面做简要介绍。

在 20 世纪 30 年代，桑代克对大量英语语料进行研究后发现，词汇使用频率对语言教学有重大影响，需要"告诉所有想知道的人一个词是否用于口语或书面语，或告诉他们这个词在标准英语阅读材料中所使用的频率"（《教师词汇手册》前言）。因此，必须要让教师和学生知道词汇学习的先后次序，要控制性地、渐进式地进行词汇教学。为达此目的，他应用这些理念以学习者真实需求为导向，把学生用户群分为三个层次（8—10 岁、11—14 岁和 15—18 岁），并先后为他们编纂了桑代克系列世纪词典：《桑代克世纪低年级词典》（Thorndike-Century Junior Dictionary，1935）、《桑代克世纪高年级词典》（Thorndike-Century Senior Dictionary，1942）和《桑代克世纪入门词典》（Thorndike-Century Beginning Dictionary，1945）。这些学生词典多次再版，在 20 世纪的美国广泛使用，影响了几代人的语言学习。关于大学层级的学生词典，早期的《韦氏大学词典》（Merriam-Webster's Collegiate Dictionary，1898）只是《韦氏国际词典》的节本，教学的元素并不多。后来不断修订，逐渐增加了一些学生需要的信息，如词源、同义辨析（synonym differentiation / synonym discrimination）、语词联想、语法说明、口语语词、频数分布等，但也有反复——一度删去了"同义辨析"后又恢复，并在第 10 版增加了辨析例证。此外，美国还先后出版了《韦氏新世界词典》（Webster's New World Dictionary of the American Language，1954）、《芬克-瓦格纳大学标准词典》（Funk & Wagnalls Standard college dictionary，1963）、《美国传统词典》（American Heritage Dictionary，1969）、《兰登书屋韦氏大学词典》（Random House Webster's College Dictionary，1991）。在中国，《新华字典》在学生中使用最为广泛，但该字典并不是为学生而编写的。中华人民共和国刚成立时，很多人处于文盲或半文盲状态，为解决扫盲和汉语普及的问题，相关专家在调查研究的基础上编纂了这部实用的普通识字字典。从这一意义上讲，《新华字典》也有语言教学的功能。后来，全国各地出版社相继出版了各种各样的"汉语学生词典"，但大多数没脱离《新华字典》的模式，或稍微增加一些其他学习信息等。高层级的汉语学习词典研究和编写不是很多，已经出版的也多是模仿普通语言词典的编写方法。随着用户视角（user's perspective）编纂理念的加强，学界和主要辞书出版社也对汉语学习词典做过研讨，但严格按学习者需求和学习词典的原则方法进行编写的词典不多。2000 年，商务印书馆出版了《应用汉语词典》，旨在帮助用户学习汉语，其特色是标注了语类，列出了常用量词，提供了同义辨析、特殊语法提示和知识框等。后来，该词典做了系统修订，2010 年以《现代汉语学习词典》的名称出版，

核心概念篇

增加了一些学习元素,如对易错字词的提示,对同义或易混词的辨析等。之后,商务印书馆又组织专家论证、重新设计编写,于 2020 年推出了《当代汉语学习词典》。这部词典遵循了学习型词典的编写理念,使用了控制性释义词汇(不超过 4 233 个字),义项划分(sense division)细致,举证举例丰富,提供了尽可能多的语用信息。

☙ 学习型词典的发展

学习型词典先驱霍恩比(Albert Sydney Hornby)于 1924 年受聘到日本一所规模不大的学院——大分高等商业学校(Oita Higher Commercial School)教授英国语言文学,长期与学生接触使他了解到学生语言学习的特点和存在的问题。1931 年,霍恩比受帕尔默邀请参加了由他主持的"词汇研究课题组"("Programme of Vocabulary Research")的词典项目,负责语词搭配、动词句法结构,以及词汇选择和分级等研究和编写。他深知语言规则和惯用表达对二语或外语学习的重要性,所以在词典中特别增加了这一块信息。1942 年,他主持编写的《惯用语和句法词典》(Idiomatic and Syntactic English Dictionary)在日本出版。词典针对学习者的实际需求第一次系统地把语法信息融入词典的微观结构(microstructure),区分了词汇搭配和语法搭配等,并在附录中配置了简单易懂的动词模式表,以及词的搭配组合关系等内容;释义中植入了必要的注释和丰富的例句(illustrative example)。后来几经辗转,霍恩比把该词典稿交到牛津大学出版社,于 1948 年以《当代英语高级学习词典》(The Advanced Learner's Dictionary of Current English)的名称出版,也成为世界上第一部以"学习词典"命名的词典。该词典于 1963 年出第二版,并增加了"牛津"的品牌名,此后不断修订,至今已经出到第 10 版。1978 年,朗文出版公司推出了《朗文当代英语词典》(Longman Dictionary of Contemporary English,简称 LDOCE),率先在学习词典中采用 2 000 词的控制性释义词汇(controlled defining vocabulary);1987 年,哈珀 – 柯林斯出版公司推出《柯林斯 COBUILD 英语词典》(Collins COBUILD English Dictionary);1995 年,剑桥大学出版社出版了《剑桥国际英语词典》(Cambridge International Dictionary of English)。后来英美几大品牌词典又先后推出了几部二语学习词典，如《钱伯斯英语学习词典》(Chambers English Dictionary for Learners，1995)、《美国传统英语学习词典》(The American Heritage Dictionary for Learners of English，1998)、《麦克米伦高级英语学习词典》(Macmillan English Dictionary for Advanced Learners，2002)、《韦氏高级英语学习词典》(Merriam-Webster's Advanced Learner's English Dictionary，2008) 等。

在中国，供非母语学习者使用的汉语词典最初叫作"对外汉语词典"。最早的对外汉语词典是 17—18 世纪西方来华传教士编写的汉外或外汉词典，最有代表性的是马礼逊（Robert Morrison）1823 年编写的六卷本的《华英字典》(A Dictionary of the Chinese Language)。这部词典出版后在西方产生很大影响，成为中华文化传播和西方了解汉语文化的重要窗口。接着，不断有西方传教士加入词典编写工作，先后出版了各类词典 20 多部，包括方言词典和专科或专门用途词典。这类词典虽然是为西方人传教和经商者学习汉语用的，但限于当时的条件，并没有多少学习词典的元素。

国内学者自己编写的最早的对外汉语词典是原北京语言学院于 1976 年编写的《汉英小词典》和《汉法小词典》。1980 年，吕叔湘主编的《现代汉语八百词》（商务印书馆）成为外向型汉语学习词典的一个重要标志，它是第一部向外国人讲汉语用法的词典。进入 20 世纪 90 年代以来，汉语学习词典在学术研究和词典规模（size of dictionary）等方面取得了较大进展，出版了一批面向外国留学生的汉语词典，如《现代汉语学习词典》(1995)、《现代汉语常用词用法词典》(1995)、《汉语常用词用法词典》(1997)、《汉英双解词典》(1997)、《当代汉语学习词典》(2005)、《商务馆学汉语词典》(2007) 等。不过，调查显示，这些词典在非母语学者中的认可度不高，许多人甚至不知道这些词典的存在，所以在 2007 年以后，对外汉语词典的编纂进入低潮，无较有影响力的词典出版。不过近年来，国际汉语热催生了学习词典的强劲需求，已经有几个汉语学习词典的编纂项目正在有序实施中，可预见在不久的将来会有新的词典推出。

☙ 教学词典的功能特征

纵观词典学的发展，关于母语学习词典理论还没有一个专门的学术名称，一般用狭义的教学词典来表达；而非母语学习词典则有一个专用术语——学习词典学。这表明，非母语教学词典的研究更受学者重视。无论如何，两者都是教学词典，它们有很多共性，但存在的差异不容小觑。

1）母语和非母语学习方式的差异

（1）用户群体习得方式的差异：母语学习者都是儿童，可以在自然语境中获得基础语言及其所反映的世界知识；而非母语学习者大多已经有成熟的母语和知识体系，须在课堂中通过努力学习才能获得二语知识，且新输入的语言信息（linguistic matter）与大脑中既有知识会相互干扰，影响第二语言（second language，简称 L2）学习。

（2）用户群体语言习得能力差异：儿童有内在语言能力，能在母语环境下自觉获得第一语言（first language，简称 L1）的语感，语言表达由语义驱动，能创造性地产出他们未接触过的新表达方式；而成人大脑中有一套母语系统，常用 L1 的思维来解读 L2，讲话是语法驱动，会造成母语负迁移（negative transfer），产生中介语偏误。

（3）用户群体的词典查阅需求差异：本族语用户有与生俱来的语感和文化氛围，许多词不需解释或稍作提示就能明白，其词典收词和注释偏重"生词"，释义和配例简单明快，用法只需简单提示；而非本族语用户缺乏语感，本族语词典不需解释的往往是他们最易出错的地方，故语法用法要完备，释义要详尽且配例要丰富。

2）母语和非母语学习词典的共性

母语和非母语学习词典的共性也是两种教学词典的基本特征。学习词典也是语文词典（language dictionary）的一种，其基本结构都相同，因此不必赘述。这里仅就教学词典的特征简要说明。

（1）词典分语言层级编写：采用渐进式词汇教学方式，按用户群的语言程度把词典分初、中、高级三种类型，小学为初级，中学（含高中低年级）为中级，而大学（含高中高年级）为高级；也有人把少儿词典分为三级，如入门级词典、低年级词典、高年级词典等。

（2）词典按内容量变编写：通过数量的变化来体现词汇知识的渐进式教学，随词典层级高低的变化来增加或减少词典收词和注释的数量。例如，收词随词典层级的升高而增加，而解释性释义则随着层级的升高而减少；注释详略度和插图量随层级的升高而降低，而对释式释义（definition with synonym or antonym）随层级的升高而增加；词源信息随层级的升高而增加，例证丰富性随层级的升高而减少。

（3）词典遵循简单性编写：简单性需体现在词典的各个方面。初级或入门词典的收词要强调针对性，不收录与学习任务无关的词，注释要简单、简洁；控制性释义用词，原则上不用比被释义词更难的词释义，避免用专业词释普通词、用标记词释无标记词；避免循环释义，释义中的生词要在词典中能够查得，或者有对应的汉语双解，保证词典的闭环性。

（4）词典按使用频率编写：语词的使用频率是实现渐进式词汇教学的重要手段，在词典中一是通过大规模语料库的词频统计为词典的收词和立项提供支持；二是根据统计的词频数据和教学实际需要标注词目词的词频等级；此外，还可以根据语料的类频（type frequency）分析确定句型模式、搭配结构和义项划分，按词汇用法频度顺序来选择例证等。

（5）词典按逻辑联系编写：词汇之间的逻辑关系以及由这些关系构成的语言系统的整体性是词典简单性的重要保证。一是要用释义、参见和注释的方法来重构自然语言的词汇关系；二是对一些语义相近的义项要再建立义群，对义群内的义项要按逻辑关系（辐射关联和链式关联）进行编排，形成一个连贯的词汇—语义场。

参考文献

章宜华. 2012. 中介语偏误特点与学习词典理想作用机制探讨. 外语教学与研究, 44（2）: 233–245, 320.

章宜华. 2015. 二语习得与学习词典研究. 北京：商务印书馆.

章宜华，雍和明. 2007. 当代词典学. 北京：商务印书馆.

例证功能 FUNCTION OF ILLUSTRATIVE EXAMPLE

例证功能（function of illustrative example）指词典（dictionary）提供的例句（illustrative example）对词头（headword）及其释义所发挥的支撑作用。例证可以有短语例、搭配例和句子例，所担负的功能各有侧重。

词典用于解释词义和用法，举例很重要。在《小拉鲁斯词典》（*Le Petit Larousse*）的前身《新法语词典》（*Nouveau Dictionnaire Français*，1856）的封面上印有伏尔泰的名言：没有例证的词典就如同一具没有血肉的骷髅。王力先生先后在《理想的字典》（1945）和《字典问题杂谈》（1983）两次引用这句话，并强调"无论怎样好的注解，总不如举例来得明白"。

一般认为，释义是词典的基本内容，例证是释义的延伸，两者构成了传统词典微观结构的主体部分。但从当代词典，特别是学习型词典的实际情况来看，例证不仅仅是释义的延伸，它还能承担更多的功能。从理论上讲，释义是对众多语言运用表达实例的归纳和抽象，是从具体示例到一般概念和潜在规则[语义潜势（meaning potential）]的加工过程，含义比较笼统；而举证是把抽象或笼统的语义潜势用实际话语表达出来，是从一般到具体的过程，语义和用法都能明确显现出来。那么，语言潜势包含的元素就是词典释义[dictionary definition / lexicographic(al) definition]应该具有的功能。为此，需要弄清词典编纂（dictionary making / dictionary compilation）与例证之间的关系。

∞ 例证与词典的关系

作为词条（entry）的有机组成部分，例证要同词条中的其他信息项或某些重要的信息发生关系，这些关系无疑需要编纂者在配例时全面考虑。

（1）例证与释义的关系。语证是释义的基础，是词典编者释义的出发点。义项划分（sense division）和语词意义的界定需要根据实际话语或用例进行抽象分析，语词的释义需要根据实际语境来考查中心词的分布特征，再根据其在句中的语义配价和语法功能抽象出该语词的语义属性和语义特征。在真实语料分析的基础上对语言的释义才比较可信、可靠，有些词典甚至直接把例证当作释义来用。

（2）例证与语法的关系。语法关系指被释义词的一些使用规则，如语词的时、体、态，名词和量词的用法特点，形容词和副词的属性特征，及其使用中的形态变化等。这需要通过大量真实语料例句的分析来揭示语词的特殊语法特征（如某一动词只能用于被动态，或不能用于进行时；某一形容词只可用作表语而不能作修饰语等），然后用适当的方法进行标注。

（3）例证与句法的关系。语词义项的划分和意义的解释都是建立在一定句法模式上的，因为孤立于语境之外的语词没有确定的意义。因此，在释义时必须通过对大量语料库索引行——例句的分析，来发现语词的分布结构（distribution structure）和搭配关系，抽象出其句法分布、搭配成分和搭配结构等，然后用句型代码或论元结构来描述语词的句法模式，以帮助学习者生成句子。

（4）例证与语用的关系。词典不但要帮助用户理解词汇，也要告诉他们如何得体地使用词汇。在有些情况下，仅知道意义和句法模式是不够的，若不注意使用语境同样会造成交际障碍，因为语用选择限制也发挥重要作用。词典需通过对语料例句的分析归纳出其语用规则或选择限制条件，进行必要注释，如使用环境和场合，或特别适用于或不用于什么场合。

（5）例证与文化的关系。语言是文化的载体，语词具有文化属性。词典是记录和描写语言的，其本身就是文化产品（cultural artifact），所以词典的形式、功能和内容要反映相关社会文化环境下的语言现实。特别是双语词典（bilingual dictionary），可通过例句揭示源语（source language）所反映的文化内涵，使用户既能学到外国文化，又能了解外国的文化知识。因此，编者在给双语词典选配例证时必须充分考虑语言的文化因素。

⌘ 例证的功能研究

鉴于例证在词典编纂中的重要作用，例证功能的研究也成为词典学家们研究的热点问题之一。学者们从不同的角度对例证功能进行了研究和界定。

1971年，兹古斯塔（Ladislav Zgusta）在《词典学概论》（Manual of Lexicography）中指出，例证的目的是呈现词目词（entry word）在同其他词汇单位的组合中是如何发挥作用的，几乎所有的信息项都可以用例子来说明，如不同语境中的细微差别、词目词出现的文体类型、单词首现时间、使用范围、修饰组合、动词的典型宾语、状语组合、同义词或近义词的用法差异等。1982年，胡明扬等在《词典学概论》中指出，例证具有证明词义或义项（sense）、展示源流和年代、说明词义和用法的功能。兰多（Sidney Ivan Landau）在《词典编纂的艺术与技巧》（Dictionaries: The Art and Craft of Lexicography, 1984/2001）中并没有专门阐述词典例证的章节，但在谈论许多重要词典时字里行间都显露出例证的作用：通过释义并不一定能确定词的标准用法，例证才能呈现其典型语境；使用大量例证可以示范"正确"与"错误"惯用法，惯用法的例证较好地反映出现行的语言用法；《韦氏英语惯用法词典》（Webster's Dictionary of English Usage, 1989）是一部质量优秀的词典，因为它从梅里亚姆-韦伯斯特的引文档案中选取了大量真实的例证来支持它对惯用法所做的评判。1987年，德赖斯代尔（Paul D. Drysdale）从积极型词典（active dictionary）的视角把英语学习词典例证的功能分为七种，包括补充释义信息、展示词语的语境、显示语词的语义范围或揭示词语的比喻义、区分义项、说明语法结构、展示其他典型搭配、说明语域或语体特征等。1993 年，史文森（Bo Svensén）从例证信息的使用视角归纳了例证的功能，包括提供被动的语义信息，解释抽象的释义；提供被动的句法结构信息，展示语词的语法结构；提供主动的结构式信息，用户通过调整语法结构和词汇就可以生成平行的结构变体。

章宜华在《当代词典学》（2004）中指出，配例远远比我们想象的要复杂。一部词典哪些词项需要配例、哪些不需要配例、如何配例；什么词项需要配备例证、配备多少例证等，都要从例证的功能方面来考虑。为此，他从语义层面、语法层面、语体层面、文化层面和翻译层面等，比较详细地阐述了例证的各项功能。阿特金和朗德尔引用多名词典学家的言论来说明，例证客观地表明一个词可能存在于语言中，使用例证没有其他目的，就是为证明语词的存在（Atkins & Rundell, 2008）。具体地讲，例证在历史性词典中的一大功能就是确定语词、意义或短语的起源，追踪其发展变化；在普通词典（general dictionary / general-purposed dictionary）中，例证用来说明用法，通常是对释义的有益补充，说明语境特征，包括语法、搭配、语域等。

○ 例证功能的类型特征

从对语言基本活动的作用来看，例证有解码相关功能（function relevant to decoding）和编码相关功能（function relevant to encoding）；从对语言的活动范围来看，例证有一般功能和特定功能。在学习词典（learner's dictionary）和双语语文词典中，例证显得更为复杂，但它们也与普通语言词典存在不少共性。因此，为方便起见，这里分层次汇总讨论各类词典的例证功能。

1）例证的语义功能

例证作为语义的载体，就是以话语实例的形式使抽象的释义或注释具体化。恰当的例证能够从各个角度将词汇的语义内涵生动地展现出来。

① 强化释义功能，使抽象的释义或注释具体化，加深人们对释义的理解；② 辅助释义功能，在双语词典中以示例的形式提供更多目的语（target language）对应表达方式，从细微之处挖掘词目词的多种内涵；③ 扩展释义功能，把被释义词还没有概念化的比喻义、引申义表现出来；④ 同义辨析功能，揭示双语词典多项并列对等词的不同内涵或用法。

2）例证的语法功能

语法是语言运用的规则框架，词典通过例证的形式将抽象的语法规则具象化，帮助使用者把握词汇在不同语法情境下的运用方式。

① 凸显句法结构功能，通过对例句中的中心词及其相关成分的"高亮"处理，可以清楚呈现词目词的分布结构，或双语词典中词头对等词的句法结构；② 提示典型搭配功能，以例证的形式直接列举被释义词的典型搭配；双语词典常有多种词目对等词的现象，需要以例证的形式表现各自搭配项的特征及相互关系，引导用户正确地使用被释义词。

3）例证的语体功能

语体反映语言在不同交际情境和领域中的独特风貌，词典借助具体的用例让用户能够直观地感受到词汇在不同语体和语域中的微妙差异。

① 显示语体色彩的功能，形象地呈现出释义无法表达出来的文体风格；词的不同使用风格都可以以例句的形式表达出来，例如，一个词既可以是正式的，又可以是戏谑的风格；② 限定语域范围的功能，同一个词应用于不同语域可以有不同的含义，尽管语用标签可以标注出词的文体类型，但实际用例则可以更直观地反映出被释义词的语域范围。

4）例证的文化功能

语言的运用深深扎根于特定的语用情境和文化背景之中，词典通过丰富的例证为用户搭建起连接词汇与交际场景、文化内涵间的桥梁。

① 明确语用条件的功能，人们组织话语就是根据一定的限制条件

对词汇进行选择，例句可以通过特定的语境反映被释义词具体的选择限制条件；② 显现社会文化的功能，让读者了解被释义词的文化背景，包括风土人情、社会文化、文学文化、生活习俗等；③ 传承语言文化的功能，说明被释义词的语境文化，包括独特文化义、文化附加义和文化差异义等。

5）例证的翻译参考功能

双语词典提供的对等词语义比较抽象、数量也很有限，词典需借助例句突破这种静态局限，为用户提供更加贴合语境、灵活多变的翻译参考。

提供双语词典中被释义词多种翻译方法的示范。词典的宏观结构词表是语言"典型形式"（canonical form）的系统汇编，其译义或对等词都有一定的概括性和抽象性，其语义内涵是静态的，独立于使用语境。而语言的使用是多样的、动态的、具体的，许多情况下不宜把词典对等词 [lexicographic(al) equivalent] 直接用于句子翻译。因此，例句一般会随语境的不同提供不同的翻译，作为用户翻译工作的参考依据。

参考文献

胡明扬，谢自立，梁式中，郭成韬，李大忠. 1982. 词典学概论. 北京：中国人民大学出版社.

王力. 1945. 理想的字典. 国文月刊,（33）: 2–27.

王力. 1983. 字典问题杂谈. 辞书研究,（2）: 1–9, 144.

章宜华，雍和明. 2007. 当代词典学. 北京：商务印书馆.

Atkins, B. T. S & Rundell, M. 2008. *The Oxford Guide to Practical Lexicography*. Oxford: Oxford University Press.

Drysdale, P. D. 1987. The role of examples in a learner's dictionary. In A. P. Cowie, (Ed.), *The Dictionary and the Language Learner*. Papers from the EURALEX Seminar at the University of Leeds, 1–3 April 1985.

Landau, S. I. 1984/2001. *Dictionaries: The Arts and Crafts of Lexicography*. Cambridge: Cambridge University Press.

Svensén, B. 1993. *Practical Lexicography: Principles and Methods of Dictionary—Making.* Oxford: Oxford University Press.

Zgusta, L. 1971. *Manual of Lexicography.* Prague: Academia

认知词典学　COGNITIVE LEXICOGRAPHY

本词条也可参见【词典学】【教学词典学】。

认知词典学（cognitive lexicography）是运用认知语言学的理论方法，以用户需求的视角进行词典学研究、词典编纂（dictionary making / dictionary compilation）及评价的学问。

认知词典学是词典学（lexicography）与认知语言学在理论和方法论上的有机融合。认知词典学注重从用户的语言认知规律和认知特点的实际出发，来研究词典（dictionary）如何满足用户在语言习得和进行语言活动过程中对词典的使用需求。这是词典学理论研究的全新范式，与传统词典学相比有着不同的认识论和方法论取向，实现了以编者为中心的传统词典编纂思维向以用户为中心的现代词典编纂思维的转变。

○ 认知词典学的起源与发展

认知语言学发轫于 20 世纪 70—80 年代，学习词典（learner's dictionary）和用户视角（user's perspective）的词典研究为认知词典学的萌芽提供了基础条件。"认知词典学"这一术语译自英语"Cognitive Lexicography"，是奎因（Willard Van Quine）在《用法及其语义所在》（"Use and Its Place in Meaning"，1979）一文中提出来的。这一年正是《朗文当代英语词典》（*Longman Dictionary of Contemporary English*，简称 LDOCE）（以下简称《朗文》）出版的时间，也是学习词典从出现到兴起的过渡阶段。当时《朗文》在词典的编纂中已吸收了语篇语言学（text linguistics）、词汇习得（vocabulary acquisition）和语用学的理论方法，这正是认知语言学的基础条件之一。此外，它还率先使用了 2 000 词的控制性释义词汇（controlled defining vocabulary），这是典型的用户视角的操作。另一开创性的学习词典是 1987 年的《柯林斯 COBUILD 英语词典》（Collins COBUILD English Dictionary），它第一次用"自然句"的形式释义，也是从用户元认知考虑的——把被释义词放在完整语境中来解释，易于为二语学习者所理解。在释义理论研究方面，恰于 20 世纪 70 年代出现了原型理论，它是针对传统释义方式——充分必要条件的缺陷而建立和发展起来的。这个理论方法很快得到语言学界的认可，在 20 世纪 80—90 年代有不少学者尝试用原型理论的方法来解释语义，虽弥补了传统充分必要条件释义的许多缺陷，但并没有与词典释义联系起来。

  1997 年，《积极型词典：词汇意义和多维释义》一文提出运用认知理论和原型理论的方法来研究词典释义 [dictionary definition / lexicographic(al) definition]，强调释义应该着力描述语词的认知语义结构；次年，欧洲辞书学会（比利时）第八届年会第一次把"Cognitive Lexicography"作为其中一个议题来讨论。自此，国内外陆续出现与认知词典学相关成果的发表。譬如，内向型汉外学习词典如何全面反映词义信息（章宜华，1998）、自然语言的心理表征与词典释义（章宜华，1998）、《语义学与词典释义》（章宜华，2002）等阐释了语言认知——认知语法、构式语法、概念语义结构和原型理论等语义观与词典释义的关系，提出借助认知心理表征来描写词的语义结构，以构建新的释义模型。《认知词典学探索》（赵彦春，2004）从语言习得的认知规律出发，从宏观上探讨了认知词典学的理论特征及研究方法。《语义·认知·释义》（章宜华，2009）、《基于用户认知视角的对外汉语词典释义研究》（章宜华，2011）和《二语习得与学习词典研究》（章宜华，2015）比较系统地阐述了认知语义学、二语习得与词典释义的关系，提出了基于认知语言学的意义驱动多维释义理论（meaning driven multidimensional definition theory）。2019 年，《认知词典学刍论》一文从认知词典学的理论基础入手，运用认知语言学的语义观和方法论比较系统地阐释了认知词典学的释义模式和释义方法。在西方,《构式语法与词典学》("Construction Grammar and Lexicography")讨论了构式语法对词典编纂的贡献;《认知词典学:一种运用认知语义学的词典学新方法》(*Cognitive Lexicography: A New Approach to Lexicography Making Use of Cognitive Semantics*,2015)一书在对现有主流学习词典实证调查的基础上,提出把认知语义学——框架语义学(frame semantics)、概念隐喻理论(conceptual metaphor theory)和认知多义性(cognitive polysemy)与词典学相结合,用认知的方法来解释语义,包括百科意义表征和具身认知(embodied cognition)。

在这个时期也有很多学者以论文的形式发表了认知词典学方面的研究成果,譬如,关于词典学认知方法的探索、认知语义学与词典释义研究、语义网络与词典中观结构研究、构式语法和认知经验与学习词典研究等。

☙ 认知词典学的理论基础

词典学作为一门具有独立理论框架的交叉性应用学科,如果要保持其生命力并推动辞书编纂不断优化和发展,就必须要不断从相关学科借鉴并吸收新的理论方法。认知词典学虽然是与认知语言学融合的产物,但它也有自己的理论特色,需要有系统理论基础的支撑。

从理论上讲,认知词典学源于对认知语言学语义观的思考和在词典编纂及释义中的应用,而语言认知涉及两大问题:一是语言认知识解的本体;二是认知主体与语言认知的关系,即语言学习过程中的认知问题。语言认知有其哲学基础(fundamentals on philosophy)和心理学基础(fundamentals on psychology),而语言学习有语言习得的理论基础。

1)哲学基础

认知语言学的哲学基础是经验论(experientialism)和经验现实主

义（experiential realism）。人们的概念知识并不是外部现实客观的、镜像的反映，而是通过身体感官与外界的互动和具身体验以及大脑认知加工获得的。通俗地讲，人的语言能力不是与生俱来的，大部分语言知识都是通过后天经验有意识地学得的。认知是建立在经验或体验基础上的，认知语言学的体验哲学（embodied philosophy）内涵主要反映为三项基本原则：心智的体验性、认知的无意识性及思维的隐喻性。

心智的体验性指人的语言认知有赖于认知主体与客观世界的互动经验，而这些主体经验又源自于具有各种感知运动能力的身体，身体的感知在大脑中产生映像，从而触发一系列的认知加工。因此，语义或概念只有通过人的感官活动才能被理解。

认知的无意识性指尽管语言认知要经过一系列的神经感知（听觉、视觉）、心理运算或加工（语言与思维），包括图式化或概念化，但这些过程认知主体往往是无法意识到的，下意识的思维决定了思维和认知结构。

思维的隐喻性说明，隐喻语言是隐喻性思维的反映，而隐喻思维是常规性的，无时不反映在各种语言行为中，概念可以通过不同的隐喻并以各种方式表达出来。其认知过程是利用源域和目标域的某些联系，形象地表达新的语义信息，理解抽象概念域，实现语义的延伸。

2）心理学基础

语言认知体验必然涉及一定的心理思维过程，因为经验、知识就是通过这一系列的认知过程而获得的，语义和概念化的形成首先是把人的感知在人们的意识中形成一种心理映像，输入大脑中的映像经心理空间的组合、联想、映射和投射等心理互动实现概念整合，其心理学基础包括经验主义联想心理学、完形心理学和认知心理学。

经验联想主义心理学认为知识来源于后天活动和实践基础上的认知联想，包括外部感觉和内部感觉，前者指外部事物作用于感官产生的感觉，后者指心理活动的本身，每次认知过程都会留下想象或联想记忆。感知和联想的要素是基本范畴和动觉图式，它通过感知与外界作用被直接认识，或通过隐喻联想被间接理解。

完形心理学强调经验和行为认知的整体性作用，在把握整体的基础上来把握个体能事半功倍。框架认知应遵循动体与界标原则、相似性原则、连续性原则、邻近性原则和突显原则等。格式塔也具有原型特征，语义框架以原型图式的形式贮存于人的头脑中，可用客体与原型的比较来表征其语义结构。

认知心理学关注的是语言输入（input）与输出（output）之间发生的内部心理过程，概念化是通过认知主体对客体的体验、感知、推理、判断、归纳等理性思维加工而成的。这个过程既依赖于客观环境，又有主体自身先备知识的介入，而知识是通过图式起作用的。因此，先备知识对人的语言行为和认知活动起决定的作用。

3）语言习得基础

词典编纂不可避免地涉及编者与用户以及词典与社会等之间的关系，而影响词典体例（format guideline / style guide）设计和释义方式的最核心问题是对词典用户群及其需求的认识。因此，语言习得理论、语言认知机制对揭示词典用户的语言认知规律及其对词典的需求有重要理论和实践意义。

认知词典学要根据用户的语言认知规律来组织词典信息，而语言习得理论关注的就是语言认知机制。语言习得理论有行为论、天赋论、连通论、建构论和认知论（构式论）等。行为论和天赋论认为，联通主义和建构主义只是从主客体的某一侧面描写语义形成的机制，存在一定的局限性；而认知论从认知经验和语言使用视角解释语言的识解比较符合认知词典学的需要。

语言习得认知论的观点较多，但都强调学习过程中大脑的内部认知思维过程的作用。意义源于语言的运用，而不是天赋的内在语言模块。虽然语言能力就像视觉、知觉一样存在，但只是具有生物性禀赋（biological endowment）。语义产生既有一定规律性，也有基于运用的约定俗成性，规律和约定的语言现象就是语言构式，它是通过特定语境中反复使用的共现结构抽象而来的。

语言认知机制是语言学习过程中大脑内部认知的运作原理，即认知主体通过可理解输入接受语言信息（linguistic matter），经反复和有意识的语境练习，抽象出语言规则，使之内化或吸收，最终触发习得的产生，变成长期记忆中的语感。用户认知特征需要通过分析语言学习者从语言输入到输出的大脑思维运作过程来考查，他们从母语出发不断向目的语（target language）（二语）靠近，中间要经过漫长的中介语发展过程，在其发展的各个阶段会出现各种各样的偏误，调查分析这些偏误出现的原因、机制和国别差异是确定用户词典需求的关键。

值得注意的是，二语习得研究中出现的多维度动态系统理论与认知语言学的语言习得模式之间有深刻的哲学关联，因为它们都是以多层面、全方位的综合视角来观察语言活动，且都强调语言习得中意义的驱动作用。这对于学习词典谋求综合、系统的语义解决方法具有重要的指导意义。

❸ 认知词典学的理论方法

认知词典学源于对认知语言学的思考和应用，而且词典又是描写语言的，因此认知语言学的哲学基础和心理学基础也是认知词典学的理论基础。认知词典学的哲学基础是认知体验，心理学基础是经验联想、完形和认知心理学，而语言习得的理论基础则是基于语言经验和使用的认知论。具体而言，认知词典学是建立在以下理论方法之上。

（1）认知语义观。语言是一个整体系统，语言的各种象征单位相互联系、相互作用，必须运用综合方法，把传统词典分块处理的形态、概念、句法和语用都当作语义表征形式和限制因素，一起来呈现被释义词的综合语义表征。这样，各语言层面便形成基于事件或语言使用的特定句法—语义—语用界面，通过表征处在特定构式中的词汇语义，即可实现基于事件的意义驱动多维释义（multidimensional definition）。

（2）原型范畴与范畴化。范畴化是人类感知客观世界和语言认知的重要方法。范畴化和原型化等认知过程紧密联系在一起，语言输入和输出所引起的一系列认知活动，包括感知及其图示化、概念化和词汇化，以及动态识解都是在范畴的框架下进行的。因此，在范畴框架下组织词条编写，用原型特征释义是在把握语言共性的基础上快速识别其范畴成员，提高用户解读效率的有效方法。

（3）概念隐喻与转喻。隐喻是以人类经验的基本范畴为基础，以意象图式的形式通过心理空间的概念整合对不同认知域的输入（input）进行联想、映射、合成，达到形象表征新概念的目的。思维的隐喻性反映为语言的隐喻性，隐喻在语义扩展和新概念形成中具有重要作用。用概念整合的方法来分析语词的隐喻义，对揭示新词新义和搭配形成的机制，提高用户的信息解读效果具有重要意义。

（4）语义框架与整体性。在一个整体框架中个体就很容易被识别，把被释义词放在构式中进行解释可以大幅度降低学习者用户的认知难度。"短语+括注"这种针对孤立词项提供离散解释的方法难以触发用户的认知联想，需要通过形态、概念、语法和语用的关联以中观结构（mediostructure）的形式在词典中重构其自然联系，把与被释义词的各种关联成分进行系统描写，组成有机的框架整体。

概括之，认知词典学总体采用认知语义学的方法，突破了传统语言学把语言系统切分为相对独立的板块——语音、形态、语义、句法和语用等分别注释的方法。理论上，参照认知语言学的语义观：① 把语法和词汇看成一个不可分割的系统；② 语言的核心内容是语义；③ 意义不仅仅是规则决定的，构式也能赋予语义；④ 语义不是孤立存在的，要把被释义词放在一定的语境中来描写。方法上，运用语料库及其词频统计和模式分析，以用户认知视角为切入点来研究词典的收词立目、义项划分（sense division）与排序、释义与配例等。在词典释义方面，常用到的理论方法有框架语义学、原型语义学、图式范畴理论、构式语法、概念隐喻和语言识解理论。其主要特点是，根据语词的语言使用实例和发生的语言事件，以"参与者角色→题元角色→论元角色"为对象，以"事件结构→题元结构→论元结构"为途径做层层映射，形成反映词汇句法—语义界面的表征结构，从形态结构、概念结构、组配结构（构式）和分布特征等方面多维度地对被释义词进行诠释，以构建符合语言学习者语言识解规律的释义模式。

参考文献

章宜华. 1997a. 积极型词典：词汇语义与词典多维释义. 广州：广东外语外贸大学博士学位论文.

章宜华. 1997b. 言语的双向与意义的多维性. 语言学论集第4集. 广州：华南理工大学出版社，126–136.

章宜华. 1998a. 内向型汉外学习词典如何全面反映词义信息. 辞书研究，（1）：54–62.

章宜华. 1998b. 自然语言的心理表征与词典释义. 现代外语，（3）：46–61.

章宜华. 2002. 语义·认知·释义. 上海：上海外语教育出版社.

章宜华. 2011. 基于用户认知视角的对外汉语词典释义研究. 北京：商务印书馆.

章宜华. 2015. 二语习得与学习词典研究. 北京：商务印书馆.

章宜华. 2018. 认知词典学刍论. 外国语文，（2）：1–10.

章宜华. 2021. 中国大百科全书——辞书学第三版网络版. 北京：中国大百科全书出版社.

赵彦春. 2004. 认知词典学探索. 上海：上海外语教育出版社.

Croft, W. & Sutton, L. 2014. Construction grammar and lexicography. In P. Hanks & G-M De Schryver (Eds.), *International Handbook of Modern Lexis and Lexicography*. New York: Springer, 314–350.

Guine, W. V. 1979. Use and Its Place in Meaning. In A. Margalit (Ed.), *Meaning and Use: Papers Presented at the Second Jerusalem Philosophical Encounter*. Dordrecht: D. Reidel, 219–232.

Ostermann, C. 2015. *Cognitive Lexicography: A New Approach to Lexicography Making Use of Cognitive Semantics*. Berlin: Mouton De Gruyter.

核心概念篇

融媒词典学 MEDIA CONVERGED LEXICOGRAPHY

融媒词典学（media converged lexicography）是一种词典学（lexicography）的技术方法，它在融媒体框架下探讨词典（dictionary）从设计、编纂到出版发行各个环节以实现媒体融合的学术研究。

融媒体是以互联网、云计算服务为代表的信息技术发展的产物，它改变了人类的各项活动，特别是信息的生产、组织和传播的方式。词典也是文字和知识密集型文化产品（cultural artifact），融媒词典（media converged dictionary）也将是辞书人的必然选择。融媒体辞书是一个全新的概念，其内涵远远超出了传统的词典学理论与编纂实践的范围，它把词典信息与传播、教育、学习、工作和社会活动都联系起来，因此它的作用和影响也会随着融媒词典的发展而越来越重要。

☙ 融媒词典学的起源

融媒体源自英语的"media convergence"。1977年，法博（David Farber）和巴冉（Paul Baran）首次把"convergence"与大众互联网传播联系起来。接着，麻省理工学院的普尔（Ithiel de Sola Pool）于1983提出了"传播模态融合"（the convergence of modes），初步形成了"媒体融合"（media convergence）这个概念，并指出这是一种正在"模糊媒介间界线"的过程，涉及点对点通信和大众传播。2001年，纳齐森（Andrew Nachison）将"融媒体"定义为"印刷、音频、视频、互动性数字媒体组织之间的战略、操作和文化的联合"。2003年，美国西北大学的戈登（Rich Gordon）根据不同的传播语境，拓展了"媒介融合"的具体形态，将其分为所有权融合、策略性融合、结构性融合、信息采集融合、新闻表达融合等。

在国内，2006年5月在《国际新闻界》发表的《媒介融合前景下的新闻传播变革》，明确提出了"融合新闻"的前提和基础是"融合媒介"

163

（convergence media）。2009年在复旦大学召开的有关传媒论坛专门就"媒介融合"问题进行了讨论。2014年《人民日报》发表了《加快推动传统媒体和新兴媒体融合发展》的文章，从2015年开始，研究融媒体的热度快速升温，尤其是自2019年习近平总书记发表关于融媒体的重要讲话以来，有关融媒体的研究文章呈指数级增长。2019年1月17日，中国辞书学会在广东外语外贸大学召开"新时期辞书发展座谈会"，会上有代表提出了运用融媒体发展词典学的建议；2019年4月，中国辞书学会在烟台专门组织了"融媒词典学"研讨会。学者们很快意识到，媒体融合对辞书数字化转型的重要意义，由此拉开了中国辞书界融媒词典研究的序幕。

߷ 融媒词典的融合要素

就目前研究来看，融媒词典学要围绕"两核心"及"三要素"来发展。融媒辞书的核心是"融合"（convergence）和"融通"或"连通"（connection），前者是通过跨媒体数字平台把涉及词典的各个层面都连通起来，包括词典制作资源、文本内容，以及传播方法和介质；后者是通过跨媒体数字平台把原本不直接相关的两个或多个方面联系在一起，包括不同介质的词典文本、词典的编者和用户，以及词典文本和用户的使用。

1）词典编纂资源的融合

编纂项目涉及辞书人才资源、辞书语言资源及辞书数据资源。① 词典与媒体的融合要求辞书人必须掌握跨学科知识，具备跨媒介辞书策划能力，把全行业中有某种特长的辞书人才整合起来；② 运用融媒平台把分散的小型或专业语言资源整合起来，运用数据挖掘和爬虫技术提取网络数字媒体资源建设大型多模态语料库；③ 按统一的数据结构和格式把存量词典及其他文字资源转换为词典"数据元"，构建综合性融媒词典数据库。

2）辞书文本内容融合

融媒词典释义的多模态化，可从多个感官触发用户联想，提升词典信息输入密度。具体表现为：① 词典的图像、声音等模态融合能为"多元识读"提供支撑，它们不再是文字的附加成分，而是释义的表征元素；② 词典要向大型综合化发展，学习词典（learner's dictionary）要多模态化，大型词典要模糊类型，各种信息融为一体；③ 词条（entry）中各种信息项既作"碎片化"数据处理，又能通过关系数据结构相互融合；既可提供单项查阅，又能组成综合连续文本。

3）辞书与数字技术的融合

词典文本传输的全数字化、数据化和全媒体化，词典查询的智能化。具体表现为：① 文本输入后进行数字化融合，词典释义 [dictionary definition / lexicographic(al) definition] 和注释的各类信息按数据结构单元分散存储在数据库中，按需组合查询；② 融媒词典的多模态表征需要用物理媒介呈现出来，通过光电以声频或视频等形式传达给用户；③ 智能化索引是建立在词典信息数据化、储存结构化和调取模块化基础上的，其特点是按用户需要从数据库准确调取相关信息。

除融合三要素外，还有融通三要素，其特征是通过跨媒体数字平台把原本不直接相关的两个或多个方面联系在一起，包括不同介质的词典文本、词典的作者和用户，以及词典文本和用户的使用，即双方相互连通、相互兼容或结合。① 词典介质的融通，包括纸质词典与数字词典融通、电子文本与数据化模式融通和平面文本与多模态文本融通；② 辞书编者与辞书用户融通，包括编者的意图与用户需求融通、专业编写与众源模式融通和词典更新与使用体验融通；③ 辞书信息与辞书使用融通，包括词典功能与教学功能融通、词典查询与语言训练融通和查询项目与查询需求融通。

融媒体辞书不单是要多模态、多媒体的融合，还需要在"融"的理念下多做探索，只要在"融合"与"融通"的框架下不断进取，就能沿着电子化、数字化、数据化的路径，逐步实现词典的多媒体化、跨媒体化和融媒体化。这个过程需要各方面的融合或联合，可以机构内融合，也可跨机构或整个行业融合。

☞ 融媒体文本的融合机制

融媒体在词典中的应用直观上改变的是词典的传播和发行方式，但实际上绝没有这么简单，媒体融合要求对词典文本内容的生产方式和组织方式的改变才是深层次的和实质性的，且正是它决定着词典能否实现融媒体功能。

词典用户查阅词典，无论是学生或是教师，或是语言工作者，都是从词典中汲取语言知识，从广义上讲都是语言"学习者"。

语言学习是人类的一种认知活动。认知是人与客观世界的互动，涉及人的感官与思维：眼（视觉）、耳（听觉）、鼻（嗅觉）、舌（味觉）、身（触觉和本体觉）以及大脑（感知与理性思维）。这些感官直接参与语言意义的感知、形成、储存、传递和识读，但首先是词典编纂（dictionary making / dictionary compilation）的信息源头——心理表征，与词典文本的承载媒介、传播形式与多媒体（物理）和融媒体（网络+App 等）都密切相关。因此，发展融媒词典需要搞清这些关系和内容实质。词典的信息资源有：

（1）语言语音、语言形态、语法规则、句法结构、语义结构、语用限制和使用场景等，这就是心理模态；

（2）心理模态由语言、文字、声音、（模拟和数字）音频、图形、图像、（模拟和数字）视频等来表示，这就是逻辑模态；

（3）这些逻辑模态又需要（眼）视觉、（耳）听觉、（鼻）嗅觉、（舌）味觉、（身）触觉来感知，这就是认知模态；

（4）在自然交际中，语言、声音、文字、图像和结构模态，以及触觉模态、视触觉模态会根据需要选择性交互，这就是模态融合（多模态产生）；

（5）模态是语义的心理实体，需用媒体来呈现，形成文字与声音、文字与图形、音频与视频、动图与短片、纸媒与电媒等模态交互（多媒体产生）；

（6）多媒体词典信息由磁盘、光盘、网络、云平台、电波，以及各种终端设备（平板、手机等）送达给词典用户，这是物理媒体。

概括地讲，模态与媒体既有联系，又有区别。模态是人的语言认知体验，通过视觉、听觉、触觉等感受到的心理图式，如视觉与客观的互动形成颜色、结构、形状等，听觉与客观的互动感受到语言和声音，触觉与客观的互动形成感应或触发等体验。媒体赋予模态以形式，模态赋予媒体以生命。

从融媒体形成机制来讲，网络、数字化和信息化的发展引起了多媒体和跨媒体的发展，多媒体文本及人机互动促进了多模态的发展，而融媒体是多媒体和多模态跨界融通的结果。

从技术角度讲，融媒体信息的呈现方式对于我们获取和处理信息会产生很大的影响，它把词典信息与传播、教育、学习、工作和社会活动都联系起来，完全超出了传统词典范畴。

☙ 融媒词典的设计原则

传统的纸质词典经过长期的实践，已经具备一整套的编纂原则，在总体设计、编纂宗旨和编纂体例等方面都有比较成熟的方法。融媒词典有其承载和传输信息的特殊性，存在一些与纸质不同的文字处理方法。概括起来有以下几点。

（1）多媒体原则。多媒体技术将词典的知识信息与计算机信息处理等现代化手段完美地结合在一起，使词典信息的呈现或传播集成化和多样化，其特点是用户界面的友好性、交互性、多样性、方便性。

（2）跨媒体原则。跨媒体基于同一平台的不同媒体的信息聚合，且能在不同媒体平台、不同传播渠道进行交叉信息传播，能给用户提供词典多种查阅渠道的综合体验，能促进学习者的语言输入。

（3）动态性原则。在信息时代，国际、国内科学技术发展日新月异，社会文化生活不断丰富，新事物、新概念层出不穷，加之词典编纂的元数据化，词典数据信息必须与时俱进，不断修订、更新、扩展和补充。

（4）开放性原则。融媒词典数据的制作必须有专用平台，所有词典参编者可以在主编的主持下编写同一部词典，不受时域、地域的限制，可以在授权后任意创建、修改，或删除初编词典有关内容，甚至是整个词条等。

（5）范畴化原则。范畴化释义（categorized definition）具有认知经济性，但按字母顺序组织编写的方法打乱了自然语言词汇既有的范畴类别和逻辑联系，而数字化编写平台可以按词汇的概念、物种、词族和语音等范畴进行编写，有利于体例统一与词汇辨析。

（6）模块化原则。融媒体传播形态的细分和碎片化要求必须把词典编写设定为以词条数据元为单位，语词的各种语言属性，如词汇形态、语音、语法、句型、搭配、释义、例证以及其他附加成分都可分别标注、存储和调用。

（7）标准化原则。多媒体、多模态的媒体融合要求词典的各种信息必须用统一的体例（format guideline）、同一编码语言和格式进行编写，因此需要制定统一的融媒词典出版标准，为词典数字化编纂设置一个规范模型（如 XmLex）等。

（8）安全性原则。安全有两个方面的含义，一是数字技术能保证复杂的多模态词典（multimodal dictionary）文本安全存储、显示和跨媒体运行，不丢失数据或数据崩溃；二是必须保证词典版权和数据在网络空间的安全，不被删改和窃取。

☯ 融媒词典的文本特征

如果真正要做到媒体融合，多模态词典就无法像纸质词典那样有明确、固定的文本结构，因为各种模态的编码、存储和表述方式是不一样的，一个词条的信息内容复杂且信息量巨大，利用平面直观的方式排列是不现实的。而现在的电子词典（electronic dictionary）大多数只是载体发生了变化，其信息组织和呈现方式仍然是平面结构，因此不能算作多模态词典。基于融媒体技术的多模态词典有以下文本特征。

（1）词典用户群的泛化和需求的多元化使融媒传播的信息极度细分，以词条为基本单位的信息处理和显示方法不再适用。碎片化查询要求词典须以数据元为单位进行编写，对词条的各种信息项，如语法、释义、配例、多模态，以及语言属性、语域范围、专业类别及其显示度进行标注和分级，按数据库结构及数据格式进行存储。

（2）词典编纂不再是以词头（headword）特定顺序"分段"组织编写，而是对词典宏观词表按范畴和次范畴逐级分类处理，借助计算机辅助编纂系统中的范畴模型来构建任务分配体系，例如，可根据语词的形态、词族、概念、物种、主题，以及属性、行为、事件和事物等类型来分配编写任务，运用任务管理平台按既定分类进行编纂进度及质量监控。

（3）媒体融合使非文字信息不再是释义和注释内容的装饰和补充，而是直接充当释义和佐证语义及用法的正式词典文本元素。视频、音频等是一个宽泛的概念，不能很好地区分融媒体文本的信息内容，需要从模态的视角（perspective）来区分各类视频和音频模式，如通过声音、图像、图形、语音、动图、动态文本等多个单模态融合为多模态。

（4）融媒词典编纂须建立专门的融媒数字处理平台，词典编者可以分散在全国，甚至世界各地，他们通过平台的任务管理模块接受来自主编分配的任务。分散在各处的编者在同一主编的主持下，在任意时间通过各自的数据编辑终端（如个人计算机）在同一个编写平台上进行词典编纂，而主编可以随时监控和审查编者的进度和质量。

（5）词典稿不再是按词条完整呈现的平面结构，不再按特定顺序或联系进行编排，而是按数据库[字段（field）、记录（record）和数据表（table）]索引结构（access structure）组织和存储的多模态数据。同一词条的信息项（如注音、形态变化、基本注释、释义和例证等）要被切分成相对独立，但又与词目词（entry word）相关联的数据元，分别与词典中其他词条的同类数据存储在相应的数据表中，并自动完成标注。

参考文献

麦志强. 1994. 多媒体技术与辞书编纂. 辞书研究，（6）：121–128.

章宜华. 2019. 论融媒体背景下辞书编纂与出版的创新. 语言战略研究，4（6）：79–89.

章宜华. 2021a. 融媒体视角下多模态词典文本的设计构想. 辞书研究，（2）：20–32，125.

章宜华. 2021b. 融媒体英语学习词典的设计理念与编纂研究. 外语电化教学，（3）：102–108，16.

章宜华. 2022. 略论融媒体辞书的技术创新和理论方法. 语言文字应用，（1）：9–16.

Farber, D. & Baran, P. 1977. The convergence of computing and telecommunications system. *Science*, *195*(4283): 1166–1170.

Gordon, R. 2003. The meanings and implication of convergence. In K. Kawamoto (Ed.), *Digital Journalism: Emerging Media and the Changing Horizons of Journalism*. New York: Rowman & Littlefield, 57–73.

Nachison, A. 2001. Good business or good journalism? Lessons from the bleedingedge. A Presentation to the World Editors' Forum, June 5, 2001. Hong Kong, China.

Pool, Ithiel de Sola. 1983. *Technologies of Freedom*. Cambridge: Harvard University Press.

Veglis, A. 2012. Journalism and cross-media publishing: The case of Greece. In A. Veglis & E. Siapera (Eds.), *The Wiley-Blackwell Handbook of Online Journalism*. Oxford: Blackwell, 209–230.

Veglis, A., Dimoulas, C. & Kalliris, G. 2016. Towards intelligent cross-media publishing: Media practices and technology convergence perspectives. In A. Lugmayr & C. Dal Zotto (Eds.), *Media Convergence Handbook*. New York: Springer, *1*: 131–150.

双语词典　BILINGUAL DICTIONARY

本词条也可参见【双语词典学】【双解词典】【词典翻译】。

双语词典（bilingual dictionary）是系统汇集一种语言的词汇作为词目词（entry word），用另一种语言提供词目对等词或译义及其他必要语言注释的词典（dictionary）。

❀ 双语词典的本质特征

双语词典的本质特征是源语（source language）与目的语（target language）的对等语际转换，即在一种语言与另一种语言之间寻找意义对等或对应的词汇单位。

双语词典是人类历史上最早的词典类型（dictionary type）。根据现有记录，可追溯至 4 000 多年前中东地区阿卡得人在征服苏美尔人后编写的苏美尔语－阿卡得语双语词表（章宜华，2021）。英语词典的早期成就也集中于双语词典，传教士或小学教师常出于传教、读经和教学的需要，用方言或英语编写解释拉丁语的词集，形成了英国双语词典的雏形。早期的双语词典主要用来解释"难词"，词典形式也多是简单的双语对应，而当代双语词典逐渐认识到词汇层面对等的不足，增加了对等词之间差异的注释或说明，并提出了双语词典译义理论，对源语词头的语法和用法做系统的语言转换。未来，计算机科学可能会改进现有的双语词典编纂模式，编纂出新型双语词典。

ௐ 双语词典的结构

双语词典与单语词典一样具有总体结构（overall structure）、宏观结构（macrostructure）、微观结构（microstructure）、中观结构（mediostructure）、外部信息结构（outside matter）和索引结构（access structure）。双语词典的这些结构总体上与单语词典是相同的，但是相较于单语词典，双语词典的结构具有其特殊性（黄建华、陈楚祥，2001）。例如，理解型双语词典比单语词典收词更广、外来语收录更宽、构词成分和新词收录更多，并增收词的特殊变化形式；能产型双语词典要多收录源语的文化特色词。双语词典的微观结构涉及两种语言，因此，其信息结构更为复杂，通常包括拼写和读音信息、语法范畴信息、语义信息和语用信息，还要提供足够多的附加信息，包括词源信息、构词信息、相关词语信息、历史典故信息和百科信息（encyclopedic matter）。相较于单语词典，双语词典外部信息的设置往往比较注重源语，如在汉英双语词典中，正文后信息倾向于收录有关汉语的百科信息，如中国民族、编年简史表、二十四节气等。双语词典的索引结构可以充分利用源语和目的语的特点进行编排，如汉英双语词典可以在音序索引的基础上辅以形序索引，有的双语词典还设置了双向索引，如林语堂的《当代汉英词典》在后置页（back matter）中设置了英语词汇索引表，用户可以根据英文索引直接检索到词典正文中的英语词汇及其相应的汉语对等词。

ௐ 双语词典的类型特征

双语词典可以从不同的视角进行分类，从功能上看，双语词典可分为积极型词典（active dictionary）和消极型词典（passive dictionary），前者主要用作语言生成，后者是语言理解；从服务对象上看，双语词典可分为供本族语者使用的内向型双语词典（domestic-oriented bilingual dictionary）和非本族语者使用的外向型双语词典（foreign-oriented bilingual dictionary）；从词典规模（size of dictionary）上看，双语词典可按层次分为供初、中级学习者使用的或专门用途的小型词典和中大型词典，后者不仅提供了更多的词目数量，而且增加了词条（entry）的义项（sense）及其各类注释信息；从词典收录的词目看，双语词典可分为描述普通语词的双语语文词典和描述专业词汇的双语专科词典。一部双语词典会综合考虑以上因素，针对什么样的用户群体，确立什么样的编纂宗旨对词典的选词立目、功能设置都有直接影响，好的双语词典都会有明确的指向。广义上讲，双语词典还有一个特殊的成员——双解词典（bilingualized dictionary）。双解词典大多是由单语词典翻译而来，最大特点是词目词和释义词都属于同一语言，但同时又提供了另一语言的对等词或译义。下面介绍几种常见的双语词典。

（1）积极型双语词典。积极型双语词典收录和解释语言学习者的积极型词汇（active vocabulary），旨在帮助用户进行语言学习、写作、翻译等语言编码活动。典型的积极型双语词典是外汉学习词典，一些在海外从事英语教学的英国教师逐渐意识到传统词典不能适应二语教学或学习需要，开始尝试把语言的形态变化、语法规则、句型结构等语法信息引入词典，取得了很好的效果。积极型双语词典致力于帮助外语学习者流畅自如地使用语言，提高其语言生成和输出（output）能力。因此，双语学习词典的设计者和编纂者要围绕如何提高用户的语言编码能力来做文章。譬如，精选收词，为词目词提供频率、发音和拼写变体以及形态屈折变化；要有详尽的语法、句法、搭配和用法规则注释；控制性释义用词（controlled defining vocabulary）、精选义项，释义详尽且简短易懂；充分运用真实语料，提供丰富的、功能性强的例证；充分利用翻译、注释等手段进行源语和例证的等值解释；辅以语法或用法说明、同义辨析（synonym differentiation / synonym discrimination）、错误警示，以及各类语块（phraseology）和同族词等，且注重语词所蕴含的语用和文化信息的阐释。词典编者不仅告诉用户语词的意义，还告诉他们如何使用语词生成地道的外国语言。例如，《牛津高阶英汉双解词典》（商务印书馆）、《外研社英汉多功能词典》（外语教学与研究出版社）、《英汉多功能学习词典》（商务印书馆）皆属于积极性双语词典。

（2）消极型双语词典。消极型双语词典收录和解释消极型词汇，旨在帮助用户进行阅读、听写和理解等语言解码活动，或用于查考理解，又被称为理解型双语词典（徐式谷，1985）。传统词典基本上是消极型的，主要用于语言解码，如《英华大词典》（商务印书馆）、《简明法汉词典》（商务印书馆）。消极型双语词典语法注释少、配例较少，基本只提供对等词和简单的例证。

（3）内向型双语词典。内向型双语词典指为本族语用户服务的L1—L2（本族语—外族语）词典和L2—L1（外族语—本族语）词典，如《汉英词典》（外语教学与研究出版社）、《新英汉词典》（上海译文出版社）。该类词典着重解释L2的语言现象，包括语音、形态、语法、语义和用法规则等。对于面向中国用户的内向型双语词典而言，无论是汉外词典（L1—L2）还是外汉词典（L2—L1），解释的重点都是L2，包括基本词头注释、专业标签、句法模式、语词的组合或搭配结构及用法信息，都应根据中国用户的需要予以注释。

（4）外向型双语词典。与内向型双语词典相反，外向型双语词典指为外族语用户服务的L1—L2词典和L2—L1词典（王安民，2018），如《精编实用英汉词典》《远东英汉拼音辞典》《留学生汉英学习词典》等。该类词典重点解释外国人所学的汉语语言知识，包括语义、语法或用法规则等内容。就外向型汉英词典或外向型英汉词典来说，由于其用户是国外的汉语学习者，所以需要详细解释的都是汉语。随着词典学（lexicography）和二语习得研究的深入，潜在用户的国别化需求成为外向型双语词典编纂所关注的重要问题，因为不同母语背景的二语学习者，在母语负迁移（negative transfer）（母语对外语学习产生的消极影响）、目标语规则过度泛化情况下遇到的问题及针对目标语的学习策略都不相同，因此他们对词典信息的需求及信息组织方式的要求也都有所不同，词典学家必须根据二语学习者的国别认知特点和需求来设计和编写外向型双语词典。

☙ 双语词典的编纂

（1）双语词典的收词。双语词典的收词受词典类型、词典编纂宗旨（purpose of dictionary-making）以及词典服务对象的影响。用户需求是首先要考虑的因素；其次，必须紧扣所编写词典的宗旨和词典类型来确定收词。一部双语词典经常会以一部或多部同类型单语词典为蓝本，再根据语料库词频统计和相关词汇资源库的实际情况以及编者的经验确定收词对象。此外，选词立目要遵循设计方案中的收词原则。

（2）双语词典的释义。双语词典编纂并不仅是寻找词目词在目的语中的对应词，而且是通过源语与目的语之间的映射实现对被释义词的诠释和翻译。因此，双语词典释义的本质特征是译义而非释义；"译义"的范围不再局限于对应词，而是对源语词位全部意义表征形式和内容的翻译，涉及源语词项认知语义结构中所有语义成分的映射，即要用意义的一切表征手段（形态、概念、语法和语用等）在目的语中重构源语的认知语义结构（章宜华、雍和明，2007）。

（3）双语词典例证翻译。不同语言间的词汇信息存在着不对等现象，双语词典的例证翻译要做到等值转换需遵循以下基本原则：① 功能特征的等值原则：词典例证往往是以短语或句子的形式出现，承担着强化和延伸释义，呈现句法结构、语用文化和语体等功能，翻译时要尽力保留例证的这些功能。② 语义特征的等值原则：例证话语的意义是以词目词为中心构建而成的，"中心词"的意义受其义项的语法条件和配价结构限定，其他构成成分都是为表达"中心意义"服务的。对源语语义特征的理解应是深层次的，不能只局限于表面结构或表面含义转换，否则无法正确传递源语的语义特征。③ 形式特征的等值原则：由于不同语言文化的差异，源语和目的语的构句规则可能存在差异。在词典例证翻译时应尽量做到形式对等，即"尽量直译、适度意译"。④ 语用特征义的等值原则：在社会交际中，语用信息起着重要作用，语词的语用意义已经超出其形式本身固有的概念，是词的使用规则和使用者通过一定语境附加在语词上的"色彩"意义。因此，翻译应注意语言形式"深处"的真正含义，力求在译文中用最贴切、最自然的对等表达来传递源语包含的语境意义和色彩意义等。⑤ 标记特征义的等值原则：标记（markedness）反映了语词的语义层次或语义范围，有些语言成分无标记，有些有标记，只能用于指称特定的事物或事件。在翻译中，词目词的翻译通常情况下只给出其中性意义，而对其标记用法则不作注释，其标记色彩需通过例证翻译体现出来。⑥ 修辞特征义的等值原则：修辞意义往往无法在词典释义 [dictionary definition / lexicographic(al) definition] 中明示出来，但用在例证中能起到扩展释义的作用，因此，在例证翻译中应把例证的修辞意义翻译出来。⑦ 文化特征义的等值原则：文化等值在词典例证翻译中特别重要，如果例证翻译不能传达源语的文化特征义，将会造成文化特征不等值。⑧ 效应特征义的等值原则：例证翻译要求译者要分别站在源语和目的语的位置上思考问题，寻求相同交际模式上表达方式的对应。

参考文献

黄建华，陈楚祥. 2001. 双语词典学导论（修订本）. 北京：商务印书馆.

王安民. 2018. 外向型英汉词典中的语用信息研究. 北京：科学出版社.

徐式谷. 1985. 综合性外汉词典编纂中的几个问题——从修订《英华大词典》的工作实践谈半足本. 辞书研究，（3）：22–36.

章宜华. 2021. 中国大百科全书——辞书学（第三版网络版）. 北京：中国大百科全书出版社.

章宜华，雍和明. 2007. 当代词典学. 北京：商务印书馆.

双语词典学　BILINGUAL LEXICOGRAPHY

本词条也可参见【词典学】【双语词典】。

双语词典学（bilingual lexicography）是词典学（lexicography）的一个重要分支，是专门研究双语词典编纂、使用以及相关理论与实践的学科领域。

具体研究聚焦于源语言（source language）和目标语言（target language）之间词汇的语义、语法、语用等多层面的映射关系。双语词典（bilingual dictionary）的词目词（entry word）和释义涉及两种不同的语言，其释义是建立在对两种语言比较的基础上，相较于单语词典（monolingual dictionary）存在诸多特殊性，其核心在于双语语言文化接触和对比视角上的转换，涵盖双语（含多语）词典理论、原则、方法、类型、功能、设计、编纂、使用、评论和历史等多方面的研究。

↻ 双语词典学的源流

世界上最早的词典雏形就是双语词表，可追溯至公元前2340年左右阿卡得人编写的苏美尔语与阿卡得语对译的双语词表，目的是在文化上同化在部落战争中被征服的苏美尔人。显然，双语词典绝不是单纯的语言活动，它从萌芽时期就反映出一种强势文化与弱势文化的对立。

从双语词典的发展史来看，由于秦始皇在公元前200多年就统一了六国，建立了华夏民族的大一统，统一了货币和度量衡，统一了语言文字。之后的历史再无征服异国文化的传统。所以，中国早期的词典（dictionary）[字书和字典（dictionary of Chinese character）] 大多是以解说汉语文字形、音、义为目的。而欧洲的国家都很小，且其历史又充满着战争、征服和殖民统治，所以语言也很多，相互接触和交往很多；因此，欧洲词典在相当长一段时间内以双语词典为主。由于古罗马的强大，拉丁语属于上层阶级的强势语言，所以出现许多拉丁语 – 其他欧洲语言的词集，6世纪前后的希 – 拉词集、拉 – 希词集，后来有了拉 – 英词集、拉 – 法词集、拉 – 罗［曼语］词集等。从14世纪末至15世纪初，词集慢慢演化成了词典。例如，西班牙于1492—1495年出版的《拉西，西拉词典》（*Dictionarium Latinum-Hispancum et Hispancum-Latinum*）、法国艾斯蒂安（Robert Estiennee）1539年编纂出版的《法 – 拉词典》（*Dictionnaire Français-Latin*）和英国赫洛特（Richard Huloet）1552年编写的《英 – 拉字母顺序词库》（*Abcedarium Anglico-Latinum*）等

词典学
核心概念与关键术语

都是西方国家最早的词典。据资料可查，历史上有关汉语的双语词典也是出自外国人之手——16世纪末菲律宾奇里诺（Pedro Chirino）编写的"汉语-西班牙语词典"手稿[存于罗马安吉莉卡图书馆（Biblioteca Angelica）]，目的是"为归化菲律宾的华人学习汉语"提供一个辅助工具书。

1579年，西方传教士罗明坚（Michele Ruggieri）奉派进入中国澳门学习汉语，他与随后入华的利玛窦（Matteo Ricci）在1583—1588年间编写了《葡华词典》（*Dicionário Português-Chinês*）（手稿存于罗马耶稣会档案馆）。最早的汉英双语词典是马礼逊（Robert Morrison）的《华英字典》（*A Dictionary of the Chinese Language*，1808—1823），作为世界上出版的第一部汉英英汉词典，收词广泛（含字词和短语），既有明朝官话，也有南方方言；例证来源多样化，包含了丰富的中国文化元素和民族风情，而且首次用英文字母为词典中所有的汉字及例词、例句注音。后来，越来越多的欧洲人来到中国传教、经商和学习，从而推动了双语词典的需求，出现了汉英、英汉双语词典编纂出版热潮。据不完全统计，这一时期来华外国传教士编纂出版的英汉、汉英词典有近30部，包括普通语言词典、方言词典和专门用语词典等。

中国自编双语词典始于1748年前后，当时乾隆皇帝命人组织编写了名为《噉咭唎国译语》的中英双语词汇集，以汉语注释外语读音、翻译词目词，是一种双语对照词表型词典。清朝末期，国人与西方的接触逐渐增多，当时的洋务派和维新派等都有引进西方近代科学著作的需求，翻译活动也逐渐增多。江南制造局翻译馆十分重视译名的统一和双语辞典的编纂，在清末时期编纂出版了10多种汉外专科词典，对当时的翻译活动和科技发展起到了重要作用。例如，《汽机中西名目表》《化学材料中西名目表》《西药大成药品中西名目表》《金石识别表》《中西度量权衡表》等。进入20世纪后，我国的外语学者受西方词典编纂文化感染，同时受到当时西学东渐热潮的影响，也投入到本土双语语言词典的编纂。例如，谢洪赉编译的《华英音韵字典集成》于1902年由商务印书馆出版；颜惠庆组织了19位中国学者历时三年编纂了《英华大辞典》，1908年由商务印书馆出版。这些词典编纂活动，为双语词典学的发展奠定了坚实基础。

❧ 双语词典学的发展

双语词典的编纂实践一直是国内外辞书发展的主要方面，但相关研究也大多数集中在双语词典编纂方法、双语词典释义和双语词典评论等一些技术性问题上，有关词典学理论方面的研究并不多。张柏然（1993）在《双语词典（编纂）学刍议》一文中提出，一套完整的双语词典学理论应当包括的五个部分：① 阐明双语词典的实质；② 描述双语词典编纂的过程；③ 界定双语词典的原则和标准；④ 描述双语词典的编纂方法；⑤ 说明双语词典编纂中的各类矛盾。

同年，陈楚祥在《辞书研究》上发表了《对比语言学与双语词典学》，指出双语词典学研究和双语词典编纂中的许多理论和实际问题，其中一个主要内容就是两种语言的对比分析，对比是双语词典的灵魂。1995年，他又发文指出，双语词典涉及两种语言文化的特殊性，一方面决定了双语词典的编纂必须建立在比较语言学或对比语言学（contrastive linguistics）的基础上，要涉及语言的各个方面和层次；另一方面，它不可避免地要涉及社会学、心理学、民族学、民俗学、文化学、翻译学及信息学等多种学科领域。

1997年，黄建华出版了《双语词典学导论》，是我国第一部系统阐述双语词典学理论的专著，内容包括双语词典的起源、双语词典的类型、双语词典的特殊性、双语词典的宏观结构（macrostructure）、双语词典的微观结构（microstructure）、语言差异与双语词典编纂、双语词典与国情学、词典中的语法信息、双语词典翻译、语文性双语词典与非语文性双语词典、多语词典等。这些内容基本涵盖了双语词典各个主要环节能涉及的问题，构成双语词典编纂的系统理论框架。2007年，章宜华《当代词典学》用三章系统阐述了双语词典两种语言的比较研究、学习词典（learner's dictionary）中的双解释义（译义）、双语词典的释义性质和译义模式等内容。有了这个框架，双语词典研究的任务、方向就明晰起来了。但无论怎样，双语词典的核心问题就是两种语言文化对比分析基础上的对译——寻找目的语（target language）的对等词。黄建华教授早在1979年提出了"外汉词典主要在于译，而不在于释"的观点，并阐述了译义的各种方法。表面上看只是把传统的"对等词"改为"译义"，但它的内涵十分丰富。在后来的研究中，译义的内涵被逐渐发掘出来。2002年，章宜华提出，双语词典的译义是建立在源语（source language）释义基础上的，主张对源语词目词语义表征进行全方位转译；2005年，魏向清也认为现代双语词典译义的本质在于其系统性以及其构成要素的原型特征，译义是通过包括对应词处理在内的多元译义手段来全面实现的；2007年，章宜华提出了基于原型交际模式的译义模式，并指出译义是用目的语表述源语的语段（segment）反映在心理表征中全部或主要的语义认知图式，包括音频图式、视频图式、概念图式和语言图式，后者包含了支撑意义表述的所有语言规则；2015年，章宜华又提出基于论元结构构式的译义模式。研究表明，双语词典译义的内涵与传统的对等词有很大不同，它更符合当代词典学者的认知心理需求。

ᛘ 双语词典学的理论特色

1）语言文化间的比较研究

研究认为，双语词典学与对比语言学和语言类型学密切相关，对比语言学是一种具体的科学，给语言类型学提供材料，而语言类型学是抽象的科学，给对比语言学提供解释语言间异同的手段。也就是说，双语词典学的研究要用类型学的理论方法通过对大量双语语言材料的对比分析抽象出词典编纂（dictionary making / dictionary compilation）所需要的词典知识信息。那么，双语词典学中的对比就是对比较词汇学中对比分析的实际运用。当然，这种比较是建立在不同的文化和国情的基础上的。每一民族都有自己源远流长的文化，民族语言的形成和发展，民族历时发展和文化传统，而语言则深深打上了各民族文化的烙印。因此，双语词典要在文化和国情的框架下从语言形式、意义、分布三个层次进行对比，词条（entry）就是对语言文化以及词的形态、语义和句法功能综合描写的一个结合体。

双语词典中的不对等现象表现在以下几个方面：① 语法方面不对等，包括词性不对等、数量不对等、词类不对等、表达方式不对等、构词方式不对等（组合形式、构词思路等）；② 语义方面不对等，包括词的指称范围不对等、类指与特指不对等、内涵意义不对等（普通词的隐喻义，文化词的色彩义，动植物的象征义等）。对比两种语言词汇层面的语义，有学者归纳为七种现象：形式与意义均相同；形式相同，意义不同；意义相同，形式不同；形式与意义均不同；结构类型不同；基本意义相同，但含义不同；意义相同，但受地域分布制约。研究表明，虽然双语词典的等值关系有完全对等、部分对等和不对等三种方式，但绝大部分是部分对等，完全对等只局限于一些专名和术语，而文化特色词则往往在目的语中找不到合适的对等词。

2）双语词典译义的等值原则

词典的译义对象主要是源语词目词和例证，翻译的内容则是中心词的综合语义表征，涉及形态、句法、语义和语用等各层面的操作，源词语义元素和语义结构的保持和转换方法需要根据词汇译义的实际需要而定，其等值的选择需要考虑国情、文化和生活习俗等各方面因素。具体的译义需要遵循以下原则：

（1）多维译义原则（multidimensional-definitional translation principle）。词目词的译义需要参考单语词典的相关释义，结合语料库模式分析（corpus pattern analysis）归纳抽象出语词的论元结构构式，把整个分布结构（distribution structure）转移至目的语，如"deliver" v.〔某人〕传送；递送；投递〔货物；包裹，讯息，邮件或信件等〕（给某人或到某地）等。

（2）功能等值原则（functional equivalence principle）。例证不是任何短语和句子都能用的，它的选取要满足一定的功能需要，如延伸和辅助释义、语境辨义、凸显句法结构、提示典型搭配、传递文化信息等。例句翻译的首要任务就是要尽力保持源语例证的功能不被改变或不被弱化。

（3）语义等值原则（semantic equivalence principle）。例证作为话语的意义是以词目词为中心建构的，"中心词"语义的形成受其所处构式分布结构和分布关系的限定，普通语义角色都是为表达"中心意义"服务的；因此，例句（illustrative example）应该"尽量直译、适度意译"，迫不得已还可以"硬译"。

（4）形式等值原则（formal equivalence principle）。例证翻译不宜轻易用意译或归化的方式来模糊或改变中心词的句型构造，特别是一些成分复杂的分布结构，因为例句的一大功能是凸显词目词的句法结构和使用语境，译文如果只传递语义信息，不顾表达形式会影响例证功能（function of illustrative example）的发挥。

（5）语用等值原则（pragmatic equivalence principle）。词的语用意义通常会超出语词本身固有的概念，它是词的使用规则和使用者通过一定话语意图、语式（mode）、语旨（tenor）和语境等附加在语词上的。如果例证的语用信息起着主导或重要的作用，翻译时也要在保持语用信息的基础上进行转换。

（6）标记等值原则（markedness equivalence principle）。标记（markedness）反映语词的语义层次或语义范围，由于词目词的译义要具有概括性，对有多重标记色彩或标记用法比较灵活的词往往只提供中性译义，一般需要靠例句来反映其标记义，翻译时要根据语境来判断其标记色彩。

（7）修辞等值原则（rhetorical equivalence principle）。等值翻译理论认为，在语言的表层与深层之间还存在一个修辞层。词典的修辞不像普通文本通常隐含于句子、语段和篇章中，而是存在于词、词组和句子中，故翻译处理的方式也有所差异，注意在词或词组本身用法上体现修辞义。

（8）文化等值原则（cultural equivalence principle）。由于文化的差异，在不同语言中，对等或相似的语言形式可以有不同的指称内容（designatum）；相同指称内容会用不同含义的语言符号来表述。这种情况下，要注意识别其文化特色义，要用目的语文化中对应语义而不是对应符号的表达方式转译。

双语词典学的研究还涉及双语词典的编纂、双语词典的评价、双语词典的体例结构，以及双语词典的类型等内容。由于这些内容已经独立成条或有语文词典（language dictionary）条目的参考，这里不再赘述。

参考文献

陈楚祥. 1992. 对比语言学与双语词典学. 外语研究，（3）：3–8.

陈楚祥. 1995. 关于双语词典学研究的几点思考. 辞书研究，（5）：149–150.

黄建华. 1997. 双语词典学导论. 北京：商务印书馆.

汪榕培. 1994. 双语词典学研究大有作为. 外语与外语教学，（5）：12–16.

魏向清. 2005. 试论现代双语词典译义的本质及其多元研究理据. 辞书研究，（3）：60–67，105.

张柏然. 1993. 双语词典（编纂）学刍论. 外语与外语教学，（1）：44–48.

章宜华. 2002. 语义学与词典释义. 上海：上海辞书出版社.

章宜华. 2003. 双语词典翻译的等值原则——兼谈双语词典翻译与文学翻译的区别. 学术研究，（5）：124–128.

章宜华. 2005. 双语词典释义性质和内容的再思考——外汉双语词典的认知语义结构暨译义模式的构建. 广东外语外贸大学学报，（16）：362–370，437.

章宜华. 2010. 认知语义学与新一代双语/双解学习词典的多维释义. 外语教学与研究，（5）：374–379，401.

章宜华. 2015. 二语习得与学习词典研究. 北京：商务印书馆.

章宜华，雍和明. 2007. 当代词典学. 北京：商务印书馆.

学习词典　LEARNER'S DICTIONARY

本词条也可参见【学生词典】【教学词典学】。

学习词典（learner's dictionary）是教学词典（pedagogical dictionary / didactic dictionary）的一种类型，为满足非母语用户在语言学习过程中的各种查阅需求专门设计和编纂的工具书。

在英美国家，教学词典包括两类：一是服务于母语学生的语言学习，叫学生词典（student dictionary / school dictionary）；二是服务于非母语用户的语言学习，叫学习词典。两种词典因服务对象不同，其收词和编写方法有很大差异，因此在词典设计、编纂和使用选择上要特别注意。学习词典的用户群大多是非母语的成人，或已经掌握了母语基本技能的少年，他们对外语缺少天生的习得机制，没有或缺乏外语语感，难以根据词典提供的零星和离散解释产生认知联想，经常用母语思维来解释外语，往往会造成中介语偏误。他们的学习和二语交流通常是语法驱动，不善于学习一般日常语言的表达和"无规则"习惯用法，而善于记忆规律性结构，复合型、限制性的语言组合等规则性的知识（与非母语用户恰恰相反）。因此，学习词典的设计、编纂和释义等都要通过用户调查取得第一手数据后进行。

⌘ 学习词典的源流和发展

"学习词典"译自英语的"learner's dictionary"，源于英语的国际化和海外英语教学的需求。早在20世纪20年代，英国语言学家奥格登（Charles Kay Ogden）出于英语国际化和简单化的需求，在大量调查研究的基础上推出了Ogden系列词表，最具代表性的是"基础英语850核心词表"（Ogden's Basic English）。这一个缩略版的基础英语，把单词数量限制在850个以内，把使用规则（包括语法规则）缩减至可清晰表达思想所需的最小限度。但仍是正常英语，能满足日常生活所需的任何表达，能为完全不懂英语的人或其他外语学习者提供尽可能简单的学习体验。学习者先把这些入门知识学习好并能应用，可大大减少进一步学习的难度。因此，英语简单化，控制学习词汇、建立语言的使用通用规则变成了学习词典编纂（dictionary making / dictionary compilation）的理论基础。1935

年，在印度从事英语教学的英国学者韦斯特（Michael Philip West）与恩迪科特（James G. Endicott）合作用1 490个释义词编写了《新方法英语词典》(The New Method English Dictionary)。该词典收词24 000条，提供了名词复数、动词过去式和过去分词等注释，通过配例呈现词汇的搭配关系和成语用法，是第一次践行英语简单化和渐进式词汇教学理论的学习词典。1938年，在日本从事多年英语教学研究的帕尔默（Harold E. Palmer）回英国出版了《英语词汇语法》(A Grammar of English Words)，他按词典的体例结构把语词所涉及的语法现象做了较详尽的解释，主要特点是从语法结构和搭配方面入手来解释词的用法，包括可数与不可数名词、屈折变化、搭配结构等；多义词条内设置若干内词条，反映不同义项（sense）语义的用法，句法结构用18组编码表示，代码的含义在附录中逐一列出。不过，词典少有解释性释义，常用同义词或反义词等作为对义项的释义。这是第一部以语法为导向编写的英语学习词典，已呈现出当代学习词典的雏形。

1936年，霍恩比（Albert Sydney Hornby）接任了帕尔默的工作，继续进行英语教学研究和词典编纂，于1942年在日本出版了《惯用语和句法词典》(Idiomatic and Syntactic English Dictionary)。该词典在帕尔默词典的基础上增加了词头（headword）和派生词的注音，提供了短语释义及相关注释。后来，几经辗转于1948年由牛津大学出版社以《当代英语学习词典》(A Learner's Dictionary of Current English)的名称出版，是第一部正式以"学习词典"命名的教学型词典。1952年重印，改名为《当代高级英语学习词典》(The Advanced Learner's Dictionary of Current English)，后又加上了"Oxford"品牌一直沿用至今。1978年，以英语简单化和渐进词汇为理念，采用了韦斯特所创立的2 000通用词表（glossary）做释义词的《朗文当代英语词典》(Longman Dictionary of Contemporary English，简称LOOCE)出版，预示了学习词典繁荣期的到来。不久，"柯林斯COLBUILD词典""剑桥学习词典"先后出版，进入21世纪又迎来了"麦克米伦"和"韦氏"两大类学习词典。

学习词典的性质特征

学习词典的主要任务是服务于外语语言教学，让学生可以在词典的帮助下开展自主学习和语言的产出活动；而学习需要系统获得各方面语言知识，用户往往为了一定的学习需求而有目的、有计划地查阅词典信息，解决学习中的各种问题。因此，学习词典必须从语音、形态、句法、语义、语用等多维度提供系统的语言知识，并尽量全面反映和科学组织这些知识信息。词典的编纂宗旨、选词立目、体例结构、释义方法、例证配置和其他注释信息都要围绕"帮助学习"这个基本属性来进行。具体而言，学习词典有以下特征：

（1）用户中心特征，改变以编者为中心的传统理念，词典的规划、设计、编纂等都是围绕词典最终用户的词典查阅需求展开。因此，需要考虑用户的年龄和外语层次、语言背景、知识结构、学习任务和接受心理等问题，收词和释义尽量做到用户友好，以满足用户查阅的实际需要和精神、感官和审美层面的需求。词典收词范围要能涵盖学习任务，用法注释要实用，释义用词（defining vocabulary）要简单，且能保证释义的闭环性，例证要取自真实语料等。

（2）功能设计特征，既要考虑教学需要，又要体现规范引导，具体体现在：① 描写功能，在语言调查和语料分析的基础上客观真实地描写语言的过去和现实情况；② 规范功能，要贯彻执行国家有关语言文字规范，提供规范书写（拼写）或读音形式，对社会约定俗成的用法、使用环境和文化内容进行规范化描写；③ 教学功能，提供形态（语音和书写）、分布（句法模式和搭配结构）、使用（频率、语域和文体）和语义（概念义及附加语义）等信息。

（3）宏观结构特征，包括结构成分和结构编排。① 结构成分，采用语证统计方法，运用动态平衡语料库、相关专业语料库，以及教材和参考读物进行统计，结合教学需要，对统计词汇按频率分出若干层级，根据编写宗旨和规模分层收录；② 结构编排，就是建立宏观词表的索引体系，包括音序排检、形序排检（部首／笔画排检）、义序和笔形代码排检等。

（4）微观结构特征，包含各种词汇知识信息。① 词头标注，含词目词（entry word）的形态变体、屈折变化、注音信息、语法注释、词类标注；② 义项注释，含语用标签、句法模式、搭配结构、释义和例证；③ 附加信息，同义词、反义词、派生词，以及搭配栏、习语栏、说明栏，错误提示和辨析栏等；④ 中观结构（mediostructure），利用词条（entry）的参见、注释和说明，指明词条之间、词条内义项之间在语音、形态、句法、语用等方面的词汇–语义关联。

（5）类型设计特征。根据不同的用户群、使用目的和编纂宗旨等，学习词典可以设计成不同的类型：① 按编纂宗旨有描写性与规定性、历时性与共时性词典；② 按语言数量与编纂方式有单语与双语／双解词典、单向与双向词典、内向型与外向型词典；③ 按设计功能有积极型词典（active dictionary）与消极型词典（passive dictionary）、编码词典（encoding dictionary）与解码词典（decoding dictionary）、普通与专科词典、专项与专门用途词典；④ 按用户层次有儿童与成人词典、初学者与初级词典、中级与高级词典。

⌘ 常用英语学习词典

英语学习词典是最早出现的教学型词典，半个多世纪以来经过不断的修订，或新的学习词典的不断涌现，其编纂体例结构和信息内容都有了很大的改进。不同的词典类型（dictionary type）、不同的编写特点和释义方式的词典也相互借鉴、相互补充，使教学型词典得到不断完善。各种语言的学习词典很多，下面仅就英语学习词典作简要介绍。

（1）《牛津高级英语学习词典》（Oxford Advanced Learner's Dictionary，简称 OALD），是第一部为非英语母语者编写的学习型词典，初版由霍恩比（Albert Sydney Hornby）主编，由牛津大学出版社于 1948 年出版，至 2020 年已经修订出版了 10 个版本。该词典收录单词、短语和义项共计 22.8 万条，标注词形变化，提供句法模式、搭配信息、同义词辨析、用法说明和学术词汇标注等，释义简洁，配置真实语料例证共 10.9 万条。特设词语搭配、用语库、图解词汇扩充和学术词汇表等。自第 8 版增加

iWriter 写作指导互动软件，第 9 版增加 iSpeaker 口语指导互动软件。

（2）《朗文当代英语词典》，由朗文出版有限公司编纂，1978 年首次出版。截至 2014 年已经修订出版了 6 个版本。该词典率先使用 2 000 释义词汇，释义简洁易懂；收录单词、短语和义项共计 23 万条，设置 500 多个搭配专栏，涉及 6.5 万余项搭配；600 个语义辨析专栏，包含 1.8 万条同义词、反义词和相关词；500 个语体专栏和丰富的日常交际知识；800 余个语法专栏解释语法重点和难点。例证配置丰富，共计 16.5 万余条；提供有关英语文体、语法和用法的专题研习页，共计 100 余页。

（3）《柯林斯 COBUILD 高级英语学习词典》（Collins COBUILD Advanced Learner's English Dictionary），由辛克莱尔（John Sinclair）主编，哈珀-柯林斯出版社 1987 年出版。截至 2018 年修订出了第 9 版。收录 11 万余条语词、短语和释义，11 万余条例证，提供 8 500 条典型句法模式和搭配；使用限定释义词汇，采用自然语句释义；完全取消括注，把需要注释的成分都直接插入释文中，通过句子来揭示被释义词的语义、语法和语用信息。词典大量引入语料库统计数据，义项采用了频率排列辅以逻辑排列的方法；开辟了注释专栏，基本注释都置于右方专栏。

（4）《剑桥高级英语学习词典》（Cambridge Advanced Learner's Dictionary），初版名为"Cambridge International Dictionary of English"，由普洛克特（Paul Procter）主编，由剑桥大学出版社于 1995 年出版。截至 2013 年已修订出了 4 版。词典收录单词、词组和短语达 17 万余条，9 万余条例证经特别处理能凸显 2.5 万余条句法结构；设置 400 余处搭配专栏、200 余处"学习者常见错误"、400 项搭配用法指导和 40 项"用法说明"专栏，解释常见典型错误。采用"一词一义"的方法编排，对多义词或同形异义词按义项立目，且每个词头后紧接一个大写的引导词来区分义群、引导查询。

（5）《麦克米伦高级英语学习词典》（Macmillan English Dictionary for Advanced Learners）。初版由朗德尔（Michael Rundell）主编，由麦克米伦公司于 2002 年出版，2007 年修订出第 2 版。词典收词和短语逾 10

万条，7 500 个基本词用红色字体凸显，并系统详细解释。设置义项目录，提供义项句法模式或 / 和搭配结构，注释包括语法、语义、语用和文化信息；独立栏目包括搭配、英式隐喻与美式隐喻的区别、可能产生冒犯的词、学术写作、隐喻用法，以及文化和语法说明等，还配有"提高写作技能""扩大词汇量""语言提示"等插页。

（6）《韦氏高级英语学习词典》（*Merriam-Webster's Advanced Learner's English Dictionary*），初版由佩罗特（Stephen J. Perrault）主编，由美国梅里亚姆－韦伯斯特公司于 2008 年出版。该词典共收语词和短语 10 万余条，例证 16 万多条；条内有 3 000 条习语和短语，1 080 多幅插图，超过 1.2 万个用法和注解等。注释包括语法、语义、语用、文化注释和词源注释；独立栏目包括易误 / 混用的词汇提示、同义辨析（synonym differentiation / synonym discrimination）、用法说明。配例的处理特色鲜明，在例句（illustrative example）的中心词后加括注，用一个词注明其在句子中的含义。

此外，这些学习词典都运用了控制性释义词汇（controlled defining vocabulary），从 2 000 到 3 000 词不等，有些词典对于释义中超出控制词汇表的词项用大写或小型大写标识；例证都取自大型语料库，真实可靠；运用词频统计辅助义项排序，大多以频率为主辅以逻辑关系排序；各词典都配有数量不等、风格各异的附录、插图和主题知识插页。

参考文献

章宜华. 2002. 语义学与词典释义. 上海：上海辞书出版社.

章宜华. 2015. 二语习得与学习词典研究. 北京：商务印书馆.

章宜华. 2021. 中国大百科全书——辞书学第三版网络版. 北京：中国大百科全书出版社.

章宜华，雍和明. 2007. 当代词典学. 北京：商务印书馆.

语料库词典学 CORPUS LEXICOGRAPHY

语料库词典学（corpus lexicography）属于应用词典学的研究领域，指运用语料库语言学的理论方法，以语言实例为对象来研究计算机辅助词典编纂（computer-assisted dictionary compilation）的学问。

语料库词典学分两大部分：一是大型数字化语料库的建设，包括语料的搜集、整理、标注加工、语料统计分析等；二是语料库辅助词典编纂。大型词典语料库 [lexicographic(al) corpus] 在辅助词典编纂方面可涵盖词典项目从设计到编纂的各个环节，如基于词频统计的选词立目，基于语料库词汇速描的搭配成分分析，基于语料库模式分析（corpus pattern analysis）的句型模式提取、义项划分（sense division）及其释义，基于索引行分析的例证选配等，这些都是语料库词典学研究的重要内容。

○ 语料库词典学的兴起与发展

语料库的发展历史很长，可以说语料是伴随词典编纂而生的。几千年前，学者就利用黏土板、石头、金属或蜡板等来记录语言；早期的汉字则是记录在龟甲、兽骨和竹片上。后来，中国人发明了纸，纸和卡片便成了语料的重要载体，这种语料处理方式一直持续到 20 世纪 70—80 年代。例如，《牛津英语词典》(*Oxford English Dictionary*) 1928 年第 1 版和 1989 年第 2 版就是基于几百万张语料卡片编纂而成的。这些卡片上都记录着一段简短的引文来标示语词的使用情况，这些卡片装满了一排排铁柜组成了语料库。也就是说，语料库的发展经历了漫长的纸媒时代，计算机普及后才进入电子时代。语料库词典学也就起源于语料的电子化和计算机化，因为纸质时代的语料库无法支撑语料库词典学的相关研究，也难以发挥电子语料那样的辅助词典编纂功能。计算词典学（computational lexicography）萌芽于 20 世纪 60 年代的布朗语料库和 LOB 语料库，其相关词汇统计数据对《美国传统词典》(*American Heritage Dictionary*，1969) 的编纂起到了很好的辅助作用；但它真正的兴起始于COBUILD词典语料库项目的正式启动。1980年，柯林斯和伯明翰大学组建了新部门——柯林斯伯明翰大学国际语料库（Collins Birmingham University International Language Database，简称COBUILD），在辛克莱尔（John Sinclair）的带领下，COBUILD团队开始运用英语语料的分析数据来进行词典（dictionary）的编纂。第一部完全基于语料库编写的英语学习词典于1987年问世，语料的介入给全球英语词典的编纂带来了根本性的变革。辛克莱尔的《语料库、检索与搭配》（Corpus, Concordance, Collocation，1991）系统阐述了语料库的建立和语料的索引，讨论了如何从语料库取得用法证据，分析语词的各种意义和句型结构、搭配结构，以及例句（illustrative example）的提取等问题。实现了"以测评词汇言语行为实证来获取比传统词库更全面、更连贯、更一致的语言使用方法"。1998年，新加坡的魏伊（Vincent B. Y. Ooi）出版了《计算机语料库词典学》（Computer Corpus Lexicography），但其主要内容是谈如何把词典学（lexicography）与词汇学结合，借助计算机来建设词库（lexicon）和编写词典，研究的焦点是词库，在书中称为理论词典。2004年，章宜华撰写了《计算词典学与新型词典》，比较全面地阐述了语料库词典学的性质特征、理论方法、研究任务和研究范围（语料库建设、语料库管理、语料库使用——辅助词典编纂）。随着词典学和计算语言学的发展，语料库语言的概念内涵也不断丰富，研究范围不断扩展，如语料库模式分析、基于语料库的词汇速描、基于语料库的词典数据库[lexicographic(al) database]建设和词典生成等。语料库通过深加工和精细标注不断向数据化的方向发展，对词典学的研究和编纂实践的价值也越来越大。

☙ 语料库词典学的理论方法

语料库可运用于语言学各分支学科的研究，借助计算的索引和文字处理技术对语料进行分析和处理，发现和提取对研究有用的语言数据。语料库词典学是建立在语料库语言学基础上的，后者的研究重点包括语言运用、语言描述、语言的定量/定性模型和经验论（experientialism），而非唯理论的科学探索。从这个观点出发，基于语料库的词典学理论研

词典学
100 核心概念与关键术语

究和词典编纂方法探讨就可以称为"语料库词典学"。

词汇语料库以及由此生成的词库和词典数据库可以看作语言及其词汇知识的表征形式，它分为两个层次：概念结构和计算结构。概念结构是适宜人类理解的格式，而计算结构则适用于计算机识别。自然语料的概念结构十分复杂，各色各样、千差万别，需要人们花费很大的精力去梳理和抽象归纳，计算结构的特点是结构明晰、表达有序，且能直接反映语词的概念结构。语料库词典学就是要利用计算机技术与语料库的结合来批量处理语言资料、进行综合语料模式分析，生成各种数据供描写概念结构和计算结构所用。要使语料库发挥作用，必须对其语料进行科学分析、处理（标注）。语料库词典学的研究任务和研究范围有以下几个方面。

（1）语料库建设，包括语料的搜集和抽样，语料清洗、切分、标注、编排、存储，以及语料库应用平台的编制等。

（2）语料库管理，包括语料的补充与更新（增添或删除）、语料数据统计、词表（glossary）的生成、例句的生成、例句管理等。

（3）语料库使用，包括语料索引行的提取、语料语义和句型分析、例句导出和使用、利用语料生成词典专用（或通用）数据库等。

（4）语料数据化，包括数据化处理，语料"智能化"索引、词汇属性速描、词汇的语料库模式分析，利用语料批量生成词典数据等。

口语和书面语料是真实存在的，每天都有各种各样的媒介对语料进行记录。建什么样的语料库、选择什么样的语料，如何管理和处理语料需要根据词典规划的实际来操作。根据语料库的功用可以有四种语料库理论模型：① 语言信息模型，通过语料库的自动处理，生成词汇索引（concordance）之类的词表，以便于在语言研究中对语言进行分析；② 归纳模型，旨在基于概率统计归纳出语言的一般规律；③ 自动处理模型，可自动对语料进行相关标注，为语料的自动处理打下基础；④ 智能模型，具有学习技能，能够自己训练自己，使语料库的数据处理能力和分析精准度不断提升。

✿ 语料库的特征和类型功能研究

任何一种通用语言的自然语料都是无比庞大的，而语料库的语料是相对有限的，因此对语料的收集应该是有选择，即根据不同用途或建设目的搜集或收录相应的语料。为此，有必要了解语料库的性质、类型和功能。

1）语料库的性质特征

语料库的性质特征决定其构建的方向与质量，从根本上影响着后续的应用范围和效果。其各方面特性紧密相关，共同塑造出语料库的独特面貌与价值。具体表现为：① 语料库的目的性，按词典项目的需要和实际用途来选择语料；② 语料的真实性，无论口语或书面语，都要从真实发生的语言事实中选取样本；③ 语料的典型性，语料必须能反映某一类语言最普遍、最常见的使用特征，不选罕用的或偶然出现的语言现象；④ 语料的机读性，语料能用计算机存取和阅读，要统一语言编码，让各种处理软件能够自动处理和识别；⑤ 语料处理的标准性，包括统一的设计标准、统一的分词标准、统一的标注标准和统一的分类标准。

2）语料库的基本类型

语料库的类型丰富多样，各自有其侧重点和用途，依据不同的分类标准可梳理出其多样化的构成，从而按实际需求选择合适的语料库资源进行建设。具体分类为：① 从语料库的语言种类来看，可分为单语语料库、双语语料库与多语语料库；② 根据语言的表达方式，可分为书面语语料库和口语语料库；③ 根据语料的存储媒介或载体，可分为印刷文本语料库与电子文本语料库；④ 根据语言的时域，可分为共时语料库和历时语料库；⑤ 从语言的用途角度来看，可分为通用语料库（general corpus）和专门用途语料库（specialized corpus）；⑥ 从语料的流通来看，可以分为监控语料库和样本语料库；⑦ 从语料分布情况来看，可以分为平衡语料库和专业语料库；⑧ 从语料的处理程度来看，可以分为不加任何处理的纯文本语料库（生语料库）与标注语料库（熟语料库）。

3）语料库的基本功能

语料库的基本功能是其价值的直接体现，它们相互配合、协同作用，为语言研究、教学和应用开发等提供基础支持，极大地拓展了语言资源的应用潜力。具体而言：① 语料管理功能，能对语料库中的文本、例证、音频、标音文件、视频文件和统计数据等进行编辑、处理和查询等；② 语料索引功能，需要一个高效率多功能的词汇索引工具，包括词表生成、例句生成、关键词索引、排序、例句的调用等；③ 语料统计功能，内嵌各种统计和校验功能，使用户可以随时了解库中语料各种信息的准确数据，掌握语料库的运行现状；④ 语料标注功能，能进行语法标注、词法标注、句法标注、语义标注功能等。

✃ 词典语料库的应用研究

在语料库发展的初期，人们似乎认为只要有了语料库，词典的一切问题都解决了。词典学家的主要精力是要把语料库做大，觉得大到一定程度就可以通过它找到词典编纂所需的一切信息。但当大规模语料库出现时，编者突然发现面对成千上万的索引行往往无从下手，只能逐条浏览，大大增加其工作量，影响词典编纂的进度。因此，西方学者早在20世纪80—90年代就开始了语料的数据化处理工作。所以，语料库在辅助词典/词库编纂方面也经历了人工识别到机器辅助识别，再到批量数据化过程。主要应用研究表现在以下几个方面：

1）语料库辅助词典编纂

语料库作为词典编纂的重要资源，能从多方面为其提供关键信息与依据，帮助编者更科学、精准地完成诸如选词、释义、例证选配等各个环节的任务。具体表现为：① 运用语料库词频统计辅助选立目和义项排列等；② 通过对索引行的梳理进行句型、语义分析，辅助义项划分；③ 根据语词使用语境及其分布特征辅助词典释义 [dictionary definition / lexicographic(al) definition]；④ 通过分布结构（distribution structure）和分布特征的类频（type frequency）分析提取句法结构、搭配成分和搭配关系；⑤ 根据义项（sense）语义特征选配词典例证；⑥ 通过对中心词所处语料索引行的梳理提供文化和用法信息，包括特色文化义、文化附加义、文化差异义和相关语用注释等。

2）语料库辅助词库建设

词库（lexicon）也叫词汇知识库（lexical knowledge base），主要是为了自然语言处理和语言研究，根据一定应用领域的要求、背景特征、属性特征和使用特征等构建的模块化的语言知识集合。为人熟悉的词库有词网（WordNet）、智网（MindNet）、框架网（FrameNet）、动词网（VerbNet），以及国内的知网（HowNet）和综合知识库（CLKB）等，分别用于句法分析、语义分析和自然语言处理或理解等。当然，这些也是词典编纂的重要数据资源。

3）语料库模式分析

语料库模式分析是一种把意义映射到文本语词（mapping meaning onto words in text）的方法，分析依据是"常态与拓展理论"（Theory of Norms and Exploitations），旨在说明意义与模式相关联，而不是与孤立的单词相关联。也就是说，人类大脑中存储的不是孤立的词项，而是词的各种使用模式或短语模式（phraseological pattern）以及与该模式密切相关的原型特征。语料库模式分析的目的就是揭示词项的意义潜势——常规模式（norm）、拓展模式（exploitation）和交替模式等。

4）语料数据化建设

语料数据化主要体现在能让杂乱无序的语料变得井井有条，能根据用户的需要提供相对准确的词汇语言数据，其关键就是"智能化"索引，而索引的基础是语料的标注。数据化的分析理论是语料库模式分析，语料分析工具是词汇速描引擎（Word Sketch Engine），数据化的方式是语料标注，如COCA语料库在SWECCL词类赋码的基础上设计了150多种标签，对全部4.5亿个语料进行了逐条标注。目前，数据化能达到的效果包括：可以按语料库提供的索引句法，按需要配置检索公式；可以获得单词特定形态/词类、搭配结构、搭配成分、句法结构、多词比较等索引信息（index matter）。

　　大规模的生语料库虽然信息量大，但缺乏与词典编纂所需信息项直接相关的标注，大多数只具备提供简单索引行的检索功能，编者要在海量语料中找到所需信息绝非易事，故对词典编纂的作用也是有限的。相对而言，专门索引工具词汇速描引擎的使用能较大地提升语料库的使用效果，做了精细标注，建立了整套索引句法和较为完善的智能化索引系统的语料库，基本能满足语言学习、辞书研究和编纂的多种需求。

参考文献

章宜华. 2004. 计算词典学与新型词典. 上海：上海辞书出版社.

章宜华. 2012. 国际辞书现代化技术的新理念：辞书语料数据化. 辞书研究，（2）：1-9，93.

章宜华. 2015. 语料库数据化发展趋势及词典学意义——兼谈美国当代英语语料库的数据化特征. 辞书研究，（5）：1-8，93.

John, S. 1991. *Corpus, Concordance, Collocation*. Oxford: Oxford University Press.

Ooi, V. B. Y. 1998. *Computer Corpus Lexicography*. Edinburgh: Edinburgh University Press.

Hanks, P. 2013. *Lexical Analysis：Norms and Exploitations*. Cambridge：The MIT Press.

语文词典　　LANGUAGE DICTIONARY

本词条也可参见【词典学】【词典史】。

　　语文词典（language dictionary）主要收录和诠释普通语言词汇和

常用百科词汇，重点描述其语音、形态、语义、语法和语用等方面的语言属性，并提供相关知识信息的词典。

从"释名"与"释物"的角度来看，语文词典与百科全书（encyclopeidia）和百科词典（encyclopedic dictionary）相对。单语普通词典是最典型的语文词典。

☙ 语文词典的起源与发展

语文词典是主要的词典类型（dictionary type），早期的词典都是语文性质的词典。国际词典的起源可以追溯至公元前2300多年，发源地是中东的美索不达米亚南部地区（现在的伊拉克）。美索不达米亚是古希腊对两河流域的称谓，意为"河流之间的地方"，具体位置是在底格里斯河与幼发拉底河的中下游地区，是中东最丰腴的沃土，世界上最早的楔形文字（cuneiform）就出现在这个地方，该地也是世上最早的双语词表诞生的地方。公元前2340年，阿卡得征服了苏美尔，为了在文化和语言上同化苏美尔人，编纂了苏美尔语－阿卡得双语词表，这就是世界上第一部语文"词典"的由来（章宜华、雍和明，2007）。

由于地缘结构和地缘政治的缘故，西方国家在词典的早期阶段基本都是双语词典（bilingual dictionary），主要是古罗马人在当时与其他国家征服与被征服互动中，为了不同民族交往的需要编写的双语词集，大多是拉丁语与其他语言的对译。例如，约6世纪出现了希腊语－拉丁语词集，拉丁语－希腊语词集。从14世纪末期或15世纪初，这些词集慢慢汇编成了双语词典。首先出现的是《拉－西，西－拉词典》（*Dictionarium Latinum-Hispanicum, Hispanicum-Latinum*），然后以英、法、德、西等语言为词目词（entry word）的双语词典陆续出现，1539年至1661年欧洲出版了近200种双语词典。

自17世纪开始，西欧各国先后进入封建君主制的全盛时期，双语词典虽然仍占据主流市场，但单语语文词典开始受到学者们的重视，通过编写语文词典来规范语言使用的理念逐渐在各国付诸实践，不断有规范语言发音和语义的词典问世。例如，约翰逊（Samuel Johnson）的《英语词典》（*A Dictionary of the English Language*，1755）、诺亚·韦伯斯特（Noah Webster）的《简明英语词典》（*A Compendious Dictionary of the English Language*，1806）等。

中国的语文词典编纂也具有悠久的历史，它的起源可追溯至商末周初。刘叶秋（2004）将战国、秦、汉时期称为字书的萌芽与奠基期。《汉书·艺文志》小学类就收录周宣王太史所作的《史籀》十五篇，这是见于著录最早的一部字书。战国末年的《尔雅》是第一部标志性的训义辞书，东汉的《说文解字》是第一部完整、系统解说字形、考究字源的语文辞书，它总结了战国以来字形结构的分析论说，创立了偏旁部首，确立了汉字系统的分类、排列和检索的方法。清代《康熙字典》的出版使语文词典的编纂达到了古代辞书发展的高峰。这部由十二分集组成的字典（dictionary of Chinese character）共收字 47 035 个，书前有"总目""等韵""检字"等，书尾附"补遗"（supplementation）、"备考"。《康熙字典》在中国词典史上具有重要的地位，一直被后人用作汉语单语和双语词典编纂的参考基础。

☙ 语文词典的性质特征

语文词典的主要目的是帮助词典用户正确理解语词所蕴含的各种语言属性和知识内容，并正确而得体地使用相关语词进行话语交际。换句话说，就是帮助词典用户对他人的话语进行正确解码，对自己想表述的内容或命题进行正确编码，以实现人类语言"无障碍"互动交流。

语文词典描写的对象是语言的构成成分——语言系统中用于交际的"语段"（segment），包括语音和书写符号两个方面，它可以是话语音频符号中的一个音节，也可以是视频符号中的一个词素，或者是一个单词或合成词等。把词典描写的对象定义为语言网络中的一个"片段"而不是一个语言"标本"，是表明这个片段与语言网络中的其他片段有着千丝万缕的联系，蕴涵着被释义词的各种语言属性，而这些语言属性就是词典释义 [dictionary definition / lexicographic(al) definition] 应该揭示的内容——以语义为核心表征的语言属性。词典所收录的"语言片段"组成词典的宏观结构（macrostructure），而对这些片段进行诠释的内容则构成了微观结构（microstructure），并以此全面描述整个语言系统，描写的范围有词目词的形态信息、语音信息、语义信息、语法信息、句法信息、语用信息、词源信息等（黄建华、陈楚祥，2001）。此外，词典例证是词典微观结构的主要构成成分之一。具体地讲语文词典有以下特点（章宜华，2021；章宜华、雍和明，2007）：

（1）收词通用性强。既包括基本词汇和普通词汇，又包括进入日常交际的百科词汇和专业词汇。

（2）规范性强。尽管各种类型的词典都具有一定的规范性，但是语文词典因为要模范贯彻相关的语言文字规范，因而被称为"语言文字标准规范"。

（3）释义通俗，突出生活经验性。语文词典的释义着重描述语词的概念义、内涵义、语法义、联想义、文化义等，释义突出语言使用者的共性经验和认知，弱化语词指称物的物理属性，释文通俗易懂。

（4）注释系统全面。语文词典注重词目语言属性的注释，包括形态信息、语法信息、语用信息、词源信息的注释，而学习型词典常会有一些附加注释成分。

（5）例证配置主要根据词典的编纂原则和配例原则而定，并尽可能满足以下功能的需要：语义功能 [强化释义、辅助释义、扩展释义、同义辨析（synonym differentiation / synonym discrimination）]、语法功能（句法结构、搭配）、语体功能（语体色彩、语域范围）、语用文化功能（语用范围、社会文化信息）、翻译参考功能（仅适用于双语语文词典）。

⋘ 语文词典的类型特征

语文词典可以从不同的视角加以分类，从词典描述的范围可分为普通语文词典（general language dictionary / general-purposed language dictionary）、专门用途语文词典（specialized language dictionary / special-purpose language dictionary）和综合性语文词典（comprehensive language dictionary）；根据语言的表达方式可分为书面语词典和口头语词典；根据词典所涉及的语言种类可分为单语词典、双语词典和多语词典（较少见）；按时间视角可分为共时词典和历时词典；按描写的方式可以分为描写型词典和规定型词典；按描写语言单位的密度可分为足本词典与节本词典；按设计用途可分为积极型词典（active dictionary）和消极型词典（passive dictionary）等（Svensén，2009）。

语文词典描述的是词目词作为语言符号所蕴含的知识信息，包括词的形态、词法、句法、语义和语用等，这些信息能构成一个完整的语言知识体系。

下面根据词典描述范围介绍三种语文词典：

（1）普通语文词典。普通语文词典描述的是语言系统中的普通语言单位，一般不涉及科技专业词汇、行话等，更不提供描写现实世界的非语言信息。普通语文词典也会收录常用的百科词汇或者科技词汇，但是，其释义是对语言符号的描写，而不是语词所指称的客观世界。随着科学技术的发展，纯语言类的普通语文词典会越来越少，普通语文词典收录百科词汇是一种发展趋势，学习型词典就是一种典型的普通语文词典；因此，学习词典（learner's dictionary）中的百科词汇和百科信息（encyclopedic matter）也会越来越多。

（2）专门用途语文词典。专门用途语文词典是为特定目的而编写的语文词典，其收词和释义仅限于语言的某个层面，因此，又可称为受限词典（restricted dictionary），可分为专用词典（dictionary for special purpose）和专项词典（dictionary of special language aspect）两种类型，前者仅收录和处理服务于某类语言活动的词项，如外来词词典、新词词典、方言词典、俚语词典、成语词典、缩略语词典等；后者仅收录和处理语言的某一方面的词项，如发音词典、拼写词典、词频词典、词源词典等。

（3）综合性语文词典。综合性语文词典是指在单一版本中同时汇集语文词汇和百科词汇及其相关知识信息的词典。该类词典以语言词汇为主，提供系统的语音、语法、语义和用法等信息。因此，词典篇幅一般较长、容量较大、查得率较高，词典的功能侧重于资源存储和查考，包括对语词所代表的文化资源的保存和传承，如《新华词典》(共时)、《汉语大词典》(历时)。

综合性语文词典按其收词规模可分为足本词典、节本词典和普通综合语文词典。足本词典规模（size of dictionary）最大，其功能特征是收词多，提供系统的语言词汇体系和词汇知识信息，全面提供词的拼写、发音、音节、释义、例证、派生词、词源信息和语法信息等。其使用者多为语言研究者、学者、专家，用户群相对较小。节本词典属中大型词典，是在足本词典的基础上删除足本词典中的古旧词、古旧义和使用频率较低的词以及词源信息和部分例句缩编而成，具备足本词典的基本特征，但对词的解释要简明一些，使用者以学生和一般用户居多。普通综合性语文词典大多数是单卷本案头词典，语文百科兼收，可满足普通用户一般性文字工作和阅读的需要。

从所包含的语言数量来看，语文词典包括单语语文词典、双语语文词典和多语语文词典。如果源语（source language）(词目语)与释义语相同，该词典就是单语词典，反之则是双语或者多语词典。单语语文词典用同一种语言对词目释义，帮助用户更准确、更全面地理解和掌握语词的意义，更有效地进行同一文化内的语言交际，而双语语文词典则用与词目不同的语言为词目提供翻译性或解释性对等词，旨在帮助用户更好、更快地理解词目词。

参考文献

黄建华，陈楚祥. 2001. 双语词典学导论. 北京：商务印书馆.

刘叶秋. 2004. 中国字典史略. 北京：中华书局.

章宜华. 2021. 中国大百科全书——辞书学（第三版网络版）. 北京：中国大百科全书出版社.

章宜华, 雍和明. 2007. 当代词典学. 北京: 商务印书馆.

Svensén, B. 2009. *A Handbook of Lexicography: The Theory and Practice of Dictionary-Making*. Cambridge: Cambridge University Press.

专科词典学　SPECIALIZED LEXICOGRAPHY

本词条也可参见【词典学】【专科词典】。

专科词典学（specialized lexicography）是词典学（lexicography）的一个重要分支学科，指研究专科词典（specialized dictionary / subject dictionary）的理论框架及专科词典的设计、编纂、使用、评价和历史的学问。

❧ 专科词典学的起源与发展

词典（dictionary）发展的早期多是语言词典（linguistic dictionary），也有语言教学类词典，只起着记录语言、描写语言和传承语言的作用。在西方国家，由于地缘结构和地缘政治的特点，双语词典（bilingual dictionary）在词典初期的发展中占有重要地位。到17世纪中叶后，欧洲各民族才开始编写以规范语言为目的的单语词典。自18世纪，欧洲工业革命促进了科学技术的发展，技术革命引起了从手工劳动向机器生产转变的重大飞跃，科学的成果渗透到社会的各个层面，各国的百科词典（encyclopedic dictionary）就是在这种背景下先后问世的。例如，1751—1772年，法国出版的《科学、艺术与工艺论理词典》(*Dictionnaire, Raisonné des Science, des Arts et des Métiers*) 和1859年，英国出版的《帝国词典》(*The Imperial Dictionary*) 是在韦氏语言词典基础上编写的科技专科词典。随后,词典编纂逐渐从单一语言过渡到双语;同时,大量的双语专业词典也相继出现。

在中国,双语专科词典始于19世纪中后期,当时的江南制造局翻译馆在引进技术和翻译西方文献资料(documentation)时,专门搜集或积累专业词汇,编纂成双语专科词典,以便译书者查考。例如,《化学材料中西名目表》(1870)、《金石识别表》(1872)、《西药大成药品中西名目表》(1887)、《汽机中西名目表》(1890)、《中西度量权衡表》(1891)等。由于当时还没有"词典"的概念,早期的双语专科词典都以"词表"(glossary)来命名。1905年,清政府设立学部,学部又设图书编译局和编订名词馆,指派严复为总纂,开始了双语专业对译词表的编写。京师大学堂译学馆也很重视双语专科词典,《奏定译学馆章程》第七章"文典"对翻译"专科学术名词"有明确规定:"非精其学者不能翻译,俟学术大兴,专家奋起,始能议及。"由于中国近代科学发展缓慢,西方科技思想主要由西方传教士传入,国内早期的单语专科词典或百科词典大多集中人文学科。例如,《佛尔雅》(上海国学扶轮社,1816)、《历代同姓名录》(抄本,1871)、《历代画史汇传》(吴门彭氏尚志堂刊本 1874)、《天文算学纂要》(树德堂刊本,1887)、《文科大辞典》(上海国学扶轮社,1911)等,而《普通百科大词典》(上海中国辞典公司,1911)是中国早期小型百科词典,汇集了当时的社会科学和自然科学词汇,还收录了一些外来词。自20世纪30年代,自然科学类专科词典开始增多,如《自然科学辞典》(上海华通书局,1934)、《小学自然科词书》(上海商务印书馆,1934)、《新科学辞典》(上海童年书店,1935)和《学生自然科学辞典》(上海新亚书店,1937)等。这些早期专科词典收词大多为数千条,且没有学科分类,词典的命名规则也不统一。随着词典编纂(dictionary making / dictionary compilation)的发展,学者们在20世纪70年代末期也开始了专科词典的理论研究。

✑ 专科词典学的研究与发展

与普通词典学一样,有关专科词典的早期研究也是以序和跋的形式出现，如20世纪30年代，丁福保在其《古钱大辞典》自序中对词典的收词、古币考证，以及古币的品类分析等词典编写问题做了较全面的阐述。也有部分语言刊物会发表一些针对特定语言类专科词典的研究文章，如林语堂于1933年发表在《语言学论丛》的《分类成语辞书编纂法》，还有贺巍于1960年发表在《中国语文》上的《关于编纂汉语方言词典的几个问题》，许宝华于1965年发表在《中国语文》上的《评〈汉语方言词汇〉》饶秉才和李新魁于1965年发表在《中国语文》的《编写广东方言词典的几个问题》等。但真正关于专科词典的理论研究始于20世纪80年代初期，如《辞书研究》在1981年第2期专题讨论了专科词典学的主要问题，包括杨祖希的《专科词典编纂法初探》、徐庆凯的《编写专科词典的若干问题》和仉继光的《科技专科词典的选词和释义》。这些文章从专业技术词典的性质和特点入手，从专科词典编纂法，专科词典的设计问题，专科词典的工序问题，专科词典的用户对象和规模问题，词典的选词范围、选词原则、选词（lemma selection）的特殊问题，以及释义原则和释义方法等都做了全面的阐释。1991年，四川辞书出版社出版了杨祖希和徐庆凯的著作《专科辞典学》，系统论述了专科词典学的理论框架和编纂问题，包括专科辞典的性质、类型、编纂过程、总体设计、编写体例、选词、释义、审读加工、交叉工作、附属成分、加工后的编辑工作及专科词典史，把专科辞典编纂的原则、方法和历史统一了起来。1994年9月15日，中国辞书学会专科词典专业委员会召开首届年会，国内专科词典的研究进入了新的阶段。1995年，伯根霍兹（Henning Bergenholtz）等编写的《专科词典学概论》（Manual of Specialised Lexicography）出版，内容包括专科词典学与术语学和术语词典、本手册使用指南、专科词典学的基本问题、专科词典编纂中的特殊问题、准备工作、选择（词目选择和释义选择）、语言信息（linguistic matter）、百科信息（encyclopedic matter）、词典的组成、词典结构（structure of dictionaries）、词典的进一步加工、词典评论（dictionary review / dictionary evaluation / dictionary criticism）和展望等。2011年，徐庆凯的《专科词典论》出版，作者从多年来的词典编纂与编辑实践出发，对专科词典的特征、类型及编纂理念做了重新的审视，吸收了近年的研究成果，并对专科词典的选词、释义、插图等附属成分和交叉条目的处理，以及专科词典的编排法等做了新的阐述。

20世纪80—90年代，随着国际交流的发展和社会对外语阅读和学习国际科学技术需求的增加，专科学习词典开始引起学界关注。从20世纪80年代末期开始就有西方学者提出专科词典应重视语法信息，主张把学习词典（learner's dictionary）的结构和成分引入专科词典，并做了相应的研究和论证；《专科词典学概论》有部分内容专门论述了专科词典学的"学习"特征。2008年，西班牙富尔特斯-奥利维拉（Pedro A. Fuertes-Olivera）主编的《教学专科词典》（*Pedagogical Specialised Lexicography*）汇集了10多篇世界各地专科学习词典研究的论文，其中章宜华有关《中国专科学习词典学的设想》（"An Ideal Specialised Lexicography for Learners in China Based on English-Chinese Specialised Dictionaries"）的文章，从中国学习者用户对专科英汉词典的需求入手，分析了专科学习词典的特点及其与普通学习词典之间的区别，以及专科学习词典的功能特性（交际功能和认知功能）和结构特征（形式结构、知识结构和关系结构等），提出了双语专科学习词典的译义原则。

❀ 专科词典学的学科特征

专科词典是词典的一种类型，因此具备词典的主要和一般特征，与普通词典（general dictionary / general-purposed dictionary）也存在着不少共性，如形式构造上的宏观结构（macrostructure）、微观结构（microstructure）和检索性等，内容构造上的汇编性、概括性和客观描写性等。这些共性是所有词典的性质特征所决定的，也自然适用于专科词典。但专科词典的特性不是词典共性所决定的，也不能以词典的共性作为出发点来谈专科词典的特征，而是要从专科词典与普通词典的差异出发来勾画专科词典的性质。

1）专科词典的语言学特征

普通语言词典的宗旨就是对语言系统的描写，而专科词典涉及专业技术词汇及其相关知识和术语知识，是语言学所不能及的。但专科词典收录的对象大多是语言符号——专业词，这必然与语言有一定关系。普通语言词典收录的对象可以是整个语言系统的任何符号单位，而专科词典则主要收录专业名称、术语和专名三类。对于特定的专科词典，需要汇集一个学科的所有词语，包括术语、学说名、学派名、人名、地名、书名、机构名、事件名等，而术语词典只收录相关专业的术语，专名辞典一般要兼收人名、地名、专门机构和组织的名称。当然，专名词典还可分专收人名的人名辞典、专收地名的地名辞典、专收书名的书名辞典等。专业名称或名称具有较强的"词"的属性，一般具有普通名词和专业术语（terminology）的双重属性，在交际性专科词典中主要是"释名"，即描写其语言属性；而在知识性词典中则须"释物"，即描述其指称的物质属性；在术语词典中则是描写其指称内容（designatum）——概念。

2）专科词典的术语学特征

专科词典需要汇集相关学科的所有词汇，当然也包括专业术语。术语是在特定学科领域（含人文社科）用来表示概念称谓的集合，是通过语音或文字来表述或限定科学概念的约定性语言符号。术语是知识的载体，术语学是语言学与其他专门学科交叉形成的一门学科，主要研究各学科术语概念的形成、分类、命名和规范等问题。专名学（onomasiology）主要研究人物、地点和机构等命名的过程，同时也为概念指定术语符号，后者学术上叫作"术语语义学"（onomastics），其主旨是研究科学概念的表述方法。术语学所说的概念是相关学科的一个知识单位，即反映指称物一般属性的单位。一般属性和个别属性（idiographic）与术语语义学和专名语义学相对应。对某学科的理论体系及其术语的研究可以定义为"一般属性"的探索，而对单一事物或事件进行研究则可看作"个别属性"的探索。这分别适用于术语词典和专名词典的研究及编纂。

3）术语词典的词典学特征

术语学相对于词典学具有独特的学科特征，现逐渐发展成为一个相对独立的学科，但术语词典与词典学仍存在密切的关系，这不是术语学独立可以完成的任务。词典学与术语学有不同的地方，但也有很多交叉的地方，有时甚至难以说明它们之间的区别特征。普通词典注重的是词汇单位的收录和释义，按音序或形序来排检；术语词典的核心是术语概念，但要用语言词汇来表达概念，常以主题形式来排序。可见，两者的释义都涉及概念，但概念只是普通词典语义的一部分，却是术语词典释义 [dictionary definition / lexicographic(al) definition] 的全部内容。概念范畴及范畴成员之间的关系是语言认知的基础，如何系统地反映概念以及概念之间的关系乃是术语学和词典学研究共同关注的问题。概念是以范畴形式出现的，词典释义涉及范畴之间的联想和映射，术语词典的编纂需要首先弄清术语在概念系统中相互关联，以及与其关联的其他概念对本概念形成的影响作用。可见，术语词典是以词典学的方法来描述概念，只不过它不像普通词典那样解释已有明确意义的语词，而是致力于描述那些需要澄清的概念。

✪ 专科词典学的任务及词典结构和功能

专科词典学重在描述已成为特定学科专业词汇部分的专门语词或术语。因此，它与普通词典的任务，以及词典功能和类型都存在一定差异。

1）专科词典学的任务

专科词典学研究范围涉及专业词汇和专业术语两大类，前者是追溯法（retrospective approach），即面向过去的语料进行统计、分析、抽象和归纳的结果，因为它研究的内容是已经发生的。后者运用术语语义学的方法从未来的角度来描写术语概念，因为它研究和描述的是新兴知识领域，通过术语的推广让新的概念为人接受或承认。根据专科词典学研究对象的特点，其核心任务可以概括为以下几个方面：① 词典学与专业词汇和术语之间的关系；② 专科词典和术语词典编纂理论方法；③ 专科词典的类型构建；④ 专科词典的计算机辅助编纂；⑤ 专科词典的设计和编纂方法；⑥ 专科词典的编纂史；⑦ 专科词典编纂和组织工作；⑧ 专科词典的评价。专科词典学与普通词典学的最大区别在于它涉及非语言的知识或建立在科学范畴基础上的语言知识，既要对语词所指称的客观事物或事件进行分析,又要对事物和事件对语言属性的作用进行研究。

2)专科词典的结构特征

在宏观结构上,专科词典的结构具有较强的类型学特征,不同类型的专科词典其结构特征也有较大的差异。综合性科技词典不但广泛收录科技词汇,也收录适用于科技语言的"普通"词汇,包括动词、形容词、副词、介词和短语等。分科或多科专科词典收词比较专业,大多只收录专业名称、术语和专名,这些词都是名词性的。微观结构方面,综合性科技词典提供注音、词类、义项划分(sense division)和注释信息等,分科或多科专科词典一般只提供释义,双语专科词典大多只提供对等词,而提供例句(illustrative example)的多是科技类综合词典,专业型专科词典则比较少。如果要编写学习型专科词典,其信息组合往往是"专业语言词汇+专业知识词汇",其结构特征可参考普通语言词典的结构设计。

专科词典释义的性质较复杂,包含三种释义类型:名、物、概念的释义。如果是释名性质的专科词典,需要揭示专业词汇的语言属性,包括专业概念意义、语言分布特征和句法功能属性等。大多数专科词典只诠释概念意义,特别是双语词典,只给出词目词(entry word)的对等词。

3)专科词典的功能特征

根据编纂宗旨和用户对象的不同,专科词典具有两大不同的功能特征:一是面向语言交际的词典,二是提供专业知识的词典。前者用于语言和语篇的翻译、理解和生成,这就是一般专科词典;后者可用于与社会交际无关的专业知识的获取或学习,这就是百科性的专业词典和术语词典。具体而言:① 交际功能,指帮助用户在交际过程中解决专业语言文本的理解、生成和翻译中遇到的问题,包括作为本族语的专业语言理解、作为外语的专业语言理解、作为本族语的专业语言生成、作为外语的专业语言生成、专业语言的汉外翻译和专业语言的外汉翻译。

② 知识功能，指帮助用户解决其学习和工作过程中遇到的知识缺失问题。知识性词典需要深入专业语词的内部结构，解释其指称对象的科学含义和概念集合，要注重所提供专业知识的科学性、系统性、完整性和本质性。无论词典大小，其知识层次的构造一定要严密，不能顾此失彼，使系统失去平衡。

参考文献

黄建华. 1992. 英俄德法西日语文词典研究. 北京：商务印书馆.

黎难秋. 1982. 中国双语词典史话. 辞书研究，（1）: 166–172.

李大忠. 1980a. 词典学论文索引（一）. 辞书研究，（3）: 285–292.

李大忠. 1980b. 词典学论文索引（二）. 辞书研究，（4）: 287–296.

徐庆凯. 2011. 专科词典论. 上海：上海辞书出版社.

杨祖希，徐庆凯. 1991. 专科辞典学. 成都：四川辞书出版社.

章宜华，雍和明. 2007. 当代词典学. 北京：商务印书馆.

Bergenholtz, H. & Tarp, S. 1995. *Manual of Specialised Lexicography*. Amsterdam: John Benjamins.

Fuertes-Olivera, P. A. & Arribas-Baño, A. (Eds.). 2008. *Pedagogical Specialised Lexicography*. Amsterdam: John Benjamins.

Zhang, Y. 2008. An ideal specialised lexicography for learners in China based on English-Chinese specialised dictionaries. In P. A. Fuertes-Olivera & A. Arribas-Baño (Eds.), *Pedagogical Specialised Lexicography*. Amsterdam: John Benjamins, 171–192.

关键术语篇

百科词典　ENCYCLOPEDIC DICTIONARY

百科词典（encyclopedic dictionary）是综合收录普通语言和各个专业领域的常用词汇，并对其进行词汇性和百科性解释的辞书。

百科词典是百科全书（encyclopedia）与普通语文词典（general language dictionary / general-purposed language dictionary）两类辞书相互交叉、相互渗透而发展起来的一种综合性工具书。百科词典与语文词典（language dictionary）和百科全书的主要区别是：语文词典以"指物符号"为词目，简明扼要地解释该符号的语言知识信息，包括形态、语义和用法等；百科全书则是以"所指之物"为词目词（entry word），详细解释其物质属性，包括其性质、特征、材料、构造、功能和用途。百科词典则是介于两者之间，既提供百科信息（encyclopedic matter），也提供语言信息（linguistic matter），但这两方面的信息都不像专门的百科全书和语言词典（linguistic dictionary）那样详尽。从质的方面来讲，百科词典一般会覆盖多个学科领域，释义相较于百科全书比较简短，可以结合"物"的属性来诠释语词的语言含义，也可以在解释词汇语言属性的基础上介绍一些百科知识信息；而语文词典主要收录"语言词汇"，是以语词"名"的属性来诠释其含义，只是在少量百科性词条（entry）中才涉及百科信息；从量的方面来讲，语文词典中的百科信息不宜超过词典（dictionary）总量的四成，其主要内容是描写语言知识系统。

插图词典　ILLUSTRATED DICTIONARY

插图词典（illustrated dictionary）指在部分词条（entry）中，或以中

置页（middle matter）形式配置插图，用于辅助释义的词典（dictionary）。

　　插图词典以文字释义为主，图例是一种指物释义（ostensive definition），起到强化和补充释义的作用。需指出的是，以图片作为词目词（entry word）的主要释义手段，文字只起辅助说明的是图解词典/彩图词典（picture dictionary）。虽然早在15世纪插图就进入词典，但在19世纪前纸质词典通常不会收入很多插图。现在的电子词典（electronic dictionary）还可以综合处理文字、声音、图形、动画、图像、视频等多种信息以帮助用户使用词典。

　　插图词典有不同的类型。从语言的数量看，分为单语插图词典和双语插图词典；从编纂的用途看，有普通插图词典、专科插图词典；从用户群体的年龄和语言层次来看，分为入门级插图词典、初级插图词典和中高级插图词典。由于插图具有辅助释义等功能，越来越多的学习型词典会在词典中配置插图，并且插图数量有增多趋势，插图的内容、质量、形式也越来越考究。比如《牛津高阶英汉双解词典》不同版本的插图已经发生了较大变化。专科插图词典较多的有数学、科学、医学、建筑等学科的辞书。

　　插图的种类和方式较多，词典编者常常根据不同的需要配置相应的插图。插图可分为单幅插图、组合插图；二维插图、三维插图；结构插图、场景插图等；线条画、图表、手绘图、电脑绘图、实物照片等；局部图、整体图、整页图、剖面图、平面图、分解图、综合图等；单色插图、双色插图、彩色插图等。

　　插图能提高释义的准确性、显著性和趣味性，好的插图不仅能辅助文字释义，而且能传递文化和异域风情，加深词典用户的理解、记忆和认知。

　　随着计算机科学、多媒体技术、网络技术的发展，插图也将多模态化，并成为大部分词典不可或缺的重要组成部分。

辞典 DICTIONARY

本词条也可参见【词典】【字典】。

辞典（dictionary）指汇集词语或比词大的语言单位（如成语、谚语、典故、掌故等）以条目的形式逐一提供必要的所指知识信息，按一定方式（形序、音序、义序等）编排的常用工具书。

辞典源自日语对英语"dictionary"的翻译，引进后与"词典"通假，但后来逐渐有了各自的内容侧重。辞典的描写对象主要是概念和事物，一般不包括动词、形容词、副词和功能词等，其描写内容主要是术语的概念和语言单位所指称事物的属性或所指内容。有些辞典也不完全排除对词汇或语言属性的描写，但这不是它的主要内容。所以它一般用来为知识性专科辞书、术语辞书、专名辞书和百科辞书等命名。

在早期的辞书子类中，词典和辞典在当时的语文词典（language dictionary）中都被当作异形词，其指称或含义相同，因此两者在20世纪初期所出版的辞书命名中，不分彼此，随意混用。在20世纪中后期，新编或新出版的辞书基本有一个大致的区分：词典（dictionary）一般指偏语文性，提供词汇语言信息（linguistic matter）的辞书。

词典 DICTIONARY

本词条也可参见【辞典】【字典】。

词典（dictionary）指汇集语言单位，以条目的形式分别提供必要的知识信息，并按一定方式编排的常用工具书。其描写对象主要是语言单位，解释的内容是语言属性和相关知识。

词典是由辞典演化而来，而辞典则被认为由日语借用汉字对英语单词"dictionary"的翻译，而"dictionary"来自拉丁语"dictionarium"，大约于1220年被引入英语。受汉语古文字特点所限，中国传统训诂学中字和词不分，通常以字代词。因此，20世纪以前的辞书均不叫词典。例如，中国第一部以解义为主的辞书名为《尔雅》（约公元前200年），第一部解释字形字义的工具书叫作《说文解字》；此外，还有东汉年间刘熙的《释名》，南朝梁的辞书代表作《玉篇》，明代梅膺祚的《字汇》等。而"字典"之名始于清康熙年间的《康熙字典》，从此"字典"一词逐渐通行起来。"辞典"一词在清末民初传入中国，1911年上海扶轮社出版了《普通百科大辞典》，收录大于字的语言单位。20世纪20年代初《国语词典》和《白话词典》面世，也收录同样的语言单位，于是"词典"与"辞典"便等同起来了，但"词典"的使用远远多于"辞典"。随着语言及语法学、词汇学和修辞学的发展，表示语言单位的字、词、辞逐渐显示出各自的特点。1924年出版的《新著国语文法》也对"字"和"词"做了分工，"词"专门指称英语"word"所表述的内容；"词"义的明确也促使"字"和"辞"的表义明朗化。渐渐地，"词典"和"辞典"的命名分工变得明确了，各自为不同的辞书命名。词典指汇集语词等语言单位，以条目的形式予以诠释的常用工具书；描写对象主要是语言符号，包括语言的功能词，描写内容是其形态、语音、语义、功能及使用规则和语境等。

词典编排法　ENTRY ARRANGEMENT

词典编排法（entry arrangement）是词典（dictionary）各种排查方法的总称。从编者的角度称作编排法，从用户的角度称作查检法。

语言的音、形、义属性是词典编排的重要依据，据此可分为形序、音序、义序和聚合编排法等。

形序编排法是根据文字形体特征来设定查检顺序，在英语词典中，主要按字母拼写顺序编排；在汉语词典中，主要是按部首、笔形（含笔形代码，如四角号码法）、笔画（融合笔顺）等顺序编排。

音序编排法在西方语言中多用于发音词典和音韵词典等，在汉语词典中分为三种：① 汉语拼音字母法；② 韵部法；③ 注音字母法。

义序编排法主要分四种：① 分类编排，多见于分科目的词典、分类词汇编等，如《辞海》各学科分册；② 同义反义编排，多见于同（反）义词词典等，如《新华同义词词典》；③ 类义编排，多见于类义词典（analogical dictionary / thesaurus）或类推词典等，如《同义词词林》等；④ 按概念系统编排，多见于按概念框架编排的百科或专科类词典等，如《古汉语知识详解词典》。

聚合编排法是以词族的形式把一些在形态或词源上有联系的语词归在同一主词条下（或词目组中）进行编排和查检的方法，如英语的各种同源词典、汉语的《同源字典》等。

词典编纂计划

PLANNING OF DICTIONARY PROJECT

词典编纂计划（planning of dictionary project）是词典编纂（dictionary making / dictionary compilation）的基础和前提，指将词典（dictionary）的全部编纂流程当作一项系统工程而提出的编纂规划和设想。

设计词典编纂计划的目的是找到词典编纂的最佳方案，使所编词典能在同类词典中显出自身特色，最终能最大限度满足主要用户需求。词典编纂计划的制定涉及内容设计、形式设计、工作设计、语言调查、需求调查等方面问题。

在制订词典编纂计划前的语言和需求调查非常重要。语言调查要根据词典的定位，对所收录的字词及其语言属性、学科属性进行历时和共时材料搜集和摸查，以保证所编词典尽可能准确、全面反映语言现实。需求调查包括用户调查和市场调查，从用户认知、使用环境、知识结构、知识需求、接受需求、市场营销六个方面展开调查，要做好两项核心工作：一是对潜在用户群的使用需求、使用喜好、使用目标做细致调查；二是与市场中其他词典进行比较，以突出本词典特色。通过调查可进一步明确本词典的服务方式，进而确定词典的内容和形式设计。

内容和形式设计是编纂计划的核心，其设计依据是词典的编纂宗旨、类型、规模、用户群体的使用需求等方面的特点。工作设计要对词典的编纂组织和工作流程、环节、步骤和进度、关键任务等进行规划与安排。

词典编纂计划的成果体现为编纂计划书、编纂细则、编纂人员工作条例等，这些材料越周详、越具体、越切合实际，对编纂工作的规范、指导和推进作用就越强，越有利于产出优质的词典产品。

词典编纂宗旨

PURPOSE OF DICTIONARY-MAKING

词典编纂宗旨（purpose of dictionary-making）指词典项目发起的目的和主要设计思想，是确定词典（dictionary）整体规划、体例结构和词典编纂方法的先决条件。

一般来讲，词典编纂宗旨包括两个方面：一是服务对象，即确定词典最终用户群体，如儿童、学生、成人、一般用户或是专家学者等；二是服务对象的需求，即确定拟解决潜在用户的哪些问题，如语言学习、专业学习、日常生活或工作参考，一般性查阅或研究查考等。词典编纂宗旨确定后便可着手总体编纂的设想或方法了。例如：

（1）描写性或规定性。依据语言事实客观地描写语言的实际使用情况，包括语言的客观现实、社会现实和约定俗成等，或是依据编者或专家的知识储备和对用户需求的判断，对语言的正确形式和使用规则作出解释。

（2）历时性或共时性。以历时的方法阐释语言形式和意义的起源及其演化进程，或对其各个历史阶段的演化进行动态描写；或选择语言发展历史中特定阶段的词汇作为词典收录和诠释的对象，对其进行静态共时描写。

（3）积极型或消极型。收录常用词汇并以积极型词汇（active vocabulary）为主要解释对象，提供详尽释义以及系统的语法和用法信息，帮助用户活用或生成语言，或收词覆盖面宽、义项（sense）收录全、释义简洁，帮助用户阅读理解和快速查检不熟悉的词汇。

词典标签　LEXICOGRAPHICAL LABEL

词典标签（lexicographical label）是辞书中用来标明词目词（entry word）的语域、文体、用法或语言变体，以及专业门类等的特殊符号或缩略语。

标签的主要功能是对语词使用范围的限定，不同词典（dictionary）使用的标签都有所侧重。一般来讲，普通语言词典主要是词源或来源、修辞、语体和语域等标签，专科词典（specialized dictionary / subject dictionary）主要是各种专业标签，而描写性词典（descriptive dictionary）的方言俚语、时域和地域的标签比较多。学习词典（learner's dictionary）要借助标签提供规范性信息，所以标签种类比较复杂。学者对标签种类有不同观点，比较有代表性的是：

（1）八类说。使用时间或时期，地区或地域变体，科技或专科术语，限制性用法及粗俗禁忌语，侮辱语，俚语，文体、功能或语域变体，社会层次或文化层次等。

（2）十一类说。时间（古词、新词）、情感（赞赏、诋毁）、频率（常用、罕见）、同化（借词）、模式（书面语、口语）、规范（标准与否）、正式性（正式、不正式、亲密）、风格（通俗、俚语、委婉语）、学科（生物、化学等）、体裁（诗歌、谈话等）、区域（方言）等。

（3）五类说。社会环境（语域、语体）、地域环境（地域方言、民族方言、外来语言）、时域环境（今、古、旧义）、语言环境（交际方式、交际手段、语义修辞、语法修辞）和专业环境（各种专业门类）等。

词典参见　　CROSS-REFERENCE

本词条也可参见【中观结构】。

词典参见（cross-reference）指通过特定的符号或说明，把词典（dictionary）中的某一义项（sense）或内容与词典中另一相关内容联系起来的方法。参见符号一般放在词条（entry）的末端或相关内容之后，起着引导用户参考查阅的作用。

参见分为明参和暗参。明参使用明确的参见语和符号，而暗参是运用隐性提示或符号把用户引向另一词条或相关信息。普通语文词典（general language dictionary / general-purposed language dictionary）中的参见比较简单，但学习词典（learner's dictionary）（特别是双语学习词典）、综合性百科词典等的参见项目和参见关系则比较复杂，可归纳出（但不限于）以下参见方式：

（1）同义词项。以"参见"直接引出同义或近义词，以"比较"引出一个相似但不相同的词目，"另见"常指向派生词根，"见"则指向"用法说明"（Usage Note）等。

（2）反义信息。在有关义项或词条后提供相关反义词的参见词目，以帮助读者从另一个角度了解词义和词的系统关系。

（3）关联内容。关联内容指普通参见以外的必要信息，如由两个以上词汇单位组成的习语或短语，把没有这方面释义的词条引向有释义的词条。

（4）词头变体。如果一个变体（异体）词与被立为整条词的意义完全相等，就不必提供释义，可直接标明"XX 词的变体"。

（5）名称变体。名称的变体可以用"XX 的旧称""XX 的别称""XX 的雅称"或"="号标注。

（6）非推荐词形。推荐词形立为主条，在其释义后加注"也作XX"，而非推荐词形作副条，简注为"同XX（推荐词形）"。

参见系统设置的繁简和方法的多寡取决于词典编纂（dictionary making / dictionary compilation）的宗旨，但参见的编制中一定要避免"参而不见"和"循环参见"（circular cross-reference）的现象。

词典对等词

LEXICOGRAPHIC(AL) EQUIVALENT

本词条也可参见【词典翻译】【词典译义】。

词典对等词 [lexicographic(al) equivalent] 指在双语或多语词典中，与一种语言 [源语（source language）] 的词或短语在意义上存在等值的另一种语言 [目的语（target language）] 的词或者短语。例如，英语 "marketing demand" 的汉语对等词是 "市场需求"。

传统上，双语词典（bilingual dictionary）的释义主要是在目的语中寻找与源语的词汇单位意义相等的对等词。通过对不同语言在语言符号、概念语义、语用条件、文化内涵等方面的比较，词典编者能够把握两者之间的共性和个性特征，并在词典编纂过程中处理其等值关系与特征差异。

一般来说，源语词目能够在目的语中找到一个或若干个对应或对等词，但由于文化差异和语言间的不同构性（anisomorphism），源语词目与目的语对等词在对等程度和方式有所不同，一般可以分为三类：完全等值、部分等值和零等值。

（1）完全等值，指目的语词与源语词目词的语义特征、功能特征、文体特征、语域范围和使用规则等都基本相等。这类词大多为专有名词、专业词汇、专业术语（terminology），并有较强理据的新词，如 "nano-computer" 与 "纳米计算机" 可视为完全等值。

（2）部分等值，指源语词与目的语词之间有限的语义和用法对等关系，是两种语言间最普遍的现象，具体表现形式有：语言符号对等，但概念义、指称范围、使用语域不同；概念义对等，但联想义、内涵义、搭配义不同；指称对等，但引申义不同；内涵义对等，但概念义不同。

（3）零等值，指源语词目词的指称对象或指称内容（designatum）

在目的语中缺失，没有任何现存的语词可以表达。针对这种现象，可以采用解释、仿造翻译、音译、意译、音译加注释等手段来向目的语用户传达源语词目词的特色意义。

词典附录　APPENDIX/SUBSIDIARY

词典附录（appendix/subsidiary）是词典（dictionary）的重要组成部分之一，是与词典正文相关、对正文起补充作用的附加材料。

在国际辞书界，词典附录一般为后置页（back matter）中为正文服务的辅助资料、图表等附加内容。附录对正文的相关内容起延伸补充、总结概括、纠偏补误及检索方便等作用，能进一步提升词典的使用价值。

附录的常见种类主要有：大事记、年表、历表、语言资料（如汉语拼音方案、英语不规则动词表及各种字表等）、统计资料（如各国人口、面积表等）、人名、民族名、节日名、度量衡和计量单位等。例如，《现代汉语词典（第七版）》的附录包括我国历代纪元表、计量单位表、汉字偏旁名称表、汉语拼音方案、元素周期表。除常见种类外，也有人将参考书目、引用资料、校勘修订等补遗类材料列为附录。

附录设置的原则：一是数量要适宜，不能一味求多，而是要根据词典规模（size of dictionary）适当设置；二是内容要新颖、可靠、有特色，且与正文所反映的知识内容一致，要避免与内容无关或相左的附录出现；三是双语词典（bilingual dictionary）的附录要有双语对应性，即用两种语言表述同一附录。

词典宏观结构　MACROSTRUCTURE

本词条也可参见【词典结构】【词典微观结构】。

词典宏观结构（macrostructure）指词典（dictionary）所收录的全部词目词（entry word）按照一定方式组织成的词典词表架构，是词典的主干部分。

宏观结构是链接微观结构（microstructure）的轴线，主要承担两大功能：一是有序组织词典全部词条（entry）的微观结构；二是承担词典查询的索引功能。

宏观结构也是词目的编排体系，由各类充当词头（headword）的词汇单位构成。一般来说，词头可以是字母、词素、单词、习语等四个不同层次的内容。词素包括自由词素、语法词素和派生词素等。此外，字母、数字和其他专有的字符也可以视情况收录。理论上讲，要完整地描述语言现象，需要考虑语言中所有的固定书写单位，但由于词典编纂（dictionary making / dictionary compilation）的宗旨和用户群体的限制，一般都无法全部收录。随着大数据和智能化的发展，电子词典（electronic dictionary）将能囊括更多的词汇信息。

宏观结构的主要特征就是按照一定的顺序来编排词条，以便于词典用户进行检索，并查阅到自己所需要的信息。词典的编排方法一般有以下几种：形序编排、音序编排、义序编排（主题编排、系统编排）和聚合编排。由于历史和社会文化习惯的使然，人们普遍接受按形序编排的词典查检方法。西方词典以字母顺序排列为常见的方式，而传统汉语词典有部首法、笔顺法等。在汉语拼音普及以后，现代汉语辞书往往按音序编排。义序编排法（主题编排、系统编排）比较适合按主题进行编写的知识类词典和类义词典（analogical dictionary / thesaurus）等。当然，一部词典也可以使用多种编排或查检方法。

词典互动界面

INTERACTIVE INTERFACE OF DICTIONARY

词典互动界面（interactive interface of dictionary）又称"词典交互界面"，指数字词典应用平台中词典用户与词典（dictionary）进行交流和互动的操作界面。

词典互动界面在词典电子化的初期，大多是二维结构的，交换的主要形式是文字。交换内容是有限的，信息的输入和显示都是单模态的。随着计算机通信技术的发展，数字交互界面在词典应用系统中得到广泛认可，交互形式由二维发展为三维或多媒体形式，慢慢突破了人机交互的基本障碍，文字界面发展为图形界面。当数字词典进入融媒体时期，三维和多模态技术也越来越多地应用于词典的交互活动，可为用户构建自然直观的三维交互环境。随着传感技术的逐渐成熟，手势、表情、语音识别和图形识别也会逐渐应用于互动词典，增强人机交互的体验感和词典使用的效果。

图形交互界面的设计既要体现整体性、规范性和一致性，又要具有个性化。关键内容是要把词典数据库 [lexicographic(al) database] 需要互动的信息项分门别类，按不同信息来设置链接功能按钮或互动窗口，这些链接一是要能选择组合，二是要指向数据库相关信息。一般包括，能使用文字、图形、图像、动画、音频和视频操作的查询窗、显示窗，查询信息链接、多模态信息链接、互动信息链接，以及查询/互动项目选择设置和功能菜单等。

词典类型　　　　DICTIONARY TYPE

本词条也可参见【词典类型学】。

词典类型（dictionary type）又称"辞书类型"，是按照一定的分类标准和原则方法，对具有不同功能特征的词典（dictionary）所做的分类。

词典类型研究不但有利于总结和归纳前人的成果，更重要的是能够指导未来的词典编纂（dictionary making / dictionary compilation）；因为词典的类型分得越明确、越细致，词典学者的相关研究和词典编纂的任务就越清晰。词典类型划分的具体意义有以下几点：① 有助于建立词典学（lexicography）的分支体系，明确研究方向；② 有助于制订词典的编写准则，避免门类的混淆；③ 有助于对存量词典的调查和归类，了解辞书的整体发展状况；④ 有利于词典的差异化和序列化发展，为出版机构制订辞书计划提供理论支持。

国内外学者提出的分类有很多，归纳起来主要有：① 按语言分为：单语词典与双语词典（bilingual dictionary）、双解词典（bilingualized dictionary）、多语词典；② 按编纂宗旨分为：规定性词典与描写性词典（descriptive dictionary）、积极型词典（active dictionary）与消极型词典（passive dictionary）；③ 按覆盖范围（extent of involvement）分为：语文词典（language dictionary）与专科词典（specialized dictionary / subject dictionary）、百科词典（encyclopedic dictionary）与综合辞书；④ 按诠释方法分为：释义词典（defining dictionary）与翻译词典（translating dictionary）、双解词典与语证词典；⑤ 根据时间分为：历时词典与共时词典、古代词典与现代词典、历史性词典（historical dictionary）与词源词典；⑥ 按规模分为：大型词典与中型词典、小型词典与袖珍词典、足本词典与节本词典等；⑦ 按用户特点分为：成人词典与少儿词典、儿童词典与学生词典（student dictionary / school dictionary）、初级词典与中高级词典；⑧ 按用户来源分为：内向型（双语）词典 [domestic-oriented (bilingual) dictionary] 与外向型（双语）词

典 [foreign-oriented (bilingual) dictionary]、母语词典与非母语词典；⑨ 按索引方法分为：音序词典与形序词典、地序词典与图序词典、主题词典（ideological dictionary）与类义词典（analogical dictionary / thesaurus）；⑩ 按词典媒介分为：纸媒词典与电子词典（electronic dictionary）、光盘词典与芯片词典、单机词典与在线词典、词典门户与词典 App；⑪ 按信息方式分为：平面词典与插图词典（illustrated dictionary）、多媒体词典（multimedia dictionary）与融媒词典（media converged dictionary）、单模态词典与多模态词典（multimodal dictionary）等。

词典生成系统

DICTIONARY GENERATION SYSTEM

词典生成系统（dictionary generation system）指利用现有的语言资源和词典数据资源，借助专门的计算机程序软件自动组织词典信息、生成词典文本的过程。

20 世纪 90 年代，就有学者研究利用大型词典的资源生成同类小型电子词典和专门用途词典，并介绍了从大型综合词典生成中小型专门语文词典或专科词典（specialized dictionary / subject dictionary）的方法：① 通过提取所有成语词目以及相关的释义或对应词，生成成语词典；② 只提取词目拼写形式和注音形式，生成语音词典；③ 在语音词典基础上，将词目按读音逆序排列，生成韵律词典；④ 按特定的标注选择词条（entry），生成各个学科领域的专科词典；⑤ 通过挑选具有特定语用或语体标注的词和短语，各种类型的专门语文词典，如俚语词典。

接着，有学者研究按词典编纂者的意图或词典的体例结构，利用语料库直接生成各类词典。这是计算词典学（computational lexicography）

研究的最高境界，但要想在语料库的基础上自动生成词典，必须做到：① 对语料进行深度精加工，语料库中的每一个词项的各种词典编纂（dictionary making / dictionary compilation）所需的语言属性都要详细标注；② 建立对词项各种属性的标注工具，用于词典各类信息和属性、特征的匹配与生成；③ 有一套完善的词典数据选择、组配的智能化专用程序，包括词表提取、词目信息提取、义项划分（sense division）、自动释义、自动配例等。

21 世纪初，国内外先后有学者探讨借助人工数据录入，或运用现有词典资源或数据来生成词典，并编制了相应的处理软件平台，取得了较好的效果。这种系统以计算机为词典信息处理工具，以融媒体网络为信息传输工具，以语料库为信息源，以词典的体例结构为理论模式，以词条及其数据元为加工处理对象，以实现词典自动生成为主要目标。具体有三大功能：① 词典素材收集、处理、存取和检索；② 语用语料资源建立词典数据库 [lexicographic(al) database]；③ 自动生成普通词典（general dictionary / general-purposed dictionary）和专用词典（dictionary for special purpose）的文稿脚本。

词典释义原则

PRINCIPLE OF LEXICOGRAPHICAL DEFINITION

词典释义原则（principle of lexicographical definition）是词典注释（lexicographical annotation / lexicographical gloss）和语义解释中应该遵循的准则，涉及普通词典（general dictionary / general-purposed dictionary）、学习词典（learner's dictionary）、专科词典（specialized dictionary / subject dictionary）的释义。

释义是词典编纂（dictionary making / dictionary compilation）的核

心内容。一般来讲，普通语文词典（general language dictionary / general-purposed language dictionary）主要解释语词的概念意义，专科词典注重解释语词的专业语义，而学习词典则需要解释语词的形态、概念、句法结构和语用规则等，系统揭示被释义词的语言属性。释义是一项复杂的工作，需要把握好一些必要的原则：

（1）客观原则。根据语言活动的真实示例和事实来分析、抽象、归纳出语词的复合语义表征，根据不同的词典类型（dictionary type）选择合适的方法表述出来。一要反映客观现实语义；二要反映社会现实语义；三要反映普遍真实话语意义。

（2）多维原则。语词的意义是一个复杂的语言特征集合，除概念义外，还有词在使用时的形态（屈折语言）、语法、功能变化都会引起语义的变化，不同的语境会赋予同一语词不同的社会文化义、情感义和联想义等。

（3）简化原则。尽可能用简练的语言、简洁的内容、简单的词汇来呈现复杂的语义表征：①"简练"指针对性强，去掉一切不必要的信息；②"简洁"指释义要简明扼要，避免冗赘的内容；③"简单"指要使用控制性释义词汇（controlled defining vocabulary），以易释难。

（4）闭环原则。闭环（closedness）指在词条（entry）右项释义中使用的词，一定要出现在词典（dictionary）左项的宏观结构（macrostructure）中，即释义中不能使用没有被本词典作为主词目或内词目所收录的词，以便词典的释文解读能控制在一个封闭的释义网络中。

（5）替换原则。释文与被释义词之间必须具有形式上的同构关系和意义上的对应关系，能在特定的句子中替换被释义词而句子的句法和语义都不会有显著改变。替换性是采用短语释义的普通语言词典的基本原则。

（6）顺应原则。由于语言具有变异性、协商性和顺应性，为了实现词典的编纂宗旨，词典编者须根据这些原则在一系列的可能性中进行灵活、变通的选择，包括词汇、形态、注释和释义方式等，以满足特定词典用户的需要。

关键术语篇

词典数据库 LEXICOGRAPHIC(AL) DATABASE

本词条也可参见【词典编写系统】【词典生成系统】。

词典数据库 [lexicographic(al) database] 是根据词典（dictionary）的知识体系，把宏观结构（macrostructure）和微观结构（microstructure）信息项按一定的数据结构形式加工处理、存储，并能随时调用的词典数据集合。

从词典数据库发展的情况来看，词典数据库有以下几种：① 借助大规模语料库，有计划地对语料库中的材料进行梳理分析，在抽象归纳的基础上提取词典编纂（dictionary making / dictionary compilation）所需要的相关数据，按数据库结构进行存储，供编写词典所用；② 运用专门的词典编纂平台，按照词典设计体例直接以数据库的结构形式来编写词典，编写完毕后从数据库中导出词典来；③ 设计数字融媒体辞书综合数字处理平台，对存量词典进行词典数据元分解处理，通过专门的程序对各词典的数据进行梳理、比较、筛选、去重，然后按数据库结构存储备用，或直接加工成综合性融媒词典。

词典数据库一般是由字段（field）、记录（record）、数据表（table）或文件（file）构成。字段是数据库中可识别的基本信息项；记录是与词头（headword）相关的所有字段组的集合，是反映一个词各种语言属性的实体单位；数据表则是某一类整体记录的全部纵向信息集合；文件则是更大纵向数据单位的集合。在词典库中，字段就是词典微观结构中的特定数据项，如词头的拼写、读音、词类、屈折变化、句法、搭配、释义、例证以及多媒体等数据形式；记录是特定词头所包含的所有字段；数据表则是所有词头某些字段属性的复杂形式，如词头的基本注释、释义、例证等所包含各种字段的纵向集合，也可以细分为拼写集、读音集、语法标注集、句法模式集、搭配结构集、释义集、例证集，以及各种附加信息集等。数据库的构建过程也是词典数据化的过程。

词典体例

FORMAT GUIDELINE / STYLE GUIDE

词典体例（format guideline / style guide）又称"凡例""发凡"，是词典编写中能体现词典编纂宗旨（purpose of dictionary-making）的基本格式和规定，包括词典信息的编写与编排。

词典体例可以单独编制，也可以在词典设计中纳入"编纂方案""编写细则"类材料；词典（dictionary）出版时，词典体例多以"凡例"或"用法说明"的形式置于词典前置页（front matter）中。词典体例多包括编纂宗旨、编纂原则、编写方法、编排格式等方面的规定，也涉及收词立目、字形、注音、释文、配例和一些附加知识信息等内容，还包括文字风格、字体、引文、标点、插图、附录等其他要素的技术规定，体现着词典编写的规范性、内容的系统性、结构的严密性，反映出词典的编写水平和创新性。

词典体例和凡例虽然都能反映词典的信息内容和编写格式，但侧重点不同。前者服务于编者，后者服务于词典用户。前者是操作性的文字，用于指导和规范词典编写，在编纂时要求严格贯彻执行；此外，涉及内容详尽细致，表述措辞专业。后者是说明性的文字，内容以前者为蓝本改编而成，只选择其中对用户使用词典有帮助的要素进行介绍，如词典的内容和编排特点，特别突出使用方法（如检索方法等），语言精练通俗。

词典条目

ENTRY / LEXICAL ENTRY

词典条目（entry / lexical entry）又称词条，是词典（dictionary）

中由立目词及其释文所构成的基本内容单元，一部词典的正文可视为所有词条的集合；"词目"与"字目"相对，是词典的立目词（也称"词头"，与"字头"相对）、词典的排检索引词，在英语词典的聚合型词条中，主词目还会有一个或多个次词目。

词典条目是词典微观结构集中、完整的体现。语文词典（language dictionary）的条目通常是对词目的形、音、义、用等核心语言属性的解释，包括词头、注音、形态、语法、标签、释义、例证、语用、参见、附加信息、插图、标签、参见等注释信息；专科词典（specialized dictionary / subject dictionary）一般包括词头、（双语词典）外语对应词、基本释义、分类、特征、功能、扩展解释、参考资料、参见等，一般不含注音、例证、语法、语用等反映语言属性的注释信息。

词典条目的作用有：① 词典条目是词典收词的基本单位，决定了词典的内容边界、规模与类型。一部词典收录多少词，就是收多少词目，收词越多，一般规模会越大。② 词典条目对应不同类型的词汇单位，收录词目的类型不同，一般会影响词典的类型定位。例如，收录语文词和固定语的多为普通语文词典（general language dictionary / general-purposed language dictionary），专收成语、惯用语、谚语等的多为熟语词典，专收术语或著作、学说、流派、人物、组织机构等专名的多为专科词典，语文词和科技词汇均收的多为综合词典或百科词典（encyclopedic dictionary）。③ 充当词典立目词，成为词典微观结构阐释的对象，是词典条目的首见要素。④ 充当索引词，出现于词典的前置页（front matter）和后置页（back matter）的索引中，是索引的符号。

词典外部材料　　OUTSIDE MATTER

本词条也可参见【词典结构】。

词典外部材料（outside matter）在词典（dictionary）中又称外部信息，是独立于词典宏观结构（macrostructure）及正文但又与之有密切联系的其他信息单元，包括三个部分：前置页（front matter）、后置页（back matter）和中置页（middle matter）。这些信息是词典正文内容的延伸，是对正文的重要补充。

前置页指词典正文前材料，通常由书名页、版权页、署名页、致谢页、目录、序言（前言、导言）、词典用法指南（凡例）、缩略语及使用标志说明等内容组成。汉语词典中的音节表、部首目录和检字表信息等一般也放在正文前。

后置页主要指附于词典正文后的材料，由若干附录组成。后置页和前置页看似前后对称，但在信息取向和信息种类上有很大不同，一般语言信息（linguistic matter）、百科信息（encyclopedic matter）和索引信息（index matter），有时会设后序或编后语。

中置页主要指插入词典正文中的信息文本。中置页内容既与词条信息有密切关系，又是相对独立的知识体系，其内容常为以整页的形式出现的插图或图表、地图、方言图、示意图以及语言提示、语法和语用说明、主题描述和专题研究等。

词典微观结构　　MICROSTRUCTURE

词典微观结构（microstructure）指词典条目（entry / lexical entry）各种信息的组织和编排构架，由相关词典（dictionary）所有注释和释义信息组成。

词典微观结构信息主要包含词头（headword）的发音、基本注释、语法信息、句法模式、义项标签、释义或译义（对等词）、例证、近义词、反义词、派生词和词源等。学习词典（learner's dictionary）往往会有一些附加信息，如同义辨析（synonym differentiation / synonym discrimination）、用法说明、错误提示和习惯用法等。专科词典（specialized dictionary / subject dictionary）的信息项则相对比较简单，主要是解释被释义词的知识概念等。

词典所描述的各种信息可以分为形式描写信息和语义及用法解释。前者主要描述语词在不同分布结构（distribution structure）中的形式变化，后者主要是利用语境和实例呈现语词的意义表征。

为确保整部词典的结构统一，词典在处理微观结构时需尽可能地保持一致性。可以将每一个词条（entry）划分为若干个区域，每个区域包含特定类型的信息。词典编纂者应该设计统一的体例（format guideline），确保对于每个词类都有统一的处理模式。譬如，对动名兼类的词头先按词类划分，然后再分别进行释义，不要有些划分了而有些又混在一起。微观结构的各个信息项的顺序也应该尽可能保持一致，如果规定按词头（及变体）、发音（及其发音变体）、词类、屈折变化、句法搭配、释义、例证、参见的顺序来组织词条信息，全书所有词条都须保持编排一致。

词典学国际标准

INTERNATIONAL STANDARDS IN LEXICOGRAPHY

词典学国际标准（international standards in lexicography）为纸质词典和电子词典（electronic dictionary）数字化编纂拟定的操作规范和通用的框架模式——XmLex（前称LEXml），适用于所有语种、所有类型词典（dictionary）的编纂、编辑、出版和发行。

该标准的全称是《国际词典编纂标准：词典中词条的表达/表示方法——要求、建议和信息》（"International Standards in Lexicography: Presentation/Representation of Entries in Dictionaries—Requirements, Recommendations and Information"）（ISO 1951）。此标准由国际标准化组织技术委员会（ISO/TC 37）起草，迄今已经发布了三个版本。第3版（ISO 1951：2007）是对第2版（ISO 1951：1997）的修订，于2007年2月1日发布。此次的修订扩大了词典编纂（dictionary making / dictionary compilation）的适用范围，充分考虑到各种类型的电子词典和网络词典（web dictionary / network dictionary / online dictionary），以及词典编纂的语言资源和词典的传播及词典数据的再利用问题。

词典学国际标准规定了词典自动化发展的形式结构，有较好的词典编者适应性和方便性，能满足纸质词典、电子/网络词典的需要，具体有以下特点。

（1）统一的框架结构（frame structure / megastructure）和微观信息项，无论编纂什么类型的词典，编者都可以在同样的树形结构模式下实现。

（2）编纂形式与显示信息结构分离，编者只需按树形结构指向录入信息，词条信息就会显示在预览界面上。

（3）宏观或微观信息项之间的关系有明确标识，在信息录入时计算机可以自动标注，在使用时可以自动检测。

（4）所有数据信息格式规范统一，基于XmLex构建词典数据库[lexicographic(al) database]，词典数据可以按需导出，并可与其他数据终端对接。

（5）数据信息调用和显示的灵活性，XmLex模式是通用的，用可扩展标记语（Extensible Makeup Language，XML）格式按相关国际标准构建的数据子集可适应不同需求。

（6）与现有XML工具有良好的兼容性，XmLex可以像XML模式那样应用，甚至可以用XML编辑器和XSL stylesheets进行编辑。

词典学国际标准以表格的形式在词目层面对词条的结构框架和结构成分做了描述，并对微观结构（microstructure）信息项的其他层面做了介绍，如其他词汇单位注释元素的形式语法、其他注释元素的形式语法、词汇单位的形式语法和注释的形式语法等，共计124项。

词典样条 SPECIMEN ENTRY OF DICTIONARY

词典样条（specimen entry of dictionary）指按设计方案和体例结构试编的条目，作用是检验和评估编纂方案、体例结构的科学性和可行性，为正式开编提供参考样本。

对于中小型词典，试编几十上百个词条（entry）即可。但对于中大型词典，要评估体例设计是否合理、是否具有可行性，则需选择一到两个字母，按字母顺序挑选一些在词类、信息量、复杂程度等方面具有代表性的词进行试编。一般来讲，样条数量应占整部词典的1%—3%。

样条编排的版面、字体、词条结构以及页面和版心的尺寸等都要严格遵循设计方案的规定进行编排，然后组织专家对样条进行评估。例如：① 用统计学的方法评估词典设计规模是否合适，选词立目是否得当；② 验证预期时间是否合适，如每一编写周所能编写的条目、字数，校对、一审、二审……终审等所需的时间等，从而比较精确地估算完成编纂所需的时间；③ 词典所提供的知识类别和内容能在多大程度上满足预期用户的需要，释义和注释能在多大程度上反映词典的功能等；④ 通过对编纂工作的评估，可以推算出编纂工具的需求量，以及整部词典编纂、校订、编辑、排版所需的人力和时间，从而比较精确地计算出所需经费。

试编词典样条在经过评估后，需根据暴露出的问题和专家意见对设计方案和体例（format guideline）进行检查、修改和补充，确定后就可以参照样条进行正式的编写。

词典义项　LEXICOGRAPHIC SENSE

词典义项（lexicographic sense）指多义字头、词头（headword）或词目词（entry word）按不同含义分列的释义和注释项目。

义项分为原始义项（primitive sense）、基本义项（basic sense）和主导义项（dominant sense）。一个词的原始义项可以是基本义项，但基本义项不一定来自原始义项；主导义项是频率最高、最容易被用户想起来的义项（sense），但有可能不是基本义项。从义项结构层次上讲，对有些义位比较宽的词，还可在主义项下设次义项（或叫义点）。

义项划分（sense division）通过对多义词不同使用实例或语料进行模式分析后，抽象归纳出不同的语义单位的过程。义项划分需遵循语料实证原则、语境归纳原则和指称对应原则。

义项确立要排除个别临时义，抽象出一般义；排除语境因素，抽象出词素义；排除外部社会因素，抽象出固有义。

义项的划分和收录要尽量地做到"详尽"，要满足词典潜在用户的使用需求，能满足一定学习和工作任务的查得率。学习词典（learner's dictionary）主要考虑用户"主动使用"的因素，理解型词典则要考虑用户阅读会涉及更广的语义范围。对于综合词典、科技词典或专业词典则要根据词典编纂（dictionary making / dictionary compilation）的宗旨，穷尽相关专业领域的义项。

义项排序主要有以下三种方法：即历时顺序、频率顺序和逻辑顺序。这三种排序方法各有利弊，适用于不同类型的词典。在编写过程中，编者往往会根据实际需要交叉使用各种排序方法，但主旨要凸显重要和常用的信息，方便用户查检。

词典译义　TRANSLATIONAL DEFINITION

本词条也可参见【词典释义】【双语词典学】。

词典译义（translational definition）是双语词典（bilingual dictionary）的一种释义方法，以翻译的形式用目的语（target language）重构源语（source language）词目词语义表征或语义结构。

双语词典的主要特点是词目词（entry word）和释义用词（defining vocabulary）涉及两种不同的语言，释义的主要任务是在目的语中寻找源语的对等词。研究表明，由于两种语言文化的差异，在很多情况下实现词汇层面上的对等是不可能的，而"部分对等"或是"零对等"现象大量存在，这就构成了双语词典学（bilingual lexicography）的一种悖论：一方面源语与目的语间缺乏对等词，而另一方面词典又必须寻找并提供对等值。因此，传统的方法是用音译或音译加注的形式来充当对等词，或用解释性短语来替代对等词，给用户造成使用不便。随着词典研究的深入，学界发现双语词典释义的实质不是释，也不是单纯提供对等词，而是基于源语认知语义结构的译义。译义就是源语句法—语义界面在目的语的重构过程，其实质是把两种相关语言在词汇层面上的等值提升到构式层面，而语言构式是建立在基于交际模式的语言事件上的。具体地讲，译义是以源语词所处的话语事件结构为依据，从事件结构中抽象出题元结构，然后通过给题元结构赋值形成基于论元结构的词汇构式，最后运用概念整合的方法从源语词的输入空间触发目的语空间的认知联想，经双结构映射、转换，用目的语重构源词目的论元结构构式或复合语义表征及语用规则。

词典用语 DICTIONARESE/LEXICOGRAPHESE

广义的"词典用语"（dictionarese/lexicographese）指在词典释义 [dictionary definition / lexicographic(al) definition] 和注释中的专门用语和符号。词典用语主要包括释义及参见用语、编纂符号、语法代码、语用标签等。狭义的"词典用语"专指释义和参见类用语。学界多采用狭义的界定。

释义用语是一种元语言，指释义时具有固定注释功能的辅助性词语，如喻指、泛指、特指、也指、借指、代指、旧指等。释义用语一般起引导、标识、提示和界定作用，或明确所释内容的类型或附加信息等。

参见用语又称"参见""参见提示语"，主要用来揭示字际、词际、义际关系，体现词典（dictionary）所收词语及词义的系统性。

古代的词典用语有"曰""为""谓之""犹为""见"等。现代的词典参见用语大体可分六类：① 表词目语源，如"典出""语本""语出""语见""见于"等；② 表词目形体、语音、语源之间关系，如"亦作"表异形，"省作"表缩写，"又读"表异读，"又称""也称"表异称等；③ 表词义之间关系，如"义同××""跟××相对""区别于××"等；④ 表词义类型，如"比喻"表比喻义，"形容"表形容义等；⑤ 表指称，如"指""本指""多指""泛指"等，"现称""后称""统称"等；⑥ 表参见，如"参见"表内容相关、互补，"见"表副条的释文见于主条等。

词典用语有固定统一的用法和功能，其正确的使用是词典编纂（dictionary making / dictionary compilation）一体化、规范化、严密化的重要保证。

词典语证　LEXICOGRAPHIC(AL) EVIDENCE

本词条也可参见【词典配例】。

词典语证 [lexicographic(al) evidence] 是词典编纂（dictionary making / dictionary compilation）中语词注释、语法模式、义项划分（sense division）和释义等所依据的语言事实，俗称词典语料。

词典语证最典型、最直接的例子就是例句（illustrative example），但其他地方也需要语证的支持。例如，收录什么样的词需要统计词汇的使用频率，词汇功能和句法模式需要通过对语词分布结构（distribution structure）的抽象分析才能归纳出来，义项（sense）的划分和释义需要通过语料库模式分析（corpus pattern analysis）抽象出其论元结构模式等。此外，同义辨析（synonym differentiation / synonym discrimination）、用法说明和习惯用法等附加信息都需要得到语证支持。可以说，词典中的任何信息几乎都是从语证中获得，如语词细微词义差别、词的首次出现、使用范围、修饰搭配、动词典型宾语、状语搭配等；释义中不易说清楚或不宜说得太死的地方，都可以由语证表示出来。有些时候，学习词典（learner's dictionary）不但要告诉用户一个词应该怎么用，而且也需要说明它不能怎么用，这就是"反语证"。反语证对学习者常见中介语偏误给出警示，以避免再出现类似错误。语证从来源上讲可以是自撰例、摘编引例和语料库例证，从形式上有搭配例、短语例和句子例证等。在当前的数字时代，词典语证主要来自于真实语言构成的大型语料库，其形式可以根据词典编纂的实际情况来选择。

词典中观结构 MEDIOSTRUCTURE

本词条也可参见【词典结构】【词典参见】。

词典中观结构（mediostructure）指通过穿插在词典（dictionary）正文中的参见、提示和说明等，指明词目词（entry word）之间、义项（sense）与义项、词条（entry）与词条、正文信息与外部信息之间的各种词汇语义关系。

中观结构的目的就是把因词典排序打乱的自然语言关系重新建构起来，具体就是把词典中有语音、形态、语法、语义和语用关联的条目或相关信息都联系起来，以便用户通过各种线索查得更多的相关知识，提高词典的使用效率。词典正文内参见（cross-reference）和正文外参见（external reference）等是构成中观结构的重要元素；前者是词典正文词条之间的互相参见，后者是词条与外部信息之间的单向或双向的参考提示。

中观结构的词汇—语义关系包括词汇形态关联、概念关联、语法／句法关联和语用关联。例如，同音关系、同族关系、物种关系、上下位关系、同义／反义关系、部分—整体关系、属性—宿主关系、材料—成品关系、事件—角色关系、值—属性关系和值—实体关系等。它好似词典整体框架元素之间的纽带，能使词典中纷杂的信息之间保持清晰的关联网络；如果没有这种纽带，词典的各类信息就会缺少关联，整体框架就不那么牢靠，词典的使用效果就会大打折扣。因此，词典设计者应该高度关注词典中观结构的重要作用。

词典注释

LEXICOGRAPHICAL ANNOTATION / LEXICOGRAPHICAL GLOSS

词典注释（lexicographical annotation / lexicographical gloss）指对语词的某一语言属性，包括语法、语义、语用、形态和词源等信息的附注解释。

注释对象或管辖范围不同，注释内容排列的位置和方式也不同。如果词典注释是针对整个词条（entry）中的所有义项（sense），则可置于词头（headword）基本标注之后，整体释义之前；如果词典注释仅针对某一义项，则可置于该义项序号之后、释文之前。

根据注释所针对的语词的语言属性，词典注释可以分为语法注释、语义注释、语用注释、形态注释、词源注释等。

形态注释指用适当形式提供被释义词的变体和屈折变化形式。语法注释指用括注等形式指出被释义词的有关语法和使用规则，包括句型、搭配和语法提示信息，告诉用户被释义词通过什么方式或在什么条件下能获得此义项中的意义，说明词与词之间的横聚合共现关系。语义注释指用括注等形式揭示语词在不同共现结构中的细微差别。例如，揭示被释义词的细微语义特征，通过括注对词义进行辨析；修饰释文中某一句子成分，同时提供某类语词的指称范围和使用限制；对词条中的某些信息项目通过不同的形式（如":"号，"="号或者"i.e."）进行表述。从语用上解释被释义词的功能和用法，不涉及概念描述。语用注释主要从语用或使用选择限制条件方面对被释义词的用法做适当的指示性说明，包括语用功能、适用文体、使用范围和用法说明等。词源注释分为两种：一种是对词汇的来源语种或国别进行标注；另一种是对词汇起源和发展的历程进行说明。

词典注音　　PHONETIC TRANSCRIPTION

词典注音（phonetic transcription）指用特定的语音符号（如拼音字母、注音字母、国际音标等）来标注字头、词头（headword）或条头读音的方法，也可根据需要对相关释义中的字或词（如汉语词典释义中的多音字、方言字等）进行注音。

汉语词典主要采用字母注音法，包括注音符号和汉语拼音。1958年2月11日我国政府颁布了《汉语拼音方案》，汉语拼音在中国大陆地区逐渐推广开来，成为汉语词典的主要和核心注音工具。有些比较重视语音的词典（如汉语方言词典、古汉语词典、民族语词典等）为拟音准确，有时会采用国际音标注音，或使用汉语拼音与国际音标双注音工具。

汉语词典注音的初衷是为了规范汉语汉字发音，因此在正式注音前要先确定一种标准发音（received pronunciation）作为注音依据。例如，民国时期的词典注音多是依据1919年由国语统一筹备会编纂的《国音字典》和为此专门发布的训令等。《现代汉语词典》是为推广普通话而编写的，它以普通话读音为标准读音，对异读字或词都严格按国家相关部门于1985年公布的《普通话异读词审音表》的读音进行标注。

对于双语词典（bilingual dictionary），相关语言都有各自的注音体系，也可以用国际音标注音。例如，英汉词典注音一般以英式拼音为主，兼顾美语变体。英语注音也需要先确定一种标准发音作为注音依据，然后选择注音体系（如国际音标、韦氏音标、牛津音标，以及DJ音标和KK音标等）、注音方式（如英语有宽式、严式注音）等。

倒序词典　　REVERSE DICTIONARY

倒序词典（reverse dictionary）又称"逆序词典""反序词典"，指与"正序词典"相反，将尾字、尾字母或尾音节相同的词语集中在一起，再按规定或约定的尾字（字母、音节）的音序、形序等组织编排的词典（dictionary）。

拼音文字的逆序词典常以结尾字母为序，汉语常以结尾汉字为序。由于排检方法的特殊，倒序词典有其特殊功能，可逆序检索到同语素词群，与正序检索到的同语素词群互补，广泛用于构词研究，在文字编码、自然语言信息处理等方面均有应用价值，是正序词典的重要补充。

具有代表性的英语倒序词典有美国伯恩斯坦（Theodore Menline Bernstein）主编的《伯恩斯坦倒序词典》（*Bernstein's Reverse Dictionary*，1976）等。在汉语词典中，《常用词素反序词辨析》（佟慧君，1983）是第一部逆序现代汉语词典；《倒序现代汉语词典》（1987）是权威的逆序词典，由商务印书馆出版的《现代汉语词典》（1983）改排而成。

倒序词典在词典家族里的地位比较边缘，数量少。随着电子词典（electronic dictionary）、网络词典（web dictionary / network dictionary / online dictionary）、融媒词典（media converged dictionary）的出现，词典排检方式日益多样且智能，印刷版逆序词典的检索优势逐渐减弱。例如，在《现代汉语词典》App 版里输入一个汉字（或语素），会自动类聚出该汉字（或语素）分别为首字、中字、末字构成的所有多音词，集成了正序和逆序词典的查检功能，因此印刷版逆序词典的未来发展会受到一定限制。

电子词典　ELECTRONIC DICTIONARY

电子词典（electronic dictionary）是词典（dictionary）的一种类型，以计算机等电子媒体做为体，并借助微处理器的显示终端查询和阅读的词典。按其用途，电子词典分为用于自然语言处理或机器翻译的机器词典和供读者查阅的普通电子词典；按其载体，普通电子词典又可分为掌上电子词典（芯片词典）、光盘词典、单机版词典、在线词典、词典门户网站和词典 App 等。

电子词典在承载方式上经历了电子化—数字化—多媒体化—融媒体化的过程，使用终端日趋多元化，在表征内容上也逐步朝着多模态化发展。广义的电子词典包括以光、电、磁和云等为介质的所有词典工具书，包括自然语言处理用的机器词典、词库（lexicon）或数据库，互联网上超链接的各类网络词典和数据库，以及文字处理平台或编辑器中的拼写检查器等。20 世纪 90 年代，权威主流词典与互联网技术结合，开启了纸质词典电子化的历程。牛津、朗文和柯林斯等国外主流学习词典（learner's dictionary）也先后开发了光盘版、在线版、手机版和桌面版等。在 2019 年后，基于融媒体技术编纂的各种数字词典，成为各专业辞书出版社开发的热点，也是电子词典发展的必然趋势。

电子词典功能　ELECTRONIC DICTIONARY FUNCTION

电子词典功能（electronic dictionary function）指电子词典（electronic dictionary）在使用中所能发挥的主要作用，能直接体现为实际用途。

电子词典因其携带方便、查询快捷正在成为词典用户首查的选择，而这正是电子词典设计目的的彰显。与纸媒词典一样，电子词典的主要功能是解决用户遇到的词义及用法问题，但它能利用电子索引的优势扩展词典的用途，提供很多实用的附加功能。例如：① 信息查询功能，查询是词典的基本功能，包括单词查询、短语查询、同义/反义词查询、屏幕取词查询；② 媒体浏览功能，让用户能快速查看多媒体信息，包括地图浏览、图片/动画浏览、查询记录浏览、语音和音乐浏览、分类信息浏览；③ 信息显示功能，既有综合显示，又有分类显示，用户能通过相应的图标随意选择内容；④ 发音功能，包括合成发音、真声发音、键控发音、即指发音和整句朗读、整段朗读等；⑤ 翻译功能，包括屏幕取词翻译、短语翻译、句子翻译、片段/语篇翻译、网页翻译等；⑥ 写作助理功能，提示正确单词和句式，包括单语写作助理、双语写作助理、错误校正助理；⑦ 系统设置功能，包括界面设置、文字设置表、语音设置、热键设置、词典设置；⑧ 人机互动功能，包括听写练习、单词记忆、生词测验、即时录音、音波对比等。

电子词典结构

ELECTRONIC DICTIONARY STRUCTURE

电子词典结构（electronic dictionary structure）指电子词典（electronic dictionary）宏观词表和微观词条、内置数据库及其查询和显示信息的组织方式。

电子词典的种类很多，从使用终端的角度讲有电脑版、平板 iPad 版、手机版和智能手表版等。尽管它们的查询方法和显示界面各不相同，但其基本结构完全一致，皆分为内部结构和界面结构两大板块。内部结构就是词典文本的组织方式，其结构设置直接决定操作界面的功能，而操作界面是内部数据结构和处理路径的直接反映。

内部结构包含知识信息和数据库两个部分，前者反映为自然语言的静态特征集，涉及词典所有宏观和微观信息项，如拼写、语音、形态、注释、释义和例证等信息；后者为知识信息的组织模块，涉及数据录入、数据存储、数据统计、数据索引和显示等。其中，词条（entry）输入和存储的路径和方式决定了词典数据库 [lexicographic(al) database] 的文本结构，规定了词典文本内容的特定存取形式；索引单元可利用关键词对词典资料库进行检索；显示单元是把用户从数据库中查得的信息按既定的格式显示出来，以供用户阅读。

界面结构一般有浏览区、工具条和界面功能区。浏览区显示数据库中集合的各种词典或词典的查询词表，功能条集合了电子词典的主要功能按钮，用户根据需求激活相应的窗口；功能区有词典查询和查询显示两大窗口，语音、文字、图像等查询内容都可以在这里显示出来。如果是向融媒词典（media converged dictionary）发展，词典界面还应该包括人机互动的功能；界面窗口根据应用多媒体功能的多少，可以分为单媒体界面、双媒体界面、多媒体界面。不过，有些手机版词典界面功能比较简短，开机只有一个查询输入口，查得信息就显示在窗口下方。

多功能词典

MULTIFUNCTIONAL DICTIONARY / POLYFUNCTIONAL DICTIONARY

多功能词典（multifunctional dictionary / polyfunctional dictionary）指能满足用户多种查询需求（如语言学习和语言生成等），帮助用户完成多种语言活动、工作或学习任务的词典（dictionary）。

多功能词典一般属于详解编码型词典范畴，除提供翔实的释义和丰富的例证外，还会提供同义辨析（synonym differentiation / synonym discrimination)、语法说明、文化背景知识、类义联想、语用信息、用法搭配以及词源说明等,力求满足用户在语言学习、会话、写作、翻译等编码语言活动中的需求。

  根据所涉及的语言数量,可分为单语多功能词典和双语多功能词典。国内具有代表性的单语多功能词典有《新编汉语多功能词典》,该词典除对词的形、音、义的标注之外,还专门设立了"构""辨""误""近""反""词语""注意"等栏目,重点阐释常用词语的语法特点和用法功能。国内具有代表性的双语多功能词典是商务版《英汉多功能学习词典》,它设置"词类变换活用"栏来解说句型转换和造词方法;会话类例句让学生可模仿应用;"同义词"栏说明同义词之间的细微差别;"英汉比较说明"栏用图示说明英汉语义差异;"词源"栏讲解词源,兼提示词根;"背景"栏结合日常话题介绍英美社会生活和文化背景知识;"用法"栏对英语学习者容易出错的地方或用法做出提示和说明。此外,还有《外研社·建宏英汉多功能词典》,该词典特别重视词语的搭配和使用,强调语体差异,注重语言的实用性和文化内涵,是一本能帮助用户完成多种学习任务的英汉双语工具书。

多媒体词典　MULTIMEDIA DICTIONARY

  本词条也可参见【多模态词典】【融媒词典】。

  多媒体词典(multimedia dictionary)指利用计算机数字技术和多媒体功能,借助文字、声音、图片或动画场景等多种媒介来辅助词典释义 [dictionary definition / lexicographic(al) definition] 和注释、提升其使用效果的辞书。

  多媒体词典的主要特点是词典文本电子化,综合运用文、图、声、光、电等形式多角度呈现词典信息。多媒体词典出现于20世纪90年代初期，首先由一些IT技术公司或软件公司推出电子化机读词典，提供词目词（entry word）的发音，后来慢慢扩展到例句（illustrative example），并配置了必要图片等。例如，微软于1991年推出了"微软书架"（Microsoft Bookshelf），不但文字资料翔实，而且配上了丰富的图片、动画、录音和影像等媒体资料，为多媒体词典的发展拉开了序幕。不久，市场就出现了《译典灵人声语言英汉辞典》《莱思康综合有声词典》《远东图解英汉词典》（Far East Illustrated English-Chinese Dictionary）、《朗文交互式英语词典》（Longman Interactive English Dictionary）、《多媒体图解词典》（The Visual Dictionary, Talking Multimedia Edition）等多媒体词典，品牌辞书也很快加入多媒体阵营，如《美国传统有声词典》（American Heritage Talking Dictionary）、《牛津高级双解英汉词典》（Oxford Advanced Learner's English-Chinese Dictionary）等。

多媒体词典出现的初期多以CD和DVD光盘为载体。在20世纪90年代末期，随着网络的普及和微型芯片的发展，在线式和手持式多媒体词典也不断推向市场。多媒体词典需设置专门的媒体模块，把声音、图片、视频等多媒体素材按同一格式存储起来。多媒体用户界面有以下特征：词句发声，释文配图；图标多色彩，用户可以从图标判断其功能含义；索引多入口，可根据需要设置多种检索入口；显示多层次，根据媒体功能设置多层次显示或按需要选择性显示。

多模态释义　MULTIMODAL DEFINITION

本词条也可参见【多模态词典】【多维释义理论】。

多模态释义（multimodal definition）指运用多模态理论方法，通过多模态情景来呈现被释义词综合语义表征和真实用法的释义方法。

多模态释义的内涵就是运用多种模态交互融合来阐释语义。这种释义模式可触发用户大脑中模态间的转换，即一种感觉形态刺激引起另一种感觉形态，促使感官模态间的互通和互补。用户在解读和接受释义时调动的感官越多，释义对象在大脑中形成的意象就越趋于真实，解读的效果就越好。

多模态释义有两种含义：一是用多模态元素的交互作用多视角、多维度地呈现语词的意义；二是运用单模态通过单媒体与多模态内容的交互融合，营造语词的多模态情景，达到多视角、多维度的释义目的。因此，多模态释义也是一种多维释义（multidimensional definition）。例如，sell 的语义结构是"X sell Y to Z for W"（X 卖 Y 给 Z 得到 W），可以用动图来展示这个语言事件中人物、商品和货币等语义角色的相互关系和互动方式，同时配以语音和文字同步或协同展示，三者交互融合构成多模态情景，并同表征 sell 的语义。又如，collect 用文字单媒体通道，以构式论元结构的方式构建多模态情景：*sb collects antiques, stamps, coins, works of art, or wealth*, they get these things together and keep them for a particular interest. synonym: gather, assemble, accumulate。这样，动词的形态变化、事件情景、参与者角色和论元结构都尽显其中，方便用户理解和模仿应用。

分级词典　CLASSIFIED DICTIONARY

本词条也可参见【教学词典学】【教学词典】【学习词典】。

分级词典（classified dictionary）是教学词典（pedagogical dictionary / didactic dictionary）的类型，指根据学习者用户群的年龄及其语言层次而分类编写的辞书。

分级词典源于语言教育者对学生认知能力和接受能力的考虑。早

词典学

在20世纪20—30年代,语言教学和研究工作者通过自己的教学经验和大量语料分析发现,词汇的使用频率对学生的语言学习有很大影响,由此提出了简化英语、控制性词汇等循序渐进的词汇教学方法。他们根据学生年龄和语言层次按难易分为三个层级,并为各层级编写了《教师词汇手册》和相应的教学词典。例如,美国教育心理学家桑代克把学生分为:小学(3—5年级)、初中(6—8年级)和高中(9—12年级),在20世纪30—40年代编写了系列分级词典:《桑代克世纪入门词典》(*Thorndike-Century Beginning Dictionary*, 1945)、《桑代克世纪初级词典》(*Thorndike-Century Junior Dictionary*, 1935)和《桑代克世纪高级词典》(*Thorndike-Century Senior Dictionary*, 1942)等。

这种分类方法沿袭至今。年龄层面上分为:学龄前儿童词典、学龄儿童词典、成人词典;语言层面上分为:初级词典、中级词典、高级词典。这些类别还可有次类,如"启蒙类""初中级""中高级"等。此外,市场还存在语言考试分级词典,如大学英语四、六级考试,专业英语四、八级考试词典,以及针对非母语汉语学习者的汉语分级和考试词典等。

分级词典通常以系列辞书的形式出现,每个层级在收词、释义、注释和配例方面对词汇使用频率的控制都有所区别,这种分级词典和渐进式词汇学习的理念可以大幅提升词典的编纂和使用效果。

概念词典

CONCEPTUAL DICTIONARY / ONOMASIOLOGICAL DICTIONARY

本词条也可参见【机器词典】【电子词典】。

概念词典（conceptual dictionary / onomasiological dictionary）是收录并解释概念及概念之间关系的辞书。概念词典的编排与人脑信息储存方式类似，因此也被称为意念词典（ideographic dictionary）。

概念词典的目的是构建语词的概念层级和概念之间的系统关系，建立某种语言的词汇语义分类体系，其直接目标是为自然语言处理和机器翻译系统提供语义信息上的支持。概念泛指意义、想法、词族或相似关系，不同用途的概念词典其概念定义不尽相同，一般可通过图形、语词、术语、定义、同义词、外语等值词来表达。概念词典通常包括类义词典（analogical dictionary / thesaurus）、同义词典、类语词典、倒序词典（reverse dictionary）、图文词典等。语义词典应当设置语义处理机制，借助一定量的语义信息判别多义词的义项（sense）并消除歧义，以增强对句子中词汇语义理解的准确性。概念词典既有静态属性，又有动态属性。

概念词典的条目编排通常是逐级分类处理，基本方法是逻辑分类或语义聚类。逻辑分类的基础是依据认识经验或已知知识体系将概念世界划分为若干大类，再按逻辑属种关系将大类分为次类，次类再分为子类，概念排列在最小的类下。语义聚类遵循从个别到一般的归纳方法。此方法从个别概念之间的共性特征入手，共性特征多的概念组成小类，自下而上构成层级系统。

数字化时代，概念词典专指自然语言处理或机器翻译中基本数据库中的数据内容。概念特征或概念的义元与义元之间的关系主要反映在每个记录的概念定义项中。而在各个特征文件中，概念特征之间的关系则体现于特征的层次结构树、必要角色框架和共性特征描述项。早期的机器词典（machine dictionary）主要由基本词典（主词典）和概念词典两部分构成。基本词典描述语词的形态、句法和语义等，概念词典描述基本词典中语词的概念，分为概念分类体系和概念描述两部分，其功能是在基本词典的框架下对语词的概念进行定义或说明，从而获得有关单词的详尽信息。

共时性词典 SYNCHRONIC DICTIONARY

共时性词典（synchronic dictionary）指把语言发展历史进程中某一阶段的语言事实作为词典（dictionary）收录和诠释的对象，是进行共时描写的一种语文词典（language dictionary）。

共时性词典应具备以下特征：① 只收录和描写某一时期的词汇，一般不涉及这个时段之外的词语的历史演变；② 注音、释义、引例等都须忠实体现特定历史时段的语言事实和使用状况。共时性词典的"共时"概念并不等同于"当代"，语言发展过程中的任何一个时期都可以进行共时描写。但也不能简单地把"共时"的概念理解为仅适用于某一时间点上的语言状况。例如，《朗文当代英语词典》(Longman Dictionary of Contemporary English，简称 LDOCE)、《拉鲁斯当代法语词典》和《现代汉语词典》都是典型的共时词典，但它们并非仅描写词典编纂（dictionary making / dictionary compilation）时的词汇使用情况，而是跨越现代汉语发展的整个时期。这说明，词典的共时性是相对的，绝对的共时性词典并不存在。单语词典可采用共时或历时的方法编写，双语词典（bilingual dictionary）则通常采用共时性的方法编写。

规范性词典 NORMATIVE DICTIONARY

规范性词典（normative dictionary）指遵循语言规范和相关语言标准，按规范化原则来收录和诠释语词的语文词典（language dictionary）。

规范性词典注重按照既定标准和规范的要求进行选词立目和释义操作，使编纂出的词典（dictionary）符合规定的标准。这些标准包括国家的语言政策、有关语言形式和内容的规定；社会层面的道德规范，含文化习俗、主流价值观在语言上的反映；语言层面的约定俗成，如特定时间、特定环境所公认的标准语言表达方式，包括语言形态、语音、语法结构和使用规则等。

概括地讲，规范性词典应具有以下特征：① 词典所描写的语言现象符合客观事实、社会现实和语言现实；② 词典的收词、注释、释义和配例严格贯彻执行国家法定语言文字规范，符合语言约定俗成和普遍认可的使用习惯；③ 词典编纂宗旨（purpose of dictionary-making）、体例结构、编纂原则、词典用语（dictionarese/lexicographese）和词典符号要符合国家标准化部门公布的规范要求。

规范词典自古有之，汉语词典从教人识字的字书开始，便有了用词典规范语言行为的意识。欧洲18世纪的词典从注重语言"扩张"的双语词典（bilingual dictionary），逐渐转向重视语言规范的单语词典。约翰逊的《英语词典》（A Dictionary of the English Language，1755）就是伦敦多家出版商发起编写的规范性词典，我国的《现代汉语词典》也是规范性词典的典型代表。需指出的是，规范性是相对的，语言的多样性和变化性是绝对的；规范必须以现实描写为基础，而描写应以规范为指导。

积极型词典

ACTIVE DICTIONARY / ENCODING DICTIONARY

本词条也可参见【消极型词典】【学习词典】。

积极型词典（active dictionary / encoding dictionary）指主要收录常用词汇，重点解释积极型词汇（active vocabulary），旨在帮助学习者

词典学
核心概念与关键术语

用户进行语言学习、写作、翻译等语言编码活动的词典（dictionary），所以又称"解码词典"（decoding dictionary）和"能产型词典"。

积极型词典与消极型词典（pnssive dictionary）的区分源于西方词典学，主要是因为积极型词典强调详解积极型词汇，且注重提供词汇用法信息而得名。积极型词典多指学习型词典，其理念源于20世纪30—40年代，其特点就是限制释义用词（defining vocabulary）的数量，引入语法规则和句型结构，以帮助学习者生成语言。积极型词典，特别是双语词典（bilingual dictionary）的主要任务就是帮助外语学习者流畅自如地使用语言，提高其语言生成和输出（output）能力。具体有以下特征：

（1）提供系统的、完整的语言基本知识和结构体系，在系统性和完整性上要高于普通语言词典。例如，总体设计上要系统和全面，包括总体结构（overall structure）、框架结构（frame structure / megastructure）、微观结构（microstructure）、中观结构（mediostructure）、分布结构（distribution structure）和索引结构（access structure）。

（2）精选收词，为词目词（entry word）提供频率、发音和拼写变体以及形态屈折变化；控制释义用词、精选义项（sense），释义详尽且简短易懂。对于对释式释义（definition with synonym or antonym）有必要的语义和用法等限制性注释，提供丰富的语言用法实例作为例证。

（3）词目词的用法信息与语义信息几乎可以享有同等重要的地位，要提供详尽的用法注释，包括词头注释、词汇功能、形态变化（屈折形式）、语法提示、句法模式、搭配结构和用法规则等，解释简洁明快。

（4）提供各类语义注释和附加语义成分，包括释义条件、附加意义、指示项、选择信息和细微语义差异注释等；附加信息包括对被释义词的同义辨析（synonym differentiation / synonym discrimination）、用法和语法说明、错误提示、词汇扩展、同族词等。

（5）收词、释义和用法注重规范性，采用"规范—描写"原则编写，从发音符号到形态结构,从句法模式到搭配结构都要经过严格筛选,对须收录的非"规范"现象要有明确注释,如粗俗、古旧、过时、冒犯、禁忌等。

机器词典

MACHINE DICTIONARY /
MACHINE-READABLE DICTIONARY

本词条也可参见【电子词典】【概念词典】。

机器词典(machine dictionary / machine-readable dictionary)指用特定语言编码,供人工智能、机器翻译、主题检索、信息提取等自然语言处理使用的机读词典工具。

机器词典是对词汇多层级、多平面形式化描写所获得的系统化复杂特征集,是大型的词汇信息知识库。与普通的词典(dictionary)相比,机器词典有其独特之处:① 用明晰的语义特征或语言属性表形式构建词汇所指的复杂特征集,词汇表达式所传达信息机器可以自动识读;② 运用特定的句法规则,以语义为基础定义每个词的各种组合和聚合关系;③ 运用构词规则和组合规则,对构词和词与词之间固定搭配的细节逐一描写清楚;④ 分类清晰,对各范畴词汇以及句法构词和语义构词的类型特征标记明确;⑤ 设计一套词典元语言,对所有的信息要求用专门语言做形式化描述。这样,机器词典的结构统一、内容严谨,让机器能够自动分析、自动存取。

按不同的用途,机器词典可分为以下四种类型:① 翻译用的机器词典,为翻译运算提供语法和语义规则,以及概念语义的支持;② 检索用的机器词典,由数据库中的全部可检字串(关键码)构成基本数据源;

③ 标引用的机器词典，提供各类需要标注对象的详细清单；④ 语法、语义分析、语义消歧用的机器词典，要提供相应的规则和属性集。供翻译用的机器词典比较复杂，按其在翻译系统中的功能可分为五种：基本词典、概念词典（conceptual dictionary / onomasiological dictionary）、专业词典、语法词典和对译词典（包括词形词典、词位词典和词干词典）等。机器翻译系统的核心包括两部分，即在翻译过程中提供语法和语义规则支持的静态部分和用来运算、理解并表述话语的语义特征的动态部分。

计算机辅助词典编纂

COMPUTER-ASSISTED DICTIONARY COMPILATION

计算机辅助词典编纂（computer-assisted dictionary compilation）指运用计算机技术辅助编者开展从语料处理到词典编纂（dictionary making / dictionary compilation）全过程的文字处理工作，是现代词典编纂各环节工作快速、有效进行的必要手段。

计算机及信息处理技术在词典编纂中的运用始于20世纪70—80年代，并在20世纪90年代逐步走向成熟，研究成果不断推出，计算机辅助词典编纂有了实质性突破，计算机在词典编纂各个环节的使用开始普及，其用途表现在以下几个方面：

（1）词典语料库的建设与使用。计算机可用于语料搜集、分类、整理、标注、存储，语料统计、词频统计、语料库模式分析（corpus pattern analysis）、语料索引和提取等，以及辅助选词（lemma selection）立目（establishment of lemmas）、义项划分（sense division）、词典释义 [dictionary definition / lexicographic(al) definition]、词典配例

（lexicographical instantiation）和各类注释等。

（2）词典文本电子化与电子词典（electronic dictionary）。借助计算机进行词典编纂和编排，并直接生成电子词典。词典编纂的电子化可以节省大量人力和物力；另外，电子词典最快捷、最经济的手段就是把现存的大量纸质词典电子化。

（3）词典数字化平台与词典数据库。运用词典编写系统（dictionary writing system）处理词典从语料提取、例句选择、释义和例证录入到多媒体信息编制各种工作，文本信息经过后台标注存入数据库，各种标记（markedness）可保证词典能按用户需求查询和显示。

简明词典　CONCISE DICTIONARY

简明词典（concise dictionary）指收词规模适中、释义简洁、配例简单、查询快捷的词典（dictionary），或是由较大规模辞书缩编而成的词典。

简明词典规模一般属于中小型词典，有时也指同一系列中规模较小的词典，通常只收录常用词和常用百科词，适合日常普通报刊和一般书籍阅读查阅之用。

简明词典的主要特征是词条篇幅一般比较短小、结构简单，仅提供常见义项（sense）；例证较少且大多配短语例句和搭配例句，有些甚至不提供任何例证；通常不提供详细的语法和用法信息，以及同义辨析（synonym differentiation / synonym discrimination）、用法说明等信息。从编纂形式看，部分中大型的词典收词多，义项也较为详尽，但释义和注释却很简单，名曰"快查词典"，也应属于简明词典范畴。从编纂方式看，简明词典既可独立设计、编纂，也可由同一系列规模更大的词典缩略而成，或同一系列中相较于其他成员其释义和注释比较简单的词典。譬如,《牛津简明英语词典》(Concise Oxford English Dictionary)、《兰登书屋韦氏简明英语词典》(Random House Webster's Concise Dictionary)。

交际词典学
COMMUNICATIVE LEXICOGRAPHY

交际词典学(communicative lexicography)是词典学研究的一个理论方向,指运用交际学的原理把词典编纂(dictionary making / dictionary compilation)当作交际行为来研究和处理的理论方法。

从交际理论的角度讲,词典编纂的基础是现实的语言活动,词典文本的传递和词典的使用也是一种特定交际场景中的交际行为。词典编者与用户构成的交际模式有三个要素:编者、用户和情景。交际场景涉及信息、信息发出者、信息接收者三个元素。交际词典学把编者视为信息发出者,把编写内容视为发出的信息,而用户是信息的接收者。词典作为信息的载体可视为话语情景发生的场所,包括语场(field)、语式(mode)和语旨(tenor)。语场指词典信息范围,包括信息域、词汇域、主题域和语言域;语式是编者对词典信息的表述方式,包括释义用词(defining vocabulary)、释义方法和措辞、释义和注释的组织形式等;语旨指编者对用户需求和友好视角的一些思考。语旨与语式密切相关,因为对于不同的语旨关系编者所选择的表达方式也会不一样,语式的形式要满足语旨的需要。

不过,词典信息交际不同于日常语言交际,编者并非机械地将编写意图及相关词汇知识传递给用户,而是在对潜在用户群做出复杂预设的基础上"发出"交际信息,并期待用户能做出合乎其期待的反应。那么,这个预设就需要建立在对用户充分调查和了解的基础上,包括用户的接受视野、语言层次和词典需求等。编者只有把握好与用户的语旨关系，选择正确的语式，才能获得有效的交际成果。

教学词典

PEDAGOGICAL DICTIONARY / DIDACTIC DICTIONARY

本词条也可参见【教学词典学】【学习词典】【学生词典】。

教学词典（pedagogical dictionary / didactic dictionary）面向语言学习者，为满足其教学和学习的实际需求而编纂的一种积极型词典（active dictionary）。

教学词典是根据学习任务需求而编写的，既能为学习者所用，又能为语言教师提供参考。教学词典一般分为两大类：服务于母语用户 L1 学习的，称为"学生词典"（student dictionary / school dictionary）和服务于非本族语用户 L2 学习的，称为"学习词典"（learner's dictionary）。

教学词典可以追溯到中国古代的字书，如公元前 8 世纪我国最早的字书——太史籀所作的《史籀篇》和公元前 1 世纪史游的《急就篇》等均用作当时儿童识字课本，被看作是规范当时语言和文字的标准。西方也很早就出现了一些源语（source language）为拉丁语的双语词表，常作识字教学之用，如《儿童词库》（拉丁语 – 英语词典）等。现代教学词典源于 20 世纪 30—40 年代美国教育心理学家桑代克编写的《桑代克世纪学生词典》。《韦氏大学词典》（Webster's Collegiate Dictionary）和《美国传统词典》（American Heritage Dictionary，1969）则是当代广泛使用的本族语学生词典。中国市场上有不少面向中小学生的汉语学生词典，《当代汉语学习词典》（商务印书馆，2020）是比较典型的中高级教学类词典。

教学词典一般采用共时和规范—描写原则编写，最大的特色是收词比较少，但短语和习惯搭配较多、语法和用法信息周全、释义详尽、例证丰富，不提供语言知识查考方面的内容，其目的是帮助教师课堂语言教学或指导学习者学习和使用语言。

句典

SENTENCE DICTIONARY / PHRASEOLOGY DICTIONARY

句典（sentence dictionary / phraseology dictionary）是词典家族中的非典型成员，指以具有示范性、启发性和备用性的句子为收录和诠释对象的词典（dictionary）。

句典主要解释句子的结构特点、交际功能、主要用法、文献出处等，具有较强的可读性，兼顾检索性，主要分为以下两类：

（1）供语言学习中模仿造句的句典，多是主动型、模仿型、语句（段）生成性的，主要收录语言交际中的常用句型、句式、句类、句模以及高频语句，解释语句的整体表意功能、词语组合搭配特点。例如，《现代汉语句典》，以收录现代汉语句子、句群为主，适当收录仍活跃的古代汉语句子、句群，并配以例句（illustrative example）。《实用英汉句典》《英语口语句典》主要收录英汉对照的高频句子。还有一种是提供语段句群写作借鉴的词典，如《文学描写辞典》（1982）精选古今中外优秀名篇，从中摘录文学描写片段4 000余条，供写作者模仿学习。

（2）供引用、阅读的句典，主要收录富于哲理的诗文名句、格言警句等，供在写作、演讲等语言活动中引用，也可供阅读赏析。此类语句具有权威性和典范性，多出于名人、经典文献等，如《中国古代名句辞典》《中国名言警句大辞典》《国学句典》等。还有一种供用户查找引用语出处的句典，常汇编历代文化典籍中引用别人的、意思比较完整的名人或名篇中的语句，标注出处信息。例如，《引用语大辞典》（朱祖延）就收录了经书、子书、史书和诗文、词曲、小说中的引文，用户可在此句典中检索到所需的出处信息。

控制性释义词汇
CONTROLLED DEFINING VOCABULARY

本词条也可参见【教学词典学】【教学词典】。

控制性释义词汇（controlled defining vocabulary）是一套基于基本词汇选定的、有限的、规范化的词汇集合，专门用于定义整部典的词目词，其目的是确保释义的准确性、一致性和易懂性。它是积极型学习词典的基本特点之一，也适用于其他语言词典（linguistic dictionary）的释义。

最早提出控制性释义词汇的是英国约翰逊（Samuel Johnson），他在《英语词典》（*A Dictionary of the English Language*，1755）编写时就认为要用比被释义词更简单的词进行释义。20世纪20年代，英国语言学家奥格登（Charles Kay Ogden）提出英语简单化和"控制词汇"（controlled vocabulary）的概念，并编写了相应的基本词表。美国教育心理学家桑代克（Edward Lee Thorndike）研究认为词频对渐进式词汇教学十分重要，并编写了系列"教师用词词表"。1935年，韦斯特（Michael Philip West）和恩迪科特（James G. Endicott）用1 490个精选释义用词（defining vocabulary）编写了《新方法英语词典》（*The New Method English Dictionary*）。此后，控制性释义词汇便在教学词典（pedagogical dictionary / didactic dictionary）编纂中得到认可。

1978 年,《朗文当代英语词典》(*Longman Dictionary of Contemporary English*)借鉴韦斯特的通用词表,把释义用词限定在 2 000 个范围内,从而使其释义变得简单、清楚并易于理解。后来,其他学习词典(如柯林斯 COBUILD 英语词典,1987)为了提升释义的准确性,又将释义词汇增加至 2 500 词。《牛津英语高阶词典》(*Oxford Advanced Learner's Dictionary of Current English*)开始并不太看好"朗文"的释义词汇,但后来由于竞争的需要在第 5 版也采用 3 000 释义用词。总的说来,英语学习型词典目前大多采用了控制性释义词汇。使用限定数量的释义用词可以有效降低词典查阅的难度,但太少容易造成释义准确性不高,太多又增加了释义的难度。从英语词典编纂的实际来看 2 500—3 000 词较为适合。

类义词典

ANALOGICAL DICTIONARY / THESAURUS

类义词典(analogical dictionary / thesaurus)又称"义类词典"或"近义词典",指分类汇集词汇、分类解释并做必要辨析的词典(dictionary)。

类义词典是按词的大致意思分门别类,把属于同一语义范畴,或近义词以及一些容易混淆的语词编排在一起,然后进行分层解释和辨析;也有一些类义词典仅做分类,而不做任何解释,让用户自行比较和辨识。

类义词典一般以收录单词、词素等为主,也有部分词典收录复合词、短语、习惯表达和习语(成语)等。收词往往比较详尽,有些词典甚至把语义稍微有某种关联的词都收在一起,形成一个比较宽泛的词汇场。

类义词典的编写依据是语义场或词汇场理论，按语义关系编排词汇。用户根据语义或特定语义范畴查找合适的语词。为保证词典的检索性，典型的类义词典都需要设置"主题索引表"（topic index）和"字母索引表"（alphabetical index）。首先，从每组词选出一个原型词或"类"词作为词头（headword）和索引词，其他词则按拼写/字形或与类词意义的远近来确定先后次序，统一排在类词下面。用户需要从索引表来查找需要的类义词，常常需两次或三次检索才能查到所需的相关词条（entry）。比较著名的类义词典有《罗氏英语类义词典》（*Roget's Thesaurus of English Words and Phrases*，1852）和《牛津学习者类义词典》（*Oxford Learner's Thesaurus*）。

历时性词典　DIACHRONIC DICTIONARY

历时性词典（diachronic dictionary）指把语言历史发展进程中较长的或多个阶段的语言现象作为词典（dictionary）收录和解释对象，按历时原则描述词汇发展和演变的一种语文词典（language dictionary）。

历时性词典应具备以下特征：① 所用的语料是过去已经发生过的语言事实，大多数为书面材料；② 提供词源时通常都注重历史描写；③ 语证或用例引证一般都限制在相关词典所涉及的一个或若干时段；④ 义项安排应该体现语言事件发生的前后继承关系。代表性的历时性词典有《牛津英语词典》（*Oxford English Dictionary*，1928）和《汉语大词典》等。

历时性词典的任务是描述词的历史状况和语词形音义的演变，一般不用自撰例；引例标注时间，可据以判断词及词义的产生和使用年代，区别词的初始义和后起义、晚起义，或区别词的本义和引申义。最早的书证是词或词义的出生证，最晚的书证显示词或词义的生命力，历代书证反映词的成长过程。在历时性词典中词的意义理应按照产生的先后顺序排列，初始义是词义的源头，排在最前面。始见书证（或称初见书证、首见书证）指词在书面语中首次出现的年代，而不一定是其在语言中产生的年代。

描写性词典　DESCRIPTIVE DICTIONARY

描写性词典（descriptive dictionary）指客观、忠实记录语言事实，按描写主义原则来处理语言形式和内容的词典（dictionary）。

描写主义（descriptivism）主张不以经典传统为依据，而是以全面的、系统的、客观的语言使用资料为依据进行词典编纂（dictionary making / dictionary compilation）。不论何种语言或语言变体，标准的、次标准的或非标准的，只要在语言交流中得以流行、承担交际功能，就是语言事实。词典编者的任务就是对这些语言事实进行忠实的记录，而不是从主观上对这些用法正确与否进行判断。描写性词典又分为全描写词典和标准–描写性词典。前者适宜大型词典或理解型词典，后者适合中小型词典和学习型词典。

公开对外宣称第一个按描写主义思想编写的词典是美国的《新编韦氏第三版国际英语词典》（*Webster's Third New International Dictionary of the English Language*）（Philip Babcock Gove），国内的《汉语大词典》（1994）以"古今兼收，源流并重"为编纂原则，对收录的词语按描写性原则进行处理，每一个历史语词的词条（entry）都配有该词首先或较早出现于文献的书证，所引例证一般均标明时代、作者、书名、篇名或卷次章节，并按时代顺序排列，是国内编纂出版的最大型描写性汉语词典。

应该指出，"描写"与"规定"相对称，它们之间虽然存在差别，但不应将二者截然对立起来，词典的描写过程实际就是对语言归纳和抽象的过程,其本身就打上了"规则"的烙印,因此,不存在纯粹的"描写性"词典。

内向型双语词典

DOMESTIC-ORIENTED BILINGUAL DICTIONARY

本词条也可参见【外向型双语词典】。

内向型双语词典(domestic-oriented bilingual dictionary)指为帮助本族语用户学习、阅读或产出语言而编写的语言工具书,或以帮助母语用户翻译、理解或产出外语而编写的双语词典(bilingual dictionary)。

内向型双语词典与外向型双语词典(foreign-oriented bilingual dictionary)对称。若词典(dictionary)的目标用户(target user)是国内的本族语使用者,就是内向型的,反之就是外向型词典。内向型与外向型双语词典虽然涉及的语言是相同的,但编纂思路和编纂方法却各异。内向型双语词典相对于外向型双语词典有以下特征:

(1)目标用户。具备熟悉的口语能力和较好的语言直觉,能创造性地产出他们未接触过的新表达方式;收词和释义都建立在这个预设基础上。

(2)功能设置。首要任务是帮助用户认识陌生的字,理解其含义,解决语言阅读和交际中的问题;其次,指导学习者造句,区分容易认错用错的字词。

(3)结构特征。相对于外向型双语词典,收词比较宽松,数量较多,释义比较简洁;注重汉字形音义的关联,提供难词用法、常用搭配和易混淆词的辨别等信息。

对于内向型双语词典，无论是汉－外或外－汉词典，无论其母语是左项或是右项，诠释的对象或重点均是外语，因为内向型双语词典编纂的目的就是帮助汉语为母语用户学习外语。一般来讲，包括语音、形态、语法、语义和用法规则等内容。

普通词典

GENERAL DICTIONARY / GENERAL-PURPOSED DICTIONARY

普通词典（general dictionary / general-purposed dictionary）是辞书的主要类型，常指普通语文词典（general language dictionary / general-purposed language dictionary），即收录和诠释普通语言词汇和日常习惯表达短语，作一般查阅之用的辞书。

普通词典是按普通用户的一般需要而设计和编写的，大多采用共时描写方法，反映语言作为当代交际工具的全貌，涉及语法学、语义学和语用学的诸多问题。从语言功能角度讲，普通词典收词关注的是固定"音义单位"，包括单词、独立和组合使用语素，如黏着词、黏着性词缀和词组等；它不但关注实词，也关注虚词和功能词，提供词汇知识和语法知识。从语言使用角度讲，词典收词主要对象是普通词语，包括基础词汇、常用词汇、次常用词汇和已进入日常交际的百科词汇及少量通用科技词汇；收词范围尽量涵盖一般生活、社会活动和日常工作常使用的词，还有对普通用户具有实用意义的习惯用法，包括词组、短语和成语／习语等。

从释义的角度讲，普通词典主要是"释名"，通过语词所指物在认知主体的心理映射来解释其概念及其复合语义表征，一般不涉及太多物质属性或外延成分；对于虚词和其他小品词，主要解释其语法功能。普通词典的编排简单明快,如汉语词典一般用音序或/和形序排检,西方屈折语言一般按拼写顺序编排,能较好地满足普通用户查检的需求。《现代汉语词典》就是比较典型的普通语文词典。

融媒词典 MEDIA CONVERGED DICTIONARY

本词条也可参考【融媒词典学】【多媒体词典】。

融媒词典(media converged dictionary)指运用融媒体技术编纂,能通过各种媒体传播,在各种新媒体终端查阅的数字词典。

融媒词典需要专门的数字化平台,用特定的数字模型对词典文本所涉及的各种文本构造元素,包括文字、声音、图形图像、音频、视频等文件进行数字化编码,使词典(dictionary)的各种信息可以跨媒体传播,以适应于各种新媒体终端使用。

融媒词典不像传统纸质词典那样有明确、固定的词典形态,因为它的微观结构(microstructure)数据不再是线性输入、平面展开的文本,而是以字段(field)、记录(record)、文件(file)和数据表(table)的形式分散存储于用结构化查询语言(Structured Query Language,简称SQL)建构的数据库中。融媒词典有以下特征:① 融媒词典是多媒体或多模态文本,信息复杂但查阅快捷;② 融媒词典中音频和视频等模态是重要的表意形式,(视)触觉也参与语义表征的建构;③ 融媒词典收词理论上无容量限制,词汇信息收录、解释和编排考虑的是易懂、易查,不必考虑篇幅或容量问题;④ 融媒词典一般会模糊类型概念,是集多种内容为一体的规模化、综合化、系统化的数字化辞书;⑤ 融媒词典须模糊用户类别,服务于所有用户群体;⑥ 融媒词典查询内容是"可变"的,用户可以通过电脑、平板、手机和网络选择所需信息项进行查阅。

双解词典 BILINGUALIZED DICTIONARY

双解词典（bilingualized dictionary）是双语词典（bilingual dictionary）的一种类型，指在单语词典基础上把源语（source language）词条信息部分或全部翻译成目标语的双语词典（dictionary）。

双解词典涉及两种语言，从广义上讲属于双语词典类型；但从编纂实践上讲，它与双语词典又有很大差异。区别在于：双语词典的关键是用目的语（target language）提供对等词或译义，而双解词典要提供源语的释义＋目的语对等词或译义；寻找被释义词意义的方法和路径有显著不同。双解词典的基础——单语词典可以用现存的词典，也可以是自编。自编既要从语料索引行和语料库模式分析（corpus pattern analysis）开始来分析、归纳，抽象出被释义词的综合语义表征，用源语表达出来，然后再根据源语的语义表征用目的语进行译义；如果用现存单语词典编写，只需做第二步操作，即参考同类单语词典和双语词典来寻找目的语对等词。双解词典除词目词（entry word）外，还要对例证和其他附加信息进行翻译。涉及汉语的双解词典有两类：一类是针对中国人学外语的；另一类是针对外国人学汉语的。中国最早的双解词典是1912年出版的《英汉双解辞典》（上海群益书社），而现在市场上的英汉双解词典大多是在引进原版词典的基础上翻译加工的，如《牛津高阶英汉双解词典》《朗文高级英汉双解词典》《韦氏高阶英汉双解词典》等。北京语言大学出版社也出版了全自编的《汉英双解词典》和《汉语近义词典（汉英双解）》。

双向词典

BIDIRECTIONAL DICTIONARY / TWO-WAY DICTIONARY

双向词典（bidirectional dictionary / two-way dictionary）是双语词典（bilingual dictionary）的一种类型，指分别以两种相关语言作为源语（source language）词目，并以此为索引单位进行查阅的双语词典（dictionary）。

双向词典有三大类型：一是词典由两部分正文组成，一部分以 A 语言为词目，以 B 语言为对等词或译义，另一部分则是以 B 语言为词目词（entry word），以 A 为对应词或译义；二是词典由正文和索引表两部分组成，正文部分与一般的双语词典相当——以 A 语言为词目，以 B 语言为对等词或译义，正文后配置一个 B 语言索引表，通过索引表实现对 A 语言的反向查询；三是双向电子词典，在同一个查询窗口可输入两种相关语言交互查询，不过词典正文的编排方式兼顾了上述两种纸媒词典。

西方的双语双向词典出现于 16 世纪，常见的是英、法、德、西、意等欧洲语言与拉丁语之间的双向词典。在中国国内，第一本以汉语为源语的双向词典是马礼逊（Robert Morrison）于 1823 年编纂的《华英字典》（汉英 – 英汉）。现在，国内市场上的小型双向词典实际是两本简明双语词典合一的单卷本词典，由于篇幅的限制，其收词量往往不多或者只收某一主题的词汇，释义和例证均比较简洁。例如，《英汉双向旅游词典》《英汉双向商贸词典》等。当然，也有中型双向词典，如《工程机械韩汉 – 汉韩双向词典》《牛津·外研社英汉汉英词典》等。网络词典（web dictionary / network dictionary / online dictionary）很多都能实现双向查阅，但"双向"的情况很复杂，有的是在多部词典基础上实现的双向查阅，有些则是通过目的语（target language）为索引词来检索源语词，但显示内容则是单向解释。

同义辨析

SYNONYM DIFFERENTIATION / SYNONYM DISCRIMINATION

同义辨析（synonym differentiation / synonym discrimination）是词典（dictionary）中语义对比解释的一种方式，把一组语义相近的语词进行横向对比分析，找出其共性，辨别其差异特征。

同义辨析是学习词典释义 [dictionary definition / lexicographic(al) definition] 的延伸，辨析的对象除近义词外，还包括语义和用法等容易混淆的词，目的是从概念内涵、联想意义、语域分布、组合搭配、语义韵、使用语境等方面进行比较和分析，找出它们在哪些地方存在差异，从而帮助学习者准确地理解和得体地应用相关语词。

同义辨析在积极型学习词典中较为常见，多采用专栏的形式，但也有其他表现形式，如括注、语用标签、用法注释等。专栏是辨析的典型形式，例如，对"cause"和"reason"等语义特征和组合搭配等方面进行辨析："cause""reason""ground"都表示"原因，理由"，但"cause"指影响某种行为或结果的发生和发展的客观因素，如"The police have found the cause of the fire."（警察找出了起火的原因。）。"reason"指根据事实、状况或结果从理论上推导出结论的理由或道理，如"The reason for such strange behaviour is beyond my ken."（我不理解为什么会有这种奇怪的行为。）。"ground"指凭借充足的理由或事实，为判定事情发生的原有提供依据，如"The victims of the gas leak had good grounds for complaint."（煤气泄漏的受害人有足够理由来抱怨。）。

同义辨析一般用在教学词典中，但近年来一些中大型的英汉词典以兼顾语言学习的名义，增设了词汇辨析栏目。

外向型双语词典

FOREIGN-ORIENTED BILINGUAL DICTIONARY

本词条也可参见【内向型双语词典】。

外向型双语词典（foreign-oriented bilingual dictionary）指为帮助非本族语用户学习、阅读或产出语言而编写的语言工具书，或以帮助非母语语言学习者用户翻译、理解或产出汉语为目的而编写的双语词典（bilingual dictionary）。

外向型双语词典与内向型双语词典（domestic-oriented bilingual dictionary）对称。词典（dictionary）的目标用户（target user）是国外非本族语使用者，就是外向型的，反之就是内向型双语词典。内向型与外向型双语词典虽然涉及的语言是相同的，但编纂思路和编纂方法却各异。外向型双语词典相对于内向型有以下特征。

（1）目标用户。从零开始学习，口语能力差，语言直觉能力弱或缺失，难以根据词典提供的零星和离散解释理解词的用法，经常用其母语思维来解释汉语，引起中介语偏误；收词和释义均需建立在这个预设基础上。

（2）功能设置。首要任务是帮助用户认识基本字词，理解其笔画顺序和含义，解决语言学习和造句的问题，因此需要重点解释汉语语法、词法和用法规则，提供同音、同形字词的辨析。

（3）结构特征。相对于内向型双语词典收词要严格控制，按语言程度来分级收录，释义用词（defining vocabulary）简单，解释比较详尽；注重汉语的声调和变调特点，提供离合词、重叠词、量词和虚词的用法以及语法搭配和词义辨析等信息。

对于外向型双语词典，无论是汉－外或外－汉词典，无论外语是左项或是右项，诠释的重点均为汉语，因为外向型双语词典编纂的目的就是帮助非母语用户学习汉语的,帮助他们阅读理解和流畅地使用汉语,提高其汉语语言交际的能力。

网络词典

WEB DICTIONARY / NETWORK DICTIONARY / ONLINE DICTIONARY

本词条也可参见【电子词典】【计算词典学】。

网络词典(web dictionary / network dictionary / online dictionary)又称"在线词典",是电子词典(electronic dictionary)的一种类型,能以电子信息为传播媒介,借助互联网及其终端设备在线查阅的词典(dictionary)。

网络词典随网络办公和网络阅读与写作的需要应运而生。互联网的研究始于20世纪60年代,但直到20世纪90年代中后期网络的使用才开始普及,网络词典也在此期间问世。起初是英美等西方国家把一些电子词典搬到线上,不久中国有些互联网公司也开始开发自己的电子词典放在线上使用,后来慢慢又吸收了一些专业品牌词典,提升了网络词典的整体吸引力。网络词典类型很多,根据其实际构成、功能特点和用途等可以分为:

(1)专业机构词典网站。建立专门词典网站,把主要词典放在网上供免费或收费查阅。例如,《牛津在线词典》(Oxford Dictionaries Online),国内上海辞书出版社的《聚典》等。

(2)专业词典门户网站。非专业辞书机构把各种类型、多种语言的词典汇集在一起,提供某类综合服务。这类网站既可单本查阅,也可把不同专业、不同类型词典组合起来,统一查询。

（3）网络翻译词典网站。具有代表性的有金山词霸在线翻译、金桥翻译中心、中国在线词典网、谷歌翻译等。

（4）新媒体词典App。把一部或多部词典制作成移动终端应用软件，可以在各种移动终端查阅。国内外这类词典有几千种之多，具备多语言、多词典、多类型、多功能和多媒体融合的特点。

此外，还有采用众源模式编写的大型网络词典，如维基词典、维基百科和百度百科等。网络词典一般使用标准通用标记语言（Standard Generalized Markup Language，简称SGML）和可扩展标记语言（Extensible Markup Language，简称XML）等进行编码，并能转换成超文本语言在网上传输。

详解组配词典

EXPLANATORY AND COMBINATORIAL DICTIONARY

本词条也可参见【学习词典】。

详解组配词典（explanatory and combinational dictionary）指运用意义—文本理论的方法编写的一种法语理论研究型词典，即从词汇形态、语法结构、词汇组配、语用规则等全面描述语词的概念义和内涵义。

详解组配词典从根本上改变了传统词典的释义方法和释义特征，以现代语言学理论为依据，以大型真实语料库为背景，以信息处理和统计学技术为手段，准确、详尽地描述语词的语义和语用特征。为此，提出了以下的释义规则：① 语境形式规则，相关言语活动参与者以变量的形式随被释义词项一起列出，构成真实语境；② 语义分解规则，词目词（entry word）L的释义由语义上比L更简单的L_1，L_2，…，L_n构成（在这种意义上$L = L_1 + L_2 + \cdots + L_n$）；③ 最大集合规则，语义分解尽可能在浅层次上进行，要使用那些既能解释明确，又能包含最多语义成分的释义词；④ 标准化规则，释义元语言要准确，释文中每一个词的语义都要有明确界定［如义项（sense）］，对所有语词的标注应该一致；⑤ 修饰搭配规则，释义不仅要全面、准确地揭示意义成分，而且还要提示词目词的潜在使用语境和习惯搭配规则；⑥ 量词搭配规则，名词和动词的用法都与数量词密切相关，需在释义中清楚、明确表述这些关系和形态变化；⑦ 语义分级规则，在语义分解中，不同性质和逻辑功能的语义成分对释义起着不同的作用，要区分层次表达；⑧ 变量限定规则，对被释义词潜在的组配元素要明确"搭配限定"成分，"规定"言语行为参与者的性能特点。代表性词典有《当代法语详解组配词典》（*Dictioinnaire Explicative et Combinatoire du Français Contemporain*，1984，1988，1992，1999）（组配词典）和《法语派生词典》等。这种词典的一大特点是词典的微观结构（microstructure）以释义为中心，各种结构成分都为释义这个中心服务，因此词典的整个微观结构都可看作为词典的释义结构。

消极型词典 PASSIVE DICTIONARY

本词条也可参见【积极型词典】。

消极型词典（passive dictionary）指收录足够数量的消极型词汇（passive vocabulary），只提供简单的释义信息，旨在帮助用户阅读和理解语言解码活动的词典（dictionary），所以又称"解码型词典（decoding dictionary）"或"理解型词典"。

消极型词典与积极型词典（active dictionary）的区分源于西方词典学，主要是因为消极型词典大量收录消极型词汇，不提供详解和词汇用法信息而得名。

20世纪30—40年代学习词典（learner's dictionary）出现以前，词典基本上都是消极型的，主要用于语言理解和查考，帮助用户准确地理解工作和阅读过程中遇到的"难词"。在早期的词典编纂（dictionary making / dictionary compilation）中，编者一般只注重收录和解释"难词"，认为日常用语等似乎是不言自明的语言现象，无须专门解释。这种故意忽略是当时所有字书或词典的显著特点，且一直沿袭至近现代，一直无解码功能。但后来，只"收录难词"的潜规则随着语言和词典编纂的发展而慢慢被突破，全面收词、系统诠释型的词典逐渐得到重视。例如，17世纪法国的《法兰西学院词典》(*Dictionnaire de I'Académie Française*, 1694)、18世纪初期中国的《康熙字典》和18世纪中期英国的《英语词典》(*A Dictionary of the English Language*, 1755)等是较早突破难词词典传统，开始全面收词，且具有一定规定性的理解型词典或查考型词典（reference dictionary）。全面、系统收词的实现是消极型词典发展史上的重大突破，理解型和查考型词典逐渐占据了辞书市场的主导地位。

消极型词典大多属于（全）描写性工具书，收词广泛，往往覆盖日常交际中的语言事实以及语言的各种变体，词条（entry）包含的义项（sense）也比较多，但释义简明，且语法注释与配例较少，不提供语法信息。随着词典学（lexicography）的发展和承载工具的电子化，消极型词典慢慢吸收了不少积极型词典的内容。例如，开始提供必要语法信息，使用丰富的标签来注释各类词汇变体，如古旧词、异形词、方言词，以及各种文体和使用域的词，习语、俗语、俚语、行话、禁忌语等都做出标注。从发展趋势来看，这种词典类型（dictionary type）会逐渐趋于模糊，部分词典会同时兼顾积极型词典和消极型词典功能。

学生词典

STUDENT DICTIONARY / SCHOOL DICTIONARY

本词条也可参见【学习词典】【教学词典学】。

学生词典（student dictionary / school dictionary）是教学词典（pedagogical dictionary / didactic dictionary）的一种类型，指专门为本族语用户的语言学习和语言教学而编写的词典（dictionary）。

在英美国家，教学词典包括学生词典和学习词典（learner's dictionary）两类，分别服务于母语和非母语的语言学习。这两种词典的收词和编写都有很大差异，因此在词典设计、编纂和使用选择时要特别注意。

学生词典的目标用户多为讲母语的儿童，他们对母语有天生的习得机制，有很强的语感，可根据语义表达需要组合出他们从来未见过的句子。他们的语言学习是语义驱动，对一般日常语言的表达和"无规则"的用法可信手拈来、运用自如，但不善于解读非日常的用法和复合型、限制性语言组合等规则性的知识（与非母语用户恰恰相反）。不过，在释义用词（defining vocabulary）的简单性等方面与学习词典一致。因此，学生词典的设计、编纂和释义等都要在用户调查取得第一手数据后进行。

学生词典的立目（establishment of lemmas）和义项（sense）收录要契合用户的教学实际，书写形式和读音要遵循国家语言文字标准，提供简繁对照，方便拓展学习；提供笔顺示范，引导正确书写；提供字形结构，展示汉字构造机理；配例简洁明快，反映语词的基本用法。

此外，还可根据用户的语言程度提供文化和百科知识、重点语法和修辞提示、同义和易混淆词的辨析，以及常用搭配和习惯表达等。学生词典的类型主要从语言层次上考虑，分为小学生词典（初级）、中学生词典（中级）和大学词典（高级）。在此基础上还可以有次类，如"启蒙级""初中级""中高级"等。在美国，针对大学生有《韦氏大学词典》

(*Merriam-Webster's Collegiate Dictionary*,1898)《兰登书屋韦氏大学词典》(*Random House Webster's College Dictionary*,1991)和《美国传统词典》(*The American Heritage Dictionary*,1969)等专门的大学词典。

用户视角研究 USER'S PERSPECTIVE STUDY

用户视角研究(user's perspective study)是以用户为中心进行词典学(lexicography)理论和编纂实践的研究,即词典设计和编纂的各个环节都要从用户需求、用户可理解性和接受性的角度来考虑。

词典用户概念早在20世纪20—30年代就已经萌芽,西方教育心理学家桑代克(Edward Lee Thorndike),以及在海外从事英语二语教学和研究的帕尔默(Harold E. Palmer)和韦斯特(Michael Philip West)所做的词汇分级教学研究,把词汇控制和渐进式词汇教学理念应用于词典编纂,对词汇教学取得了良好的作用。1962年,伯恩哈特(Clarence L. Barnhart)在《单语商业词典编纂中的问题》("Problems in Editing Commercial Monolingual Dictionaries")一文中正式提出了用户词典查阅需求问题,并就此做了大量调查。之后,不断有学者介入用户视角(user's perspective)的词典体例(format guideline / style guide)设计和编纂的研究。20世纪80年代以后,随着外语学习及学习词典(learner's dictionary)在世界范围内的兴起,用户视角的研究得到国内外辞书学者空前的重视,它们围绕词典(dictionary)的真实需求,词典使用与学习效果、词典查阅技巧与各种语言活动等展开调查研究,根据调查结果来讨论词典收词、释义和注释中存在的问题以及改进词典编纂(dictionary making / dictionary compilation)的方法等。

从词典编纂的角度讲,有两个因素直接影响词典体例和释义方式:词典用户和编纂宗旨,后者是为前者服务的,词典收什么样的词,用什么方法释义，提供什么样的例证等都是由用户群和用户需求决定的。因此用户是词典设计和编纂一切工作的核心，要考虑用户的语言背景特征、用户的知识结构特征、用户的知识需求特征、用户的学习活动需求特征、用户的词典接受心理特征和词典用户友好特征。词典用户视角的研究主题和方法包括经验研究、比较研究、用户需求及使用技巧研究、"词典外"因素研究和实验研究等。

语料库模式分析 Corpus Pattern Analysis

语料库模式分析（corpus pattern analysis）是一种基于真实语料的词汇属性分析，指把词汇意义投射到特定文本——句型或分布结构（distribution structure）的一种方法，旨在构建英语动词的模式数据，用于计算语言学、语言教学和语言认知方面的研究。

语料库模式分析是由《柯林斯-COBUILD英语词典》(Collins COBUILD Dictionary of English)的主编之一汉克斯（Patrick Hanks）提出，其理论基础是"常态与拓展理论"（Theory of Norms and Exploitations）。该理论认为，孤立的词其意义是十分含糊的，或者说是没有"意义"的，它只有"意义潜势"（meaning potential）。支撑语义潜势（meaning potential）的正是语言事件和词汇论元结构形成的语言模式，这些模式构成语词使用的情景。这意味着人的大脑中存储的不是孤立的词项，而是词的各种短语模式（phraseological pattern）或交际模式，以及与该模式密切相关的原型特征。要理解一个词的含义和用法，就要知道它在语言交际中的意义，而且关键是要了解其模式，并区分常规模式（norm）和拓展模式（exploitation）。

语料库模式分析首先是对语词在语料库中的整体情况做一描述，例如，"abandon"共有八个模式，在牛津英语语料库和英国国家语料库中

的频率分别是 34 251 和 4 348 次，此外还给出各个模式在语料库中的比例。对于每个模式都提供模式化描述，如动词"bite"共 22 个模式，模式 1 占比 34%：[[Human 1 | Animal 1]] bite（[[Animal 2 | Physical Object | Human 2]]），语义 1 解释为：[[Human 1 | Animal 1]] uses the teeth to cut into [[Animal 2 | Physical Object | Human 2]]。这属于常态模式，后面还有拓展模式等。动词的模式要反映基本论元结构或配价结构，还要体现其次配价特征，而名词模式是隐含在语料库中的一些反复使用的"经典"语句的共现结构中。

语篇词典学

TEXTUAL LEXICOGRAPHY / DICTIONARY AS TEXT

语篇词典学（textual lexicography / dictionary as text）是理论词典学研究的一种方法，指在语篇语言学（text linguistics）的框架内进行词典研究和编纂的学问。

语篇词典学改变了传统词典工具论把词典条目（entry / lexical entry）看成独立查考单位的观点，把词典（dictionary）的正文、前置页（front matter）和后置页（back matter）视为一个有机的整体语篇，词典正文的组成部分——条目就是语篇的段落，各段落通过一定的词典语言衔接起来，并通过各种板块信息内容的关联，形成一个连贯的整体语篇。

语篇语言学认为作为交际事件的语篇应该具备七大特征，这些特征融合在词典编纂（dictionary making / dictionary compilation）过程中：① 意图性，即编者要以满足用户词典查阅需求为目的；② 衔接性，即词典微观信息项或信息板块之间的关联；③ 连贯性，即义项（sense）之间、释义与注释和配例之间的逻辑联系；④ 信息性，词典文本要有效阐释词汇的各种语言属性和知识内涵；⑤ 情境性，即词典释义 [dictionary definition / lexicographic(al) definition] 与语境的关系，要把被释义词放在语境中来解释；⑥ 互文性，注释内容与相关文本关联性，义项划分（sense division）、释义和用法要与真实实例一致；⑦ 可接受性，即词典所提供知识的可理解性和用户友好性，反映出编者对词典用户接受视野的认识。可接受性是语篇构建的最终目标，它与其他六个特征紧密相关且必须各个操作层面得到贯彻。一个语篇的可接受性并非取决于信息量，把词典释义写成散文一样，虽然其信息量可能很丰富，但从词典功能、用户认知经济性的角度讲并不合理。

主题词典　THEMATIC DICTIONARY

主题词典（thematic dictionary）又称"主题分类词典"，指对一种语言全部或部分专业词汇按主题或语词范畴类型进行编排和查检的词典（dictionary）。若涉及两种及两种以上语言时，还可以分为双语和多语主题词典。

常见的主题词典是以范畴化的方法，对语言某些方面（如成语、短语和俚语等）、某些功能范畴（如动词、名词和形容词等）、某些行为活动（如商务活动、旅游和运动等）、专业域的词汇按主题选词立目，便于用户按特定范畴进行比较和选择，可用于学习、写作、翻译和研究参考。主题词典一般分为两大部分：一是正文，按主题分类编排；二是索引表，用于正文的检索。例如，《八千种中文辞书类编提要》分五大类，每一大类又分若干小类；索引表有"书名笔画索引""书名汉语拼音索引"，外加一个辅表"主要编排法简表"。再如，《英语主题分类图解词典》（北京语言大学出版社，2011）和《商务英语主题分类词典》（北京语言大学出版社，2012）等。有些专业词典词汇间的关系比较复杂，索引方法多，各个组成部分需相互对应，相互指引。譬如，《水利水电科学技术主题词典》（科学普及出版社，1987）对 6 760 个词按主题分类，索引体系按《汉语主题词表》的方法由主表、附表和辅助索引三大块构成。

专科词典

SPECIALIZED DICTIONARY / SUBJECT DICTIONARY

本词条也可参见【专科词典学】。

专科词典（specialized dictionary / subject dictionary）是针对特定用户群，集中收录某一学科的专业词汇，并提供专业性释义的词典（dictionary）。

专科词典侧重于语词专业含义及知识的描写与解释，注重所提供知识的科学性、完整性和本质性，主要功能是满足专业语言文本的理解、生成和翻译等使用需求。

在收词方面，专科词典主要的收录对象是专业词汇，即各学科（包括二、三级学科）所特有或专用的语言单位。严格的专科词典（分科专业词典或二级学科以下的专科词典）只收录本学科的专门词汇，适合于专家学者使用；普通专科词典收录本学科和与其他学科交叉的一些较常用的专业词汇，一般不跨学科收录。

在释义内容方面，专科词典追求专业化和科学化。专科词典收录的术语和专名是学科专业概念的符号载体，其释义主要是解释其学科专业内涵与外延，常作原理性、历史性、发展方向性、应用性、评价性、全面性的解释，释文详细、系统、有特定的专业知识性。

在词典类型（dictionary type）方面，专科词典主要分为：① 学科词典，按涉及学科的多少，分为单科词典、多科词典、百科词典（encyclopedic dictionary）；② 专题词典，以特定专题范围内的专业词汇、技术术语和专名为收录和诠释对象；③ 专书词典，以某一部书为专题，只收录和诠释该书出现的特色词汇；④ 术语词典，以特定范围内的技术术语为收录和解释对象；⑤ 专名词典，以指称单一、固定概念的语词为收录对象，包括人名、地名、机构名和书名等。此外，根据所涉及的语言种类，专科词典可以分为单语专科词典、双语专科词典、双解专科词典和多语专科词典等。

字典　DICTIONARY OF CHINESE CHARACTER

本词条也可参见【词典】【辞典】。

字典（dictionary of Chinese character）是以字为收录单位，对字头的音、形、义以及语法和用法作出诠释，并按一定方式（形序或音序等）进行编排和查检的语文性工具书。

字典是汉语文化特有的辞书类型，但不是唯一的，像西夏文、契丹文等表意文字都可以汇编成字典。另外，词典（dictionary）通常收字，并以字头为索引进行语词的收录和编排，如《现代汉语词典》等。字典与词典的不同之处在于字典一般只收录字或单音词，不收由两个及以上的字组成的合成词。汉语字典的形序排检主要有部首法、笔画法、笔形法、号码法，以及音序排检法、拼音字母排检法、注音字母排检法、声部排检法和韵部排检法等。

字典源于古代的字书，至少自周代起，古人便开始收集文字并汇集成字书，以供文字教学之用，如周宣王时期的太史所作的《史籀篇》、秦始皇为统一汉字推出的《仓颉篇》和《博学篇》等。真正意义上的汉语字典是东汉许慎编纂的《说文解字》，首创按汉字的形态结构和偏旁部首编排，为汉字确立了系统的分类和索引方法。清朝康熙时期，张玉书等人编纂的《康熙字典》是现存最早以"字典"命名的辞书，从此"字典"一词便在中华大地逐渐通行起来。中华人民共和国成立以来，出版了大批汉字字典，最具代表性的有《新华字典》和《汉语大字典》。

附 录

英—汉术语对照

academic dictionary 学术词典

academic dictionary 学院型词典

access structure 索引结构

active dictionary 积极型词典

active vocabulary 积极型词汇

Alphabetical Index 字母索引表

analogical dictionary / thesaurus 类义词典

analytical definition 分析性释义

anisomorphism 不同构性

appendix-type revision 附录型修订

appendix/subsidiary 词典附录

archaeology 考古学

back matter 后置页

Bank of English 英语文库

basic sense 基本义项

bidirectional dictionary / two-way dictionary 双向词典

bilingual dictionary 双语词典

bilingual lexicography 双语词典学

bilingualized dictionary 双解词典

biological endowment 生物性禀赋

categorized definition 范畴化释义

circular cross-reference 循环参见

classified dictionary 分级词典

closedness 闭环

cognitive lexicography 认知词典学

cognitive map 认知地图

cognitive polysemy 认知多义性

communicative lexicography 交际词典学

comparative lexicography 比较词典学

compiler-centered 编者中心

comprehensive language dictionary 综合性语文词典

computational lexicography 计算词典学

computer-assisted dictionary compilation 计算机辅助词典编纂

concept map 概念图

conceptual dictionary / onomasiological dictionary 概念词典

conceptual metaphor theory 概念隐喻理论

concise dictionary 简明词典

concordance 词汇索引

connection 融通

construction principle of definition 释义的构式原则

context of things 物语境

context of thoughts 意语境

context of word 词语境

Contrastive Linguistics 对比语言学

controlled defining vocabulary 控制性释义词汇

conventional intension 约定内涵

convergence of modes 模态融合

convergence 融合

corpus lexicography 语料库词典学

Corpus Pattern Analysis 语料库模式分析

correction 矫正

country principle of definition 释义的国别原则

criticism 批评性评价

cultural artifact 文化产品

cultural equivalence principle 文化等值原则

cuneiform 楔形文字

decoding dictionary 解码词典

defining dictionary 释义词典

defining vocabulary 释义用词

definition by hyponymy 上下义释义

definition by negation of antonym 反义否定释义

definition by synonym with conditions 限制性同义对释

definition with antonym 反义对释

definition with synonym or antonym 对释式释义

definition with synonym 同义对释

denotatum 指示物

descriptive definition 描述性释义

descriptive dictionary 描写性词典

designatum 指称内容

developing system of interlanguage 中介语发展体系

diachronic dictionary 历时性词典

dictionary archaeology / lexicographic(al) archaeology 词典考古学

dictionary compilation software / lexicography software 词典编纂软件

dictionary definition / lexicographic(al) definition 词典释义

dictionary editing system 词典编辑系统

dictionary editing tool 词典编辑工具

dictionary for special purpose 专用词典

dictionary generation system 词典生成系统

dictionary group 词典集

dictionary history 词典史

dictionary making / dictionary compilation 词典编纂

dictionary management system 词典管理系统

dictionary of special language aspect 专项词典

dictionary production software 词典制作软件

Dictionary Production System 词典编制系统

dictionary review / dictionary evaluation / dictionary criticism 词典评论

dictionary revision 词典修订

dictionary type 词典类型

dictionary typology 词典类型学

dictionary writing system 词典编写系统

dictionary 词典 / 辞典

distribution structure 分布结构

documentation 文献资料

dominant sense 主导义项

editorial system 编辑系统

electronic dictionary function 电子词典功能

Electronic Dictionary Publishing System 电子词典出版系统

electronic dictionary structure 电子词典结构

electronic dictionary 电子词典

electronic lexicography 电子词典学

embodied cognition 具身认知

encoding dictionary 编码词典

encyclopedia 百科全书

词典学
100 核心概念与关键术语

encyclopedic dictionary 百科词典

encyclopedic matter 百科信息

encyclopedic principle of definition 释义的百科原则

entry / lexical entry 词典条目

entry arrangement 词典编排法

entry word 词目词

entry 词条

establishment of lemmas 立目

etymological dictionary 词源性词典

evaluation/appraisal 鉴定性评价

experiential realism 经验现实主义

experientialism 经验论

exploitation 拓展模式

extensional definition 外延性释义

extent of involvement 覆盖范围

external access 外索引

external reference 正文外参见

field 语场

field 字段

foreign and bilingual corpora 外语和双语语料库

foreign-oriented bilingual dictionary 外向型双语词典

formal equivalence principle 形式等值原则

format guideline / style guide 词典体例

frame semantics 框架语义学

frame structure / megastructure 框架结构

full-sentence definition 完整句释义

function of illustrative example 例证功能

function relevant to decoding 解码相关功能

function relevant to encoding 编码相关功能

functional equivalence principle 功能等值原则

fundamentals on philosophy 哲学基础

fundamentals on psychology 心理学基础

general corpus 通用语料库

general dictionary / general-purposed dictionary 普通词典

general language dictionary / general-purposed language dictionary 普通语文词典

given information 提供信息

glossary 词表

headword 词头

historical comparative linguistics 历史比较语言学

historical dictionary 历史性词典

holistic principle of definition 释义的整体原则

ideological dictionary 主题词典

idiographic 个别属性

illustrated dictionary 插图词典

illustrative example 例句

index matter 索引信息

input 输入

intake 摄入

intensional definition 内涵性释义

interactive interface of dictionary 词典互动界面

internal access 内索引

international standards in lexicography 词典学国际标准

interpretative definition 解说式释义

intersectional definition 交叉对释

knowledge visualization 知识可视化

language dictionary 语文词典

language transfer 语言迁移

learner's dictionary 学习词典

lemma selection 选词

lexical definition 词汇性释义

lexical knowledge base 词汇知识库

lexicographer's workbench 词典编者工作台

lexicographic sense 词典义项

lexicographic workbench 词典编纂工作台

lexicographic(al) corpus 词典语料库

lexicographic(al) database 词典数据库

lexicographic(al) equivalent 词典对等词

lexicographic(al) evidence 词典语证

lexicographical annotation / lexicographical gloss 词典注释

lexicographical definition method 词典释义方法

lexicographical instantiation 词典配例

lexicographical label 词典标签

lexicographical translation 词典翻译

lexicography 词典学

lexicon 词库

linguistic dictionary 语言词典

linguistic matter 语言信息

logical order 逻辑顺序

词典学
100 核心概念与关键术语

machine dictionary / machine-readable dictionary 机器词典

macrostructure 宏观结构

manner 方式

mapping 映射

markedness equivalence principle 标记等值原则

markedness 标记

meaning driven multidimensional definition theory 意义驱动多维释义理论

meaning potential 语义潜势

Meaning-Text Theory 意义–文本理论

media converged dictionary 融媒词典

media converged lexicography 融媒词典学

media convergence 融媒体源

mediostructure 中观结构

mending-type revision 挖补型修订

Microsoft Bookshelf 微软书架

microstructure 微观结构

middle matter 中置页

mind map 思维导图

modality 模态

mode of information representation 信息表征的模式

mode 语式

monodirectional dictionary 单向词典

monolingual lexicography 单语词典学

morphemic calque 语素仿造

morpho semantic definition 形态–语义释义

morpho-semantic calque 形义仿造

morphological calque 形态仿造

multidimensional definition theory 多维释义理论

multidimensional definition 多维度释义

multidimensional principle of definition 释义的多维原则

multidimensional-definitional translation principle 多维译义原则

multifunctional dictionary / polyfunctional dictionary 多功能词典

multimedia dictionary 多媒体词典

multimodal definition 多模态释义

multimodal dictionary 多模态词典

multimodal semiotics 多模态符号学

negative transfer 负迁移

non-historical dictionary 非历史性词典

normal dictionary 一般词典

normative dictionary 规范性词典

norms 常规模式

number of languages 语言数目

objective intension 客观内涵

Online Dictionary Publishing System 在线词典发布系统

onomastics 术语语义学

onomasiology 专名学

operational definition 操作性释义

ostensive definition 指物释义

output 输出

outside matter 词典外部材料

overall design 总体设计

overall structure 总体结构

overall-descriptive dictionary 全描写性词典

paraphrastic definition 解述性释义

passive dictionary 消极型词典

pedagogical dictionary / didactic dictionary 教学词典

pedagogical lexicography 教学词典学

period of time covered 时间跨度

periphrastic definition 迂回性释义

persuasive definition 说服性释义

phonetic transcription 词典注音

phono-morphological calque 音形仿造

phono-semantic calque 音义仿造

phraseological pattern 短语模式

phraseology 语块

picture dictionary 图解词典

planning of dictionary project 词典编纂计划

positive transfer 正迁移

pragmatic equivalence principle 语用等值原则

precisive definition 精确性释义

presentation 表述

primitive sense 原始义项

principle of dictionary-making 词典编纂原则

principle of lexicographical definition 词典释义原则

purpose of dictionary-making 词典编纂宗旨

quality 质

range 范围

received pronunciation 标准发音

record 记录

reference dictionary 查考型词典

refinement 精练

词典学
100 核心概念与关键术语

relation 相关性

relational definition 关系释义

restricted dictionary 受限词典

retrospective approach 追溯法

reverse dictionary 倒序词典

review 审查性评价

rhetorical equivalence principle 修辞等值原则

segment 语段

semantic calque 语义仿造

semantic equivalence principle 语义等值原则

semantic point 义点

sense division 义项划分

sense ordering 义项排序

sense 义项

sentence dictionary / phraseology dictionary 句典

single-clause when-definition 单一时间从句释义

situational definition 情景化释义

size of dictionary 词典规模

source language 源语

source of material 语料来源

specialized corpus 专门用途语料库

specialized language dictionary / special-purposed language dictionary 专门用途语文词典

specialized lexicography 专科词典学

specimen entry of dictionary 词典样条

standard-descriptive dictionary 标准描写性词典

stipulative definition / prescriptive definition 规定性释义

structure and arrangement basis 结构与编排原则

structure of dictionaries 词典结构

Structured Query Language, SQL 结构化查询语言

student dictionary / school dictionary 学生词典

subjective intension 主观内涵

substantial definition 实质性释义

supplement-type revision 补编型修订

supplementation 补遗

synchronic dictionary 共时性词典

synonym differentiation / synonym discrimination 同义辨析

syntactic calque 句形仿造

target language 目的语

target user 目标用户

taxonomy 科学分类法

tenor 语旨

terminology 专业术语

text linguistics 语篇语言学

theoretical definition 理论性释义

theoretical dictionary 理论研究型词典

Theory of Norms and Exploitations 常态与拓展理论

thinking maps 思维地图

token frequency 型频

topic index 主题索引表

translating dictionary 翻译词典

translational definition 词典译义

type frequency 类频

updating 更新

Usage Note 用法说明

user-centered 用户中心

user's perspective 用户视角

virtualization technology 虚拟化技术

visual grammar 符号语法

vocabulary acquisition 词汇习得

汉—英术语对照

百科词典 encyclopedic dictionary

百科全书 encyclopedia

百科信息 encyclopedic matter

比较词典学 comparative lexicography

闭环 closedness

编辑系统 editorial system

编码词典 encoding dictionary

编码相关功能 function relevant to encoding

编者中心 compiler-centered

标记 markedness

标记等值原则 markedness equivalence principle

标准发音 received pronunciation

词典学
100 核心概念与关键术语

标准描写性词典 standard-descriptive dictionary

表述 presentation

补编型修订 supplement-type revision

补遗 supplementation

不同构性 anisomorphism

操作性释义 operational definition

插图词典 illustrated dictionary

查考型词典 reference dictionary

常规模式 norms

常态与拓展理论 Theory of Norms and Exploitations

词表 glossary

词典／辞典 dictionary

词典编辑工具 dictionary editing tool

词典编辑系统 dictionary editing system

词典编排法 entry arrangement

词典编写系统 dictionary writing system

词典编者工作台 lexicographer's workbench

词典编制系统 Dictionary Production System

词典编纂 dictionary making / dictionary compilation

词典编纂工作台 lexicographic workbench

词典编纂计划 planning of dictionary project

词典编纂软件 dictionary compilation software / lexicography software

词典编纂原则 principle of dictionary-making

词典编纂宗旨 purpose of dictionary-making

词典标签 lexicographical label

词典对等词 lexicographic(al) equivalent

词典翻译 lexicographical translation

词典附录 appendix/subsidiary

词典管理系统 dictionary management system

词典规模 size of dictionary

词典互动界面 interactive interface of dictionary

词典集 dictionary group

词典结构 structure of dictionaries

词典考古学 dictionary archaeology / lexicographic(al) archaeology

词典类型 dictionary type

词典类型学 dictionary typology

词典配例 lexicographical instantiation

词典评论 dictionary criticism dictionary review / dictionary evaluation /

词典生成系统 dictionary generation system

词典史 dictionary history

词典释义 dictionary definition / lexicographic(al) definition

词典释义方法 lexicographical definition method

词典释义原则 principle of lexicographical definition

词典数据库 lexicographic(al) database

词典体例 format guideline / key to entry

词典条目 entry / lexical entry

词典外部材料 outside matter

词典修订 dictionary revision

词典学 lexicography

词典学国际标准 international standards in lexicography

词典样条 specimen entry of dictionary

词典义项 lexicographic sense

词典译义 translational definition

词典语料库 lexicographic(al) corpus

词典语证 lexicographic(al) evidence

词典制作软件 dictionary production software

词典注释 lexicographical annotation / lexicographical gloss

词典注音 phonetic transcription

词汇索引 concordance

词汇习得 vocabulary acquisition

词汇性释义 lexical definition

词汇知识库 lexical knowledge base

词库 lexicon

词目词 entry word

词条 entry

词头 headword

词语境 context of word

词源性词典 etymological dictionary

单向词典 monodirectional dictionary

单一时间从句释义 single-clause when-definition

单语词典学 monolingual lexicography

倒序词典 reverse dictionary

电子词典 electronic dictionary

电子词典出版系统 Electronic Dictionary Publishing System

电子词典功能 electronic dictionary function

词典学
100 核心概念与关键术语

电子词典结构 electronic dictionary structure

电子词典学 electronic lexicography

短语模式 phraseological pattern

对比语言学 Contrastive Linguistics

对释式释义 definition with synonym or antonym

多功能词典 multifunctional dictionary / polyfunctional dictionary

多媒体词典 multimedia dictionary

多模态词典 multimodal dictionary

多模态符号学 multimodal semiotics

多模态释义 multimodal definition

多维度释义 multidimensional definition

多维释义理论 multidimensional definition theory

多维译义原则 multidimensional-definitional translation principle

翻译词典 translating dictionary

反义对释 definition with antonym

反义否定释义 definition by negation of antonym

范畴化释义 categorized definition

范围 range

方式 manner

非历史性词典 non-historical dictionary

分布结构 distribution structure

分级词典 classified dictionary

分析性释义 analytical definition

符号语法 visual grammar

负迁移 negative transfer

附录型修订 appendix-type revision

覆盖范围 extent of involvement

概念词典 conceptual dictionary / onomasiological dictionary

概念图 concept map

概念隐喻理论 conceptual metaphor theory

个别属性 idiographic

更新 updating

功能等值原则 functional equivalence principle

共时性词典 synchronic dictionary

关系释义 relational definition

规定性释义 stipulative definition / prescriptive definition

规范性词典 normative dictionary

宏观结构 macrostructure

附录

后置页 back matter

机器词典 machine dictionary / machine-readable dictionary

积极型词典 active dictionary

积极型词汇 active vocabulary

基本义项 basic sense

计算词典学 computational lexicography

计算机辅助词典编纂 computer-assisted dictionary compilation

记录 record

简明词典 concise dictionary

鉴定性评价 evaluation/appraisal

交叉对释 intersectional definition

交际词典学 communicative lexicography

矫正 correction

教学词典 pedagogical dictionary / didactic dictionary

教学词典学 pedagogical lexicography

结构化查询语言 Structured Query Language, SQL

结构与编排原则 structure and arrangement basis

解码词典 decoding dictionary

解码相关功能 function relevant to decoding

解述性释义 paraphrastic definition

解说式释义 interpretative definition

经验论 experientialism

经验现实主义 experiential realism

精练 refinement

精确性释义 precisive definition

句典 sentence dictionary / phraseology dictionary

句形仿造 syntactic calque

具身认知 embodied cognition

考古学 archaeology

科学分类法 taxonomy

客观内涵 objective intension

控制性释义词汇 controlled defining vocabulary

框架结构 frame structure / megastructure

框架语义学 frame semantics

类频 type frequency

类义词典 analogical dictionary / thesaurus

理论性释义 theoretical definition

理论研究型词典 theoretical dictionary

历时性词典 diachronic dictionary

历史比较语言学 historical comparative linguistics

词典学
100 核心概念与关键术语

历史性词典 historical dictionary

立目 establishment of lemmas

例句 illustrative example

例证功能 function of illustrative example

逻辑顺序 logical order

描述性释义 descriptive definition

描写性词典 descriptive dictionary

模态 modality

模态融合 convergence of modes

目标用户 target user

目的语 target language

内涵性释义 intensional definition

内索引 internal access

批评性评价 criticism

普通词典 general dictionary / general-purposed dictionary

普通语文词典 general language dictionary / general-purposed language dictionary

情景化释义 situational definition

全描写性词典 overall-descriptive dictionary

认知词典学 cognitive lexicography

认知地图 cognitive map

认知多义性 cognitive polysemy

融合 convergence

融媒词典 media converged dictionary

融媒词典学 media converged lexicography

融媒体源 media convergence

融通 connection

上下义释义 definition by hyponymy

摄入 intake

审查性评价 review

生物性禀赋 biological endowment

时间跨度 period of time covered

实质性释义 substantial definition

释义词典 defining dictionary

释义的百科原则 encyclopedic principle of definition

释义的多维原则 multidimensional principle of definition

释义的构式原则 construction principle of definition

释义的国别原则 country principle of definition

释义的整体原则 holistic principle of definition

释义用词 defining vocabulary

受限词典 restricted dictionary

输出 output

输入 input

术语语义学 onomastics

双解词典 bilingualized dictionary

双向词典 bidirectional dictionary / two-way dictionary

双语词典 bilingual dictionary

双语词典学 bilingual lexicography

说服性释义 persuasive definition

思维导图 mind map

思维地图 thinking maps

索引结构 access structure

索引信息 index matter

提供信息 given information

通用语料库 general corpus

同义辨析 synonym differentiation / synonym discrimination

同义对释 definition with synonym

图解词典 picture dictionary

拓展模式 exploitation

挖补型修订 mending-type revision

外索引 external access

外向型双语词典 foreign-oriented bilingual dictionary

外延性释义 extensional definition

外语和双语语料库 foreign and bilingual corpora

完整句释义 full-sentence definition

微观结构 microstructure

微软书架 Microsoft Bookshelf

文化产品 cultural artifact

文化等值原则 cultural equivalence principle

文献资料 documentation

物语境 context of things

限制性同义对释 definition by synonym with conditions

相关性 relation

消极型词典 passive dictionary

楔形文字 cuneiform

心理学基础 fundamentals on psychology

信息表征的模式 mode of information representation

型频 token frequency

形式等值原则 formal equivalence principle

形态–语义释义 morpho semantic definition

词典学

形态仿造 morphological calque

形义仿造 morpho-semantic calque

修辞等值原则 rhetorical equivalence principle

虚拟化技术 virtualization technology

选词 lemma selection

学生词典 student dictionary / school dictionary

学术词典 academic dictionary

学习词典 learner's dictionary

学院型词典 academic dictionary

循环参见 circular cross-reference

一般词典 normal dictionary

义点 semantic point

义项 sense

义项划分 sense division

义项排序 sense ordering

意义 – 文本理论 Meaning-Text Theory

意义驱动多维释义理论 meaning driven multidimensional definition theory

意语境 context of thoughts

音形仿造 phono-morphological calque

音义仿造 phono-semantic calque

英语文库 Bank of English

映射 mapping

用法说明 Usage Note

用户视角 user's perspective

用户中心 user-centered

迂回性释义 periphrastic definition

语场 field

语段 segment

语块 phraseology

语料库词典学 corpus lexicography

语料库模式分析 Corpus Pattern Analysis

语料来源 source of material

语篇语言学 text linguistics

语式 mode

语素仿造 morphemic calque

语文词典 language dictionary

语言词典 linguistic dictionary

语言迁移 language transfer

语言数目 number of languages

语言信息 linguistic matter

语义等值原则 semantic equivalence principle

语义仿造 semantic calque

语义潜势 meaning potential

语用等值原则 pragmatic equivalence principle

语旨 tenor

原始义项 primitive sense

源语 source language

约定内涵 conventional intension

在线词典发布系统 Online Dictionary Publishing System

哲学基础 fundamentals on philosophy

正迁移 positive transfer

正文外参见 external reference

知识可视化 knowledge visualization

指称内容 designatum

指示物 denotatum

指物释义 ostensive definition

质 quality

中观结构 mediostructure

中介语发展体系 developing system of interlanguage

中置页 middle matter

主导义项 dominant sense

主观内涵 subjective intension

主题词典 ideological dictionary

主题索引表 topic index

专科词典学 specialized lexicography

专门用途语料库 specialized corpus

专门用途语文词典 specialized language dictionary / special-purposed language dictionary

专名学 onomasiology

专项词典 dictionary of special language aspect

专业术语 terminology

专用词典 dictionary for special purpose

追溯法 retrospective approach

字段 field

字母索引表 Alphabetical Index

综合性语文词典 comprehensive language dictionary

总体结构 overall structure

总体设计 overall design